KB057629

차이나
유스 컬처

YOUTH CULTURES
IN CHINA

새로운 중국을 이끌어갈
젊은이 문화를 말하다

차이나
유스 컬처

예룬 더클룻, 앤소니 펑 지음 | 김정아 옮김

YOUTH CULTURES
IN CHINA

시그마북수
Sigma Books

차이나
유스 컬처

발행일 2017년 9월 15일 초판 1쇄 발행

지은이 예룬 더클룻, 앤소니 펑

옮긴이 김정아

발행인 강학경

발행처 시그마북스

마케팅 정제용, 한이슬

에디터 권경자, 장민정, 신미순, 최윤정, 강지은

디자인 최희민, 최동연

등록번호 제10-965호

주소 서울특별시 영등포구 양평로 22길 21 선유도코오롱디지털타워 A404호

전자우편 sigma@spress.co.kr

홈페이지 http://www.sigmabooks.co.kr

전화 (02) 2062-5288~9

팩시밀리 (02) 323-4197

ISBN 978-89-8445-905-2(03330)

이 책의 국립중앙도서관 출판예정도서목록(CIP)은 서지정보유통지원시스템 홈페이지(http://seoji.nl.go.kr)와 국가자료공동목록시스템(http://www.nl.go.kr/kolisnet)에서 이용하실 수 있습니다.

(CIP제어번호: CIP2017021997)

＊시그마북스는 (주)시그마프레스의 자매회사로 일반 단행본 전문 출판사입니다.

젊은이의 사전에 '어려움' 같은 말 따위는 없다.
젊은이의 말에 '장애물' 같은 말 따위는 없다.
젊은이들은 앞으로 뛰어올라 용감하게 솟구치는 자유로운 영혼인 까닭이다.
관습에 얽매이지 않는 별난 생각과 날카로운 직관과 활기찬 삶에 기대,
젊은이들은 자신들만의 환경을 만들어내고 역사를 정복한다.

- 리다자오

1894~1895	청일 전쟁
1911	청 왕조 멸망
1912	쑨원이 이끄는 중화민국 건국
1927	민족주의자(국민당)와 공산주의자(중국공산당)의 분열; 내전 발발
1934~1935	마오쩌둥이 이끄는 중국공산당이 대장정 끝에 국민당의 포위망을 뚫고 탈출
1937. 12	난징 대학살
1937~1945	중일 전쟁
1945~1949	국민당과 공산당 사이에 내전 재개
1949. 10	국민당이 대만으로 퇴각; 마오쩌둥이 중화인민공화국 건국
1950~1953	한국 전쟁
1953~1957	1차 5개년 계획; 중화인민공화국이 소련식 경제 계획 수용
1954	중화인민공화국 헌법 제정 및 1차 전국인민대표대회 개최
1956~1957	백화제방 운동, 솔직한 정치 논쟁이 일어난 짧은 시기
1957	반우파 운동
1958~1960	대약진 운동, 급속한 산업화와 공영화로 중국을 변혁하려 한 시도
1959. 03	라사에서 티베트 봉기; 달라이 라마가 인도로 망명함
1959~1961	3년 대기근, 광범위한 식량 부족으로 수천만 명 사망
1960	중국-소련 분쟁
1962	중국-인도 전쟁
1964. 10	중화인민공화국 사상 처음으로 원자폭탄 실험 성공
1966~1976	무산계급 문화 대혁명; 마오쩌둥이 권력 재장악
1972. 02	미국 대통령 리처드 닉슨이 중국 방문; 외교 성명서 <상하이 코뮈니케[Shanghai Communiqué]>에서 미중 관계 정상화 선언

1976. 09 ●	마오쩌둥 사망
1976. 10 ●	과격파 4인방 체포 및 재판 선고
1978. 12 ●	덩샤오핑이 권력 장악; 4대 현대화 및 경제 개혁 착수
1978 ●	한 가정 한 아이 정책(계획생육정책) 시행
1979 ●	미국과 공식 수교; 덩샤오핑이 워싱턴 방문
1979 ●	중화인민공화국이 베트남 침략
1982 ●	인구조사 결과, 중화인민공화국 인구가 10억 명을 넘어섬
1984. 12 ●	마거릿 대처 영국 총리가 홍콩을 1997년에 중국에 돌려주는 반환 협정에 합의
1989 ●	톈안먼 광장 저항 운동이 정점에 이른 6월 4일, 군대가 강력 진압
1992 ●	덩샤오핑이 남방 시찰로 경제 개혁에 다시 활기를 불어넣음
1993~2002 ●	장쩌민이 중화인민공화국 주석 자리에 올라 경제 성장 과제를 계승
1997 ●	홍콩의 주권과 통치권을 영국이 중화인민공화국으로 반환
1999 ●	마카오의 주권과 통치권을 포르투갈이 중화인민공화국으로 반환
2001. 11 ●	세계무역기구(WTO)가 중국을 회원국으로 승인
2002~2012 ●	후진타오가 중국공산당 중앙위원회 총서기에 지명됨(2003년에 국가 주석에 지명됨)
2002~2003 ●	중화인민공화국과 홍콩에 사스(SARS) 집중 발생
2006 ●	중화인민공화국이 미국을 밀어내고 이산화탄소 배출국 1위에 오름
2008. 08 ●	베이징이 하계 올림픽 경기 개최
2010 ●	상하이세계박람회
2012 ●	시진핑이 중국공산당 중앙위원회 총서기에 지명됨(2013년에 국가 주석에 지명됨)

차례

제5장 이동성, 주변화, 그리고 욕망 · 243

결론 젊은이와 희망 · 289

★

젊은 세대는 새로운 사회 행동주의와 운동이라는 드넓은 물줄기에 발을 디딤으로써 자신을 헌신한다.
따라서 지금은 젊은이들에게 고된 시기이다. 지금의 정치 상황에서는 새로운 전략과 방법이 필요할 것이다.

- 웨이팅팅

서론

중국의 젊은이

....

이 책의 주요 주장은 앞으로 줄기차게 강조할 다양성이다. 다양성은 상당히 기본이자 기초가 되는 논거이다. 바꿔 말해 중국이 단일 존재라 주장할 수 없는 것과 마찬가지로, 중국인다움을 두고 모순과 갑론을박이 넘치는 것과 마찬가지로, 중국 젊은이들이 마치 하나로 묶인 범주인 양 생각하고 글을 쓰기란 불가능하다. 우리는 중국 젊은이를 일반화하는 모든 주장을 무너뜨리기고자 이 책에 착수했다.

★

젊은이는 언제나 늘 혁명적이니
혁명은 언제나 늘 젊다.
-원이둬

나는 너희가 버티지 못할 때까지 줄기차게 자유를 요구하겠다.
우리는 계속 밀어붙여야 한다. 그렇지 않으면 변화란 없을 테니까.
-한한

혁명은 중국 젊은이의 특징이고, 늘 그래야 마땅하다. 애국 시인이자 민주주의자였던 원이둬가 밝힌 대로 말이다. 원이둬는 1940년대에 중국을 장악한 국민당에 권위주의적인 통치를 내려놓으라고 요구하며 공산당과 손을 잡았다. 혁명은 중국의 젊은 세대가 오랫동안 당연하게 여기며 공유해온 특징이다. 적어도 중국의 프롤레타리아 계급을 놓고 봤을 때는 그렇다. 오늘날 중국을 상징하는 인물이자 블로거, 자동차 경주 선수, 문화 기업가인 한한이 자유와 변화를 바라는 마음으로 최근에 사색한 글을 읽어보면, 혁명을 꿈꾸는 열정이 아직 식지 않은 듯 보인다. 하지만 앞으로 이 책에서 보듯이, 한한의 관점은 일반에서 벗어난 예외로 봐야 할 것이다. 게다가 우리가 인용한 한한의 말은 여러 가지로 해석될 수 있을 뿐 아니라, 그가 정치 및 사회에 내놓는 비평을 모두 아우르지도 않는다.

정말로 오늘날 중국 젊은이들이 혁명을 저버리는 쪽을 더 좋아한다면 어찌할 텐가? 중국 젊은이들이 대놓고 저항하기보다 더 쉽고, 덜 고되고, 더 멋진 길을 대안으로 고를 수도 있지 않을까? 우리는 그렇다고 믿는다. 만약 우리 주장이 타당하다면, 이 책은 중국에 불어온 새로운 혁명을 이야기한다. 그것은 중국 공산당의 공산 혁명이나 대장정이 아닌, 완전히 멋진 신세계로서, 중국 젊은이들이 앞 세대가 정치적으로 남겨놓은 짐을 기꺼이 벗어던지고, 그들에게 지워진 비현실적인 기대를 모조리 무시하고, 그래서 여러 관찰자가 젊은이들이 당연히 추구하리라 여기는 자유, 민주주의, 평등이라는 이상을 어쩌면 더는 추구하지 않을 신세계이다.

　우리를 당혹스럽게 하는 물음이 여기에 있다. 중국에서 공산주의가 추구한 이상에 도대체 어떤 잘못이 있었을까? 왜 오늘날 중국 젊은이들은 윗이뤄처럼 끈질기게 이상을 추구하지 않을까? 중국의 대중 매체에서 들은 것과 당의 관행으로 판단하건대, 답은 아주 간단해 보인다. 지금까지 당은 반대 의견을 억눌러 통제하고, 국제 매체에 흔히들 보도되는 온갖 수단, 이른바 검열, 강요, 감금 같은 방법을 써서 역사에서 정^{thesis}과 반^{antithesis} 사이에 존재하는 긴장을 제거해왔다. 그리하여 마침내 애초에 혁명을 일으키지 않는 새로운 중국을 만들어 냈다. 중국의 이런 모습은 공산주의도 사회주의도 아닌 어떤 주의로, 아마 누구도 경험한 적이 없는 역사적인 대안이라 할 궤적이자, 카를 마르크스가 마음에 품었던 것보다 한층 발전한 단계일 것이다. 오늘날 우리가 중국에서 목격하는 것은 거대한 관료 정치, 호황을 누리는 경제, 당에 규제받고 당 노선에 제한받는 이른바 조화로운 사회이다. 이 모든 상황 때문에 혁명이 추구하는 이상이 시대에 뒤떨어진, 그래서 이 시대 중국에 적용하기 어려운 한낱 터무니없는 꿈으로 보이는 듯하다.

혁명이 없는 사회는 드물지 않다. 미국과 유럽의 사회 제도와 정치 제도 대다수가 그렇듯, 모든 것을 한꺼번에 뒤엎는 혁명이 아닌 한 걸음씩 나아가는 변화를 낳기까지, 사회 내부는 혁명보다 작지만 '심각한 갈등'을 여러 차례 겪는다. 중국의 경우에는 대약진 운동, 문화 혁명, 개혁 개방 정책, 톈안먼 학생 항쟁 등이 있다. 현재 중국은 2015년에 신호가 나타난 거품 경제, 발전한 통제 기술, 다양한 정치 사찰이 떠받치는 상황이므로, 변화를 꾀할 만한 길이 다른 쪽에 있으리라는 생각이 어렵지 않게 든다. 따라서 연구자로서 변화를 혁명과 민주화 관점에서 생각하지 않을 것이다. 변화와 창의성과 이상을 담아내기도 하고, 가로막기도 하고, 아우르기도 하는 여러 문화 양식이 존재하는 얽히고설킨 길을 젊은이들이 어떻게 헤쳐나가는지 이들을 따라가며 살펴보는 것이 중요하다.

이 책은 크게 두 가지 1차 자료를 바탕으로 삼는다. 첫째, 우리가 여러 해에 걸쳐 진행한 현장 조사를 활용한다. 우리는 오랫동안 베이징에서부터 상하이, 광저우, 선전까지 중국의 여러 도시에서 주로 인터뷰를 하고 문화기술지(사회·문화 현상을 정성·정량적 현장 조사로 기술하여 연구하는 학문-옮긴이주)적 조사를 펼쳤다. 현지에 살면서 젊은이들과 어울려 함께 록 콘서트에 가거나, 공원을 거닐거나, 식당에 모여 같이 밥을 먹었다. 우리가 현장 연구를 시행한 기간이 1992년부터 2016년까지 오랜 시기에 걸쳐 있는 덕분에, 그 사이 일어난 변화를 반영할 수도 있었거니와, 더 중요하게는 연속성을 반영할 수 있었다. 연속성은 우리가 가정, 교육, 국가의 신조를 언급할 수 있는 바탕이다. 더구나 중국을 다룬 보고서 구석구석에 출몰하여 변화와 새로움을 말하는 이야기를 반박하려면, 우리가 보기에는 연속성을 강조하는 것이 중요하다. 그렇다 해도 우리가 책에서 주로 초점을 맞추는 시기는 2005년부터 2015년에 걸친 10년이다.

둘째, 젊은이들의 매체 사용을 깊이 살펴보고, 아울러 록 음악부터 블록버스터 영화, 텔레비전 오디션 프로그램, 온라인 게임까지 중국에서 요즘 인기가 높은 디지털 문화에 재현된 젊은이들의 모습도 자세히 참고한다. 이 매체 관련 조사는 우리가 매체 연구에 지녔던 배경지식과 우리가 내세우는 주장, 즉 매체가 우리 일상 어디에나 존재하므로 요즘 사람들, 특히 젊은 사람들은 매체를 이용하며 사는 게 아니라, 매체에 빠져 산다는 주장을 드러낸다. 2차 자료 즉 중국의 매체 문화와 학술 문화에 나타난 젊은이를 다룬 보고서는 거의 활용하지 않지만, 중국 젊은이들이 어떤 가치관과 열망을 지녔고, 매체를 어떻게 사용하는지 깊이 파악하고자 중국 관련 연구를 대다수 활용한다. 또 우리는 이런 연구물들을 메타 수준에서 해석한다. 그럼으로써 중국 젊은이를 둘러싸고 빠르게 확산하는 담론, 즉 '골칫거리인 젊은이'와 '희망인 젊은이'를 주로 말하는 담론을 이해할 수 있기 때문이다. 이를테면 4장에서 보듯이 성생활과 관련한 연구 몇 가지는 제대로 된 건강한 성교육이 중요하다고 이야기한다. 하지만 크게 볼 때, 우리는 책에서 중국 젊은이가 매일 살아가는 현실에 어떤 복잡함과 모호함이 깔려 있는지를 다루는 문화기술지와 매체 연구 접근법을 더 충실히 활용한다.

우리가 생각하기에 중국의 젊은이 문화를 저항 아니면 복종이라는 틀로만 보는 것은 너무 단순하기 짝이 없다. 오늘날 중국의 젊은이 문화는 혁명과 상관도 없고, 서구가 내세우는 민주주의 개념에 따라 작동하지도 않는다. 세계 문화와 인터넷을 친근하게 받아들이지만, 그렇다고 정치를 변화시킬 낌새는 보이지 않는다. 따라서 책은 젊은이를 오로지 저항에만 맞춰 바라보는 관점을 멀리한다. 그 대신 우리는 젊은이를 오늘날 중국에서 무슨 일이 벌어지고 있는가를 분석하는 데 쓸 중요한 프리즘이자, 중국에서 일어나는 변화를 반영하면서도 구성하는 존재이기도 하다고 여긴다. 하지만 우리가 예전부터 일찍이 관찰한 바에 따르면, 이런 현상은 변화에만 한정되지 않는다. 폴 클라크가 중국의 젊은이 문화를 다룬 책(2012)에서 주장한 바와 마찬가지로, 지난 공산주의와 관련한 것이든, 유교 역사와 관련한 것이든 연속성을 인정하는 것은 중요하다. 우리가 마치 저항과 주체성을 신성하게 여기는 양 젊은이를 환상 속 존재로 그리기를 기대하는 독자에게는 아마도 이 책이 실망스러울 것이다. 우리는 중국 젊은이를 잿빛 암울함과 해맑은 순수함으로 무 자르듯 나눠 이야기하지 않으려 한다. 그 대신 중국의 젊은이 문화, 그것도 다양한 문화를 구성하는 갖가지 회색 사이를 어떻게든 헤쳐 나가보려 한다.

혁명은 이제 그만

되돌아보면, 1919년 5·4운동에서 일본을 비롯한 제국주의 세력에 무기력하게 반응한 중국 정부에 맞서 학생들이 들고일어났듯이, 도덕이 땅에 떨어지고, 사회가 급변하고, 정치가 사라지고, 외부의 위협이 코앞에 닥친 고통스러운 시기를 겪을 때, 중국 젊은이들은 혁명을 요구하곤 하였다. 사실 마오쩌둥도 중국에서 공산주의가 형성되도록 5·4운동이 앞장서 이끌었다고 자기 입으로 주장하였다. 하지만 오늘날 중국은 이런 모습이 아니다. 요즈음 중국은 집안에 하나뿐인 아이가 자라나기에 상대적으로 안정된 환경을 제공한다. 유니세프가 내놓은 수치에 따르면, 2012년 기준으로 글을 읽고 쓸 줄 아는 학생의 비율이 99퍼센트로 매우 높은 데서 보듯이, 중국 젊은이들은 대체로 수준 높은 교육을 받는다. 비록 현재 실업률이 15퍼센트에 이르지만, 대다수가 노력 끝에 안정된 일자리를 잡고, 일자리가 없는 젊은이도 대개 가족에게 부양을 받는다. 한 가정 더 나아가 두 가정이 모든 재원을 한 아이에게 쏟아부으므로, 도시 아이 대다수는 이상과 기본 생계를 한꺼번에 감당하느라 숨 막히게 살아가지 않아도 된다.

오늘날에는 갈수록 많은 젊은이가 학문을 넓히고자 해외로 나간다. 팔 니이리Pál Nyíri, 장쥐안Juan Zhang, 메리든 바랄Merriden Varrall은 1980년 이후에 태어난 세대를 다음과 같이 설명한다.

> : 이 세대는 유년기와 초기 청소년기에 정치 선전보다 소비문화의 출현에 더
> 의미 있는 영향을 받았다. 교육이 상업화하고 직업 시장은 경쟁이 치열한
> 상황에서, 다른 나라에 정착할 기회가 있는 해외 유학은 사회에서 출세할
> 수 있는 수단이나 마찬가지였다. 이런 학생들이 꼭 중국에서 상류층으로
> 간주되는 집안 출신은 아니지만, 자유롭게 외국에서 공부하는 데다 유학
> 비용을 감당할 수 있으니, 이들은 중국이 최근 이룬 변혁의 수혜자이다.

오늘날에는 많은 아이가 풍요롭게 자란다. 이들은 때로 버르장머리 없다는 평가를 받아 샤오황디(小皇帝·소황제)라 비꼼을 받기도 한다. 분명 부와 관련한 변화가 있는 까닭에, 이 세대는 이전 세대보다 더 호화롭게 산다. 오늘날 젊은이가 살아가는 역사 상황과 경제 상황은 중국이 20세기 초반에 겪은 혼돈과는 같지 않거니와, 1960년대에 겪은 문화혁명에는 비길 바가 아니다. 게다가 중국 사회가 정치적 자유만 뺀다면 경제, 사회 기반 시설, 삶의 질 측면에서 향상하고 있으므로, 중국 젊은이가 눈 하나 꿈쩍하지 않고 정권에 도전하리라는 생각은 희망사항일 것이다. 더구나 국제무대에서 중국이 휘두르는 힘이 커지

는 상황이 젊은이 특유의 중화민족주의에 반영되고, 이 민족주의를 동력 삼아 국가는 안정된 사회, 출세와 돈과 권력을 거머쥘 기회가 있는 사회로 나간다. 지난 10여 년 동안 '우리 인민'이라는 개념은 '우리 중국인'으로 매끄럽게 바뀌어, 이제는 중화민족주의가 사회를 하나로 묶는 중요한 접착제 노릇을 한다.

이런 민족주의가 일어난 때는 중국 젊은이들이 일본에서든 홍콩에서든 미국에서든, 외부에서 들어온 문화의 영향을 열렬히 흡수하고 난 뒤이다. 장전Zhang Zhen은 세기가 바뀌는 시점에서 사뭇 다른 두 변화 과정, 장전의 말을 빌리자면 두 가지 만트라가 중국 문화의 정신을 얼마나 꽉 사로잡았는지를 분석한다. "샤하이(下海·바다에 뛰어들기)란 사업이라는 위험한 세상에 발을 들인다는 뜻이고, 위 시제 제구이(与世界接轨)는 글자 그대로 세계라는 선로에 연결한다는 뜻이다." 그러므로 우리는 책에서 특히 젊은이가 세계와 이어지는 과정, 21세기에 들어선 뒤로 매우 격렬해진 이 변화 과정에 숨은 뜻을 분석하려 한다.

젊은이들과 직접 이야기를 나누다 보면, "중국은 인구가 어마어마한 나라다"라는 케케묵은 주장을 뚜렷이 내세우는 젊은이가 꽤 흔하다. 달리 말해 이들은 사회 문제가 틀림없이 있지만 당장 빠르게 문제를 풀어낼 간단한 해결책은 없으므로, 강력한 정부가 있어야 한다는 뜻을 내비친다. 때로 소련이 이런 이야기를 뒷받침하는 구성적 외부 구실을 한다. 소련이 한때 개혁 정책, 페레스트로이카를 추진하였으나 지금은 자유가 사라지고 부패에 시름하는 곳이 되었기 때문이다. 더구나 이 세대가 혁명을 꿈꾸는 욕망과 연결되지는 않을지라도, 이들은 여전히 이들 나름의 이상을 품기 마련이다. 한한은 블로그에서 이렇게 말한다.

> : 우리 앞 세대가 늘 혁명을 위해 일한 탓에, 사람들은 우리 세대가 아무런 이상도 품지 않는다고 줄기차게 주장한다. 하지만 때로 게임에서 이기고 싶다거나, 스니커즈를 한 켤레 사고 싶다면, 그런 마음이 모두 이상이다. 이런 이상들에는 차이가 없다. 나는 때로 여자와 사랑에 빠져 그녀를 차지하고 싶다. 이것도 이상이다. 이상이란 사실 어떤 대가를 치를지라도 우리를 움직이게 하는 생각이다.

젊은이들은 권력 당국에 맞서는 일을 뒤로 미뤄 보류하였다. 1장에서 설명하겠지만 중국 젊은이들이 고분고분한 행동을 보이는 까닭은 이들이 중국의 전통 문화에 따른 양육과 교육을 받기 때문이다. 국론을 통일하는 사상으로서 민족주의가 떠오르는 현상은 공산주의가 힘을 잃어 공백이 생겨서라는 이유만으로는 설명되지 않는다. 이는 중국인들이 부상하는 중국에 느끼는 정서, 우리가 '민족 감정'이라 부르고 싶은 정서와도 관련이 있다. 우월감처럼 작동하는 이 정서는 특성상 대개 자신이 속한 국가를 과대평가하고 국가의 숭고한 의도에 찬성하느라 끝내는 자기비판이 결여된 감정 구조를 낳는다. 이런 감정 구조는 중국을 아직 개발 단계에 있는 나라라는 틀로 설명하는 목적론적 담론과 연결된다. 그에 따라 젊은이들은 개발도상국이라는 틀로 자신이 속한 사회가 지금 당장 보이는 결함과 비효율을 합리화하여, 머잖아 완전히 발전한 풍요로운 선진국이 될 길로 국가가 전진하고 있다는, 신화 같은 비전을 받아들인다. 이런 현상은 왜 젊은이들이 사회 상황을 용인하는 데다 고분고분 따를뿐더러, 현재 상태에 만족하기까지 하는지를 설명해준다. 젊은이들은 권력 당국에 맞서는 다양한 사회적 사건에 참여할 만큼 쉽게 동요되지도 않는다. 이런 민족 감정은 떠오르는 중국과 들끓는 경제라는 요인과 결합하여, 현 상태에 맞설 어떤 빌미도 내주지 않는다.

젊은이들이 반체제 인사의 용기와 미덕에 감탄하고 그들에게 공감할지는 몰라도, 저항이나 소요, 청원에는 동참하지 않을 가능성이 크다. 그렇다고 중국 젊은이들에게 이상이 없다고 주장하는 바는 아니다. 오히려 반대로 중국 젊은이들이 세계 여러 나라의 미디어 문화를 접하고 세계 곳곳을 여행하는 일이 잦아지면서 외부 문화에 강한 영향을 받았다. 다른 나라의 젊은이를 살펴본 연구 결과와 마찬가지로, 산업화를 이룬 도시에서는 중국 젊은이들도 자신이 목소리와 존재감 없이 무시당한 채 하찮은 존재로 밀려나 배제된다고 느낄 때가 잦을 것이라고 우리는 예상한다. 하지만 중국 젊은이들의 움직임을 보면, 이들은 경제 번영만 추구하는 쪽에서 개인의 자유와 자율성을 표현하는 이른바 탈물질주의 사회 쪽으로 옮겨가지 않는다. 그 대신 소비주의와 민족주의에 한 발씩을 걸쳐, 열렬히 온 세계를 받아들이면서도 자국을 찬양한다. 중국인들이 베이징올림픽 축하 행사에 크게 환호한 지 얼마 안 되는 2008년 5월에 쓰촨성에 일어난 지진을 떠올려 보라. 중국이 강대국으로 부상하는 가운데, 젊은이들은 발 벗고 나서 피해자를 도왔다. 그리고 2년 뒤인 2010년, 상하이세계박람회 동안에도 이들은 전 세계 언론 앞에서 다시 한 번 같은 모습을 보였다.

세계주의자다운 견해를 지니면서도 동시에 민족주의 정서를 강하게 표현하는 흥미로운 조합(더유리엔스와 더클룻은 이 조합을 세계주의적 애국주의라 부른다)은 희한한 변칙을 낳는다. 이를테면 중국 젊은이들은 어느 날에는 일본 교과서에 항의하다가도, 다음 날에는 학생 비자를 받으러 일본 대사관 앞에 줄을 설 것이다. 앞에서도 인용한 팔 니어리, 장쥐안, 메리든 바랄은 2008년 베이징올림픽 성화 봉송 기간 동안 해외에 거주하는 중국인 학생이 표출한 민족주의를 이렇게 설명한다. "해외에 거주하는 젊은 민족주의자는 사생활과 미디어 습관에서는 국가를 훌쩍 넘어서면서도, 마음속으로는 중국인이라는 신분을 품고 계속 중국인으로 살아간다. … 중국 학생들은 국민 된 신분이라는 공식 담론을 자기들끼리만 공유하는 언어의 한 요소로 사용하여 공동체 의식을 강화한다." 인터넷은 민족주의를 형성하는 데 매우 중요한 구실을 한다. 해외 유학생이 인터넷을 통해 고국에 바로 접속할 수 있으므로, 이들의 활동은 마치 본토로 돌아가 국가에 자부심을 느끼는 새로운 물결을 부추기는 것과 마찬가지다.

혁명이라는 물음으로 돌아가 이야기하자면, 우리는 적어도 젊은이

를 혁명의 씨앗으로 보지는 않는다. 현재 상태에 만족하지 않는 젊은
이일지라도, 혁명으로 사회를 바꾸는 것을 선택 사항으로 고려하는
이는 거의 없다. 그러므로 우리는 중국 젊은이를 혁명이나 과격한 변
화와 연결해 생각하지 않고, 이들이 어떻게 도시 공간에 개입하고, 사
회 규범을 바꾸고, 인터넷을 탐험하는지 분석하려 한다. 이런 개입을
몇 가지 꼽자면, 영화에 나타나는 몸 정치학과 성 정치학, 도시 공간
에 나타나는 문화 정치학, 대중문화 곳곳에 퍼진 동일시, 가상 세계에
서 통신망으로 형성되는 의사소통 등이 있다.

젊은이 풍경

그런데 젊은이를 구성하는 것은 무엇일까? 젊은이를 나이나 민족성
같은 고정된 용어에 가둬 정의하는 데는 위험이 따른다. 한때 벼락부
자였다가 밑바닥 서민이 된 젊은이도 있고, 밑바닥 서민이었다가 청
년 기업가가 된 젊은이도 있고, 주류인 한족 중국인에서 소수 인종으
로 처지가 바뀐 젊은이도 있다. 우리는 책에서 모든 젊은이를 다루지
는 않는다. 우리 연구에 포함되지 않은 한 집단이 중국의 소수 민족
에 속하는 젊은이다. 그렇다 해도 우리는 되도록 모든 젊은이를 아우
르는 것을 목표로 삼는다. 따라서 한편으로는 더 '주류'인 도시의 세
계주의자 젊은이에 여러 장을 할애하여, 전체주의로 치닫는 국가 탓
에 갈수록 복잡해지는 중국 사회에서 이들이 어떻게 자기네 공간을

만들어내는지 살펴보지만, 다른 한편으로는 한 장을 할애해 타향에서 살아가는 이주 젊은이를 다룬다. 다만 외국에서 공부하거나 거주하여 체제를 '우회'하거나 체제에서 벗어나기로 한 젊은이들은 다루지 않기로 하였다. 우리가 책에서 설명하는 젊은 세대는 앞으로 1장에서 보듯이 모두 국가, 사회, 가정과 얽혀 있다. 우리는 앞으로 책에서 이 젊은이들이 어떻게 자신의 삶을 헤쳐나가고 창의적 참여로 자신의 주체성을 얻어내는지를 살펴본다.

우리는 책에서 젊은 세대를 분석할 때 출생 코호트, 즉 생물학적 계보를 엄격히 적용해 접근하지 않았다. 생물학적 계보를 적용하면, 중국 언론과 온라인 블로그에서 흔히 나타나는 담론처럼 특정 세대에 이름을 붙이는 결과를 낳는다. 이를테면 1980년대 출생 세대는 바링허우(八零後·80后), 1990년대 출생 세대는 주링허우(九零後·90后), 2000년대 출생 세대는 링링허우(零零後·00后)라 부른다. 2010년에 중국이 내놓은 공식 통계에 따르면, 중국 인구 13억 명 가운데, 15~24살 인구가 1억 1,300만 명이 넘는다. 젊은이를 15~29살 사이로 정의한다면, 해당 인구는 2억 1,300만 명가량이다. 젊은이를 나이에 따라 좁게 정의하고, 사람이 10년 단위로 독특한 정체성을 공유하는 양 젊은이를 묘사할 때, 여기에는 세대가 본질인 것처럼 젊은이를 분류할 위험이 도사린다. 주링허우 세대를 조사한 어느 연구에서는 주링허우 자신들도 그런 꼬리표에 의문을 던진다. 예컨대 1990년에 태어나 장쑤성 서양현에서 공부하는 푸는 이렇게 말한다.

: 저는 1990년에 태어났습니다. 1995년이나 1993년에 태어난 사람과는 생각이 아주 달라요. 요즘은 온갖 매체와 인터넷이 넘쳐나, 사람들이 무엇을 순식간에 받아들이잖아요. 그러니 주링허우 같은 꼬리표로는 사람들을 모두 아우르지 못합니다. 저는 바링허우나 주링허우 같은 개념조차도 싫어요. 바링허우나 주링허우 안에서도 사람들이 천양지차니까요. 그러니 세대를 설명하느라 꼬리표를 붙이는 것은 적절하지 않다는 생각을 항상 합니다.

이 장 뒤쪽에서 각 세대를 다룬 연구로 어떤 것들이 있는지를 간략히 소개하겠지만, 우리가 보기에 중국 젊은이들을 더 깊이 파악하려면 카를 만하임이 이해한 대로 세대를 사회학적 얼개 안에서 바라봐야 한다. 즉, 비슷한 가치 체계를 공유하고, 구체화하고, 내면화하고, 실천하는 어떤 집단이라는 측면에서 세대를 해석해야 한다. 하지만 여기에도 출생 코호트와 마찬가지로 깊은 괴리가 있다. 다시 말해 타향살이를 하는 이주 젊은이의 가치 체계는 도시에 사는 부유한 젊은이의 가치 체계와 비슷하지 않다. 따라서 우리는 젊은이를 공통 가치관 측면에서 사회학적으로 이해하는 데 더해, 젊은이 문화의 다양성과 다층성을 뚜렷이 드러내는 인류학에 근거한 접근법을 쓰는 데도 동의한다. 이렇게 하여 우리는 비슷한 점과 다른 점, 겹치는 점과 괴리되는 점에 한 발씩을 걸치고 분석을 진행하겠다.

우리는 이 시대의 젊은이 문화를 특정 측면에서 해부하여 문화라는 렌즈를 들이댐으로써 젊은이를 설명하려 한다. 이를테면 젊은이들이 어떻게 정치와 국가, 사회와 사회 규범, 도시와 첨단기술, 미디어와 세계 문화 등에 연결되는지를 분석한다. 우리는 중국에서 젊은이 문화가 왜 불확정적이고, 모호하고, 때로 단편적인 과정을 거쳐 형성되었는지 조사하는 방법을 썼다. 이런 형성 과정에서 젊은이는 문화 영역을 밑받침하는 정치, 사회, 경제 구조에 끊임없이 참여하고 맞서야 한다.

우리가 사용한 접근법을 가리키는 개념이 젊은이의 풍경이다. 이 개념은 인류학자 아르준 아파두라이가 주요 사회 영역에 '풍경scapes' 이란 말을 덧붙여 만든 얼개로 거슬러 가고, 더 정확히는 수나나 미르와 엘리자베스 수프가 주장한 개념으로 거슬러 간다. 미르와 수프 는 『젊은이 풍경Youthscapes』에서 젊은이를 어린이에서 어른으로 발전하는 과정에 있는 고정된 범주나 심리 단계라기보다 성취하는 것이라고 정의한다. 젊은이라는 말에 존재론적 의미를 붙이지 않고 성취를 갖다 씀으로써, 저자들은 젊은이들이 참여하고 관여하는 여러 사회 기관이 날마다 되풀이하여 젊은이를 생산하고 형성하는 어떤 상황을 넌지시 내비친다. '풍경'이라는 관념은 이런 구성 관계가 "어떤 각도에 서든 똑같은 것을 보는 객관적으로 정해진 관계가 아니라, 오히려 행위자가 저마다 역사, 언어, 정치적으로 어떤 자리에 있느냐에 따라 영향을 받는 매우 원근법적인 구성"이라는 것을 분명히 보여준다.

그런데 중국에서는 이 행위자가 과연 누구일까? 젊은이 풍경과 이 풍경의 유동성을 구성하는 세력은 무엇일까? 중국에서는 이런 세력

차이나 유스 컬처

이 바로 가정과 매체와 학교, 국가, 사회, 그리고 이런 세력이 생산해 젊은이 풍경을 빚어내는 데 중요한 역할을 하는 지식, 의례, 규칙이다. 권력이 이런 행위자들 안팎에서 어떻게 작동하는지를 이해하고자, 우리는 책에서 미셸 푸코의 관점을 갖다 쓴다. 중국에서는 권력이 원형 감옥처럼 감시하고 통제하는 체제를 통해 행사되리라고 예상하는 사람도 있겠지만, 우리는 지난 10년 동안 권력이 모습을 바꿨다고 생각한다. 원형 감옥 같은 권력이 아직도 작동하기는 한다. 예를 들어 이들은 인터넷을 이용해 시민을 감독한다. 하지만 그런 직접적인 통제 방식과 함께, 더 교묘하고, 정교하고, 개인화한 생체권력이라는 방식이 나타났다.

리사 로펠이 자신의 책 『욕망하는 중국Desiring China』에서 설명한 대로, 욕망하는 주체는 "성적, 물질적, 감정적 자기 이해에 이끌려 움직이는 개인"이다. 앞에서 인용한 대로 한한이 "이상이란 사실 어떤 대가를 치를지라도 우리를 움직이게 하는 생각이다"라고 썼을 때, 그는 이상주의와 욕망을 구분하지 못했다. 개방성, 융통성, 자기계발은 모두 현대 중국의 젊은 세대를 구성하는 데 한몫을 하는 수사로서, 민족 국가가 동원하는 신자유주의 담론에 함축되어 있다. 중국 젊은이들이 자신들을 새로 정의하고자 만들어내는 담론에는 변화를 이끌어낼 힘이 있을지도 모른다. 하지만 이 변화는 조금도 의심할 바 없이 바람직한 결과이면서 동시에 현재 상황을 유지시킬 것이다. 문제는 이런 조화를 흐트러뜨릴지도 모를, 그리고 국가와 학교와 가정과 직장이 제시한 본보기를 넘어설지도 모를 주체의 위치가 언제, 어디서, 어떻게 탐색되느냐이다.

중국의 젊은이 문화를 초창기에 매우 탁월하게 연구한 학자인 스탠리 로젠Stanley Rosen에 따르면, 오늘날 젊은이들은 자신들의 태도와 가치관을 형성하는 대립하고 모순되는 영향을 미치는 세력들 아래 살아간다.

> 이들은 관점 면에서 상당히 **국제주의자**로, 세계적 흐름에 영향을 강하게 받는다. 같은 이유로 매우 **실리적**이고 **물질적**이어서, 대체로 풍족하게 살고 돈을 버는 데 관심이 많다. 셋째로 대립하는 영향력은 더 극단적인 형태를 띠어 흔히들 **민족주의**라 부른다. 민족주의는 더 광범위한 충동을 나타내, 인지된 외부의 적에게서 중국을 방어하는 것뿐 아니라, 나라를 사랑하고, 지진 뒤에 나타난 봉사활동에서 뚜렷이 나타났듯이 절박한 사람들을 지원하는 데 자신을 희생하는 것까지 아우른다.(굵은체는 로젠이 강조한 단어임)

이런 복잡함과 모순을 파악할 때 중요한 점은 어떤 존재가 젊은이이고 어떤 존재가 젊은이가 아닌지를 못 박듯이 명확하게 정의하지 않는 것과 일반화를 피하는 것이다. 따라서 이 책은 어떤 존재가 젊은이인지를 정의하는 공식 견해가 아니다. 중국 젊은이가 어떤 존재인지를 정의하고, 설명하고, 규정하려 드는 전문가는 중국에 엄청나게 많다. 여기에는 공산당 서기처 소속인 중국청소년연구회(1999년 설립), 중국소년선봉대전국청년위원회 소속인 중국청소년발전서비스센터(1998년 설립), 공산주의청년단 소속인 중국청년발전재단(1989년 설립)과 중국청소년연구센터가 있다. 특히 중국청소년연구센터는 해마다 〈중국 청년의 발전 상황 예측 보고〉(이른바 청년 청서)와 〈중국 청소년 범죄 현황 연례 보고〉(이른바 청소년 적서), 〈중국 청년 정치 심리 상황 연례 보고〉를 공식 발표하고, 『청년 연구(中国青年研究)』, 『청년 운동사(中国青运史辑刊)』 같은 책을 펴낸다. 젊은이를 바라보는 공식 견해를 알고 싶다면 이 자료들을 읽는 것으로 충분할 것이다.

이런 공식 기록은 먼저 연령대로 젊은이를 정의한다. 생물학적으로 정의된 담론에 이어, 다음으로 젊은이를 설명할 가능성이 큰 것은 두가지 시각이다. 하나는 젊은이를 순진하고 연약한 골칫거리로 보는 시각이고, 하나는 미래를 약속하는 희망으로 보는 시각이다. 젊은이를 이런 시각으로 바라보는 곳은 중국만이 아니다. 다른 문화 배경에서도 이 두 담론이 주류를 이루기는 마찬가지여서, 젊은이는 사회가 보편적으로 품는 희망과 두려움을 투영하는 '은유 수단' 구실을 한다. 어른의 시각에서 보면, 젊은이는 연약하고 힘없는 사회 집단일 것이다. 또 이런 시각에서는 젊은이를 사회에서 생산성이 낮은 무리로 규정하고, 젊은이가 보여줄 만한 성과를 내지 못할 때는 흔히들 게으르다고 간주한다. 젊은이가 적극적으로 권리를 요구하거나, 자율권을 내세우거나, 이보다 높은 목표를 사회에서 성취하고자 싸우기까지 할 때는, 젊은이를 말썽이나 일으키는 반항적인 무리로 간주한다.

중국의 국가 소속 청소년 협회에서 통합된 정치 선전을 위해 내놓은 보고서들은 중국 젊은이들에게 중국의 미래라는 틀을 씌운다. 즉 젊은이는 나라를 위해 당과 지도자의 사상을 충실히 따르고, 다양한 자선 활동에 참여하여 사회의 미래와 화합에 이바지한다고 말한다. 국가가 내세우는 이런 설명을 뒷받침하는 사실이 바로 2008년 쓰촨성 지진이다. 쓰촨성 지진은 젊은 세대가 국가와 국민을 어떻게 보살폈고, 이들이 얼마나 이타적일 수 있는지를 보여줌으로써, 젊은이가 이기적이고 물질적이라고 주장하는 이야기를 반박한다. 하지만 이런 설명은 실제로 어떤 일이 벌어지고 있는지를 한쪽 시각에서만 크게 이상화한 것이다. 이런 발표들은 마치 젊은이가 어른과 권력 당국이 좌지우지하는 체제 아래 종속된 존재이기라도 되는 양, 젊은이를 위에서 내려다본 관점과 견해를 내놓는다. 하지만 일상에서 중국 젊은이들은 자신들을 골칫거리 아니면 희망으로만 정의하는 그런 공적 개념을 마뜩찮게 여긴다. 그래서 골칫거리도, 나라의 희망도 아닌 다른 가능한 주체 위치를 어떻게든 확보하고자 몸부림친다. 우리가 책에서 풀어헤치려는 것이 바로 이 몸부림이다.

알렉스 코케인Alex Cockain은 중국의 도시 젊은이를 다룬 책에서 젊은이를 편하게 둘로 나눠 일반화하는 데 맞서 미묘한 차이까지 이해해야 한다고 주장하였다.

: 중국 젊은이를 바라보는 인식의 틀이 바뀜에 따라, 예전에는 이들을 집단을 중심으로 움직이고, 저항하지 않아 다루기 쉽고, 정치 지향적이고, 결핍과 고통의 시대에 자라난 세대로 보았지만, 이제는 이들을 개인주의자이고, 반동적이라 다루기 만만찮고, 정치에 무관심한 채 소비에 집중하고, 풍요와 과잉의 시대에 자라난 세대로 본다.

우리도 이렇게 인식이 바뀌는 것을 관찰하기는 하지만, 이런 변화는 한 방향으로 일어나지도 않거니와, 절대적이지도 않다. 코케인처럼 우리도 그런 단순한 틀로 중국 젊은이를 이해하는 일은 피하고 싶다. 그러므로 우리는 중국의 젊은이 문화를 공식적으로 규정하는 일을 되풀이하지 않으려 한다. 즉 젊은이에게 골칫거리 아니면 희망이라는 틀을 씌우는 단조로운 이야기에서 멀찍이 떨어지려 한다. 요즈음 중국 젊은이 가운데 중국 공산주의청년단(공청단)에서 핵심 지도층으로 활발히 활동하는 인구의 비율은 매우 낮다. 공산주의청년단은 1922년에 창설된 단체로, 중국 공산당이 당원을 모집하는 공식 계파이다. 2013년 6월에 열린 공산주의청년단 17차 전국대표대회에서 나온 연설에 따르면 공청단 단원이 8,900만 명에 이르지만, 수치가 맞는지는 의심스럽다. 공청단원 가운데 거의 절반(49.9퍼센트)이 학생인데, 2000년 ~2005년 사이에 당이 흡수한 학생이 한 해 평균 16만 명에 그쳤기 때문이다. 예전 문화혁명 시기에는 어린 청소년들이 당을 위해 홍위병 역할을 맡도록 요구받았다. 하지만 1990년 후반부터는 중국인들이 공산당 입당을 구직 기회를 얻고 인맥을 쌓을 수 있는 이득 수단으로 인식한다. 그래서 자녀에게 당원이 되라고 떠미는 부모가 흔하다. 하지만 당의 기득권 파벌에 들어가는 특혜를 누릴 수 있는 젊은이는 몇몇 '정예'뿐이다. 로젠이 관찰한 대로 "시안에서 여러 대학의 학생을 2,000명 넘게 조사한 결과, 공산주의를 신봉하여 당에 가입하려 한다는 학생은 겨우 11.5퍼센트뿐이었다. 다른 조사와 연구에서도 입당 지원자 대다수가 당의 활동과 목표를 거의 알지 못하는 데다 관심도 없었다."

따라서 당적은 더 이상 강력한 구분자가 아니다. 우리가 이야기를 나눈 많은 이가 한껏 빈정거리는 웃음을 지은 채, 자신이 당원이기는 하지만 공산주의자를 연상시킬 만한 것과는 분명하게 거리를 둔다고 밝혔다. 그러므로 국가를 하나로 묶을 만한 사상으로서 공산주의가 차지했던 자리를 민족주의가 차지한 듯 보이지만, 이마저도 모순되고 매우 얄팍한 가치관으로 작동할 것이다. 로젠도 이 부분을 정확히 언급한다.

: 파리에서 프랑스인이 베이징올림픽 성화 봉송을 방해하는 일이 일어났을 때, 이에 대응하여 중국에서 프랑스 대형 마켓, 까르푸에 대한 불매 운동이 잠시 시도되었다. 하지만 이 운동을 지지하여 '애국심을 보여야' 한다고 느낀 젊은이마저도 불매 운동을 시작하는 5월 1일 전에 할인 쿠폰을 모조리 사용해 쇼핑을 끝낸 것이 틀림없다.

차이나 유스 컬처

그러므로 민족주의는 다른 주체 위치와 마찬가지로 젊은이가 실험 해볼 만한 주체 위치 가운데 하나일 뿐이다. 이 창의적인 연극에서 젊은이들은 수많은 자원, 즉 자신들이 직접 경험한 환경에서 현실을 담은 다양한 각본을 가져와 활용하는 동시에, 영화와 텔레비전, 음악 같은 다른 매체와 인터넷에서도 각본을 가져와 활용한다. 이때 중요한 것은 이 다양한 각본을 세밀히 짜 맞춰, 오늘날 젊은이가 활용한 대로 창의적 차용을 꼼꼼히 탐구하는 것이다.

우리는 여러 문화를 실험하는 존재로 젊은이를 살펴보고 싶다. 이 방법은 젊은이를 주로 저항과 반항의 관점에서 이해하는 하위문화적 접근법과는 다르다. 특히 체제가 육성한 교육받은 도시 젊은이들은 적어도 자신들이 마음먹은 대로 갖다 쓸 수 있는 사회 자원 측면에서는 상대적으로 우위를 누린다. 이들은 여러 대안 문화를 탐색하는 실험을 하면서도 생존하는 균형 잡힌 길을 선택한다.

젊은이의 가치관 변화

중국 안팎에서 진행된 여러 연구는 중국 젊은이의 가치관이 지난 수십 년 동안 어떻게 바뀌었는지를 보여준다. 이들의 정치적 가치관을 탐색하고자, 우리는 2015년에 중국사회과학원이 1940년대에서 1990년대 사이에 태어난 대규모 응답 표본 10,206명을 바탕으로 진행한 연구를 활용한다. 도표 0.1은 세대별 정치 참여를 보여준다.

도표 0.1 · 세대별 사회 참여

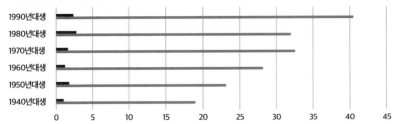

• 주위 사람과 정치 이야기를 한다

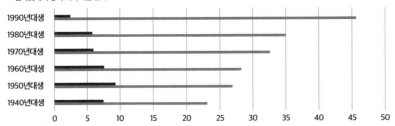

• 인터넷에서 정치 이야기를 한다

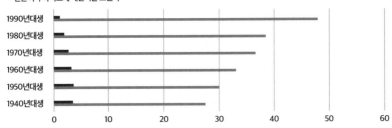

• 신문이나 라디오에 제안서를 보낸다

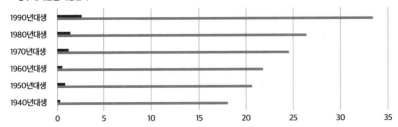

• 정부에 제안을 내놓는다

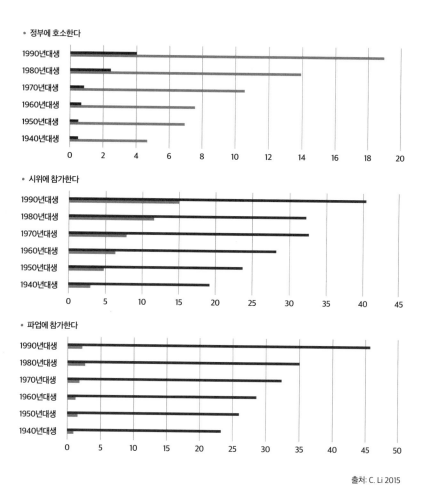

- 정부에 호소한다

1990년대생
1980년대생
1970년대생
1960년대생
1950년대생
1940년대생

0 2 4 6 8 10 12 14 16 18 20

- 시위에 참가한다

1990년대생
1980년대생
1970년대생
1960년대생
1950년대생
1940년대생

0 5 10 15 20 25 30 35 40 45

- 파업에 참가한다

1990년대생
1980년대생
1970년대생
1960년대생
1950년대생
1940년대생

0 5 10 15 20 25 30 35 40 45 50

출처: C. Li 2015

사람들이 기대할 만한 결과와 다르게도, 우리는 이 연구에서 정치에 관심을 기울이고 참여하는 젊은이가 꾸준히 늘어나는 현상을 목격한다. 젊은 사람일수록 정치를 더 많이 이야기하고, 인터넷에서 정치 토론을 더 자주 한다. 시위나 파업에 참여하는 젊은이는 적지만,

그럴 의향이 있는 이는 많다. 이 연구의 제목 〈조용한 혁명이 오고 있지 않을까?〉는 고분고분한 세대라는 허울 아래에서 더 반항적인 어떤 일이 일어날 가능성을 암시한다. 그래도 혹시 이런 정치 열정이 세대보다는 나이와 더 관련하지는 않는지 의심스러울 것이다. 달리 말해 사람이란 나이가 들수록 정치에 덜 참여하지 않느냐는 것이다. 이 물음은 "인구에 유입하는 젊은 집단마다 더 현대적인 태도를 지니다가, 나이가 들수록 차츰 전통적으로 바뀐다"고 단정 짓는 생애 주기 이론과 일치한다.

같은 연구에서 정부가 국민을 통제하게 허용해야 하는가를 묻는 질문들을 던졌다(표 0.1). 응답 수치는 당의 권위를 불신하는 사람이 갈수록 느는 현상을 보여준다. 더 공평하게 말하자면, 지배층에 이의를 제기하는 이들이 늘어나고 있다. 즉 젊은 세대일수록 민주주의 의식이 강하다. 연구를 진행한 리춘링은 젊은 세대의 가치관이 물질주의에서 탈물질주의로 바뀌고 있다고 결론지었다. 우리가 보기에는 이런 통계치를 혁명이 다가오는 신호로 읽기보다, 더 젊은 세대일수록 독립성과 개인주의 성향이 커지는 현상을 가리킨다고 해석해야 타당하다. 우리가 이 책에서 내내 주장하듯이, 이 개인주의가 꼭 더 많은 자유를 함의하지는 않는다. 이 수치는 정치적 의사 표현에만 초점을 맞추는 정량적 접근법을 썼다. 어쨌든 중국에서 파업이나 시위, 항의가 일어날 가능성이 매우 제한된 상태이므로, 우리가 보기에는 이 책에서 설명하는 문화 공간이 여러 주체성을 탐험하기에 더 안전하고

표 0.1 · 세대별 민주주의 의식 비교

다음 문장에 얼마나 동의하는가?		1940년대생	1950년대생	1960년대생	1970년대생	1980년대생	1990년대생
정부가 국정을 돌보므로, 일반인은 신경 쓰지 말아야 한다	동의한다	50.7	48.8	44.3	33.1	24.5	12.7
	동의하지 않는다	49.3	51.2	55.7	66.9	75.5	87.3
일반인은 정부 말에 귀 기울여야 하고, 아랫사람은 윗사람에게 귀 기울여야 한다	동의한다	70.4	68.1	62.1	50.3	41.6	29.3
	동의하지 않는다	29.6	31.9	37.9	49.7	58.4	70.7

출처: C. Li 2015

그래서 더 인기 있는 수단이 될 것이다.

앞으로 1장에서 보듯이, 일상에서 공산당이 어떤 역할을 하는지 더 깊이 논의한 다른 연구들을 통해 정부를 향한 지지가 지금도 강하게 남아 있는 것을 알 수 있다. 게다가 중국 젊은이들이 매체를 이용하는 수치로 볼 때 정치보다 연예계에 훨씬 더 관심이 있음을 알 수 있다. 중국의 인터넷 산업을 이끄는 기업인 텐센트가 1990년대에 태어난 주링허우 세대 8,041명을 조사한 연구에 따르면, 응답자 가운데 연예계 소식에 관심 있다는 이가 56.1퍼센트, 과학기술 소식에 관심 있다는 이가 40.2퍼센트, 사회 소식에는 32.4퍼센트, 정치 소식에는 27.0퍼센트, 문화 소식에는 24.5퍼센트가 관심을 보였다. 그러므로 이 조사에 따르면, 중국 젊은이가 관심을 보이는 뉴스 가운데 높은 순위를 차지한 것은 대중문화 및 연예계 소식이다. 이 보고서는 이전 연구와 꽤 상충한다. 텐센트의 연구에서 주링허우 세대와 바링허우 세대를 견줬을 때, 바링허우 세대는 사회와 법에 더 깊은 관심을 보이지만, 더 어린 주링허우 세대는 연예 및 과학기술에 관심을 더 보였다. 주링허우 세대를 다룬 연구는 모두 이 세대가 갈수록 남에게 기대지 않고 홀로 선다는 사실을 가리킨다. 예를 들어 텐센트가 실행한 연구에서 대학생인 18살 위는 이렇게 말한다.

> 고등학교에서 인문계와 이공계 가운데 한 곳을 선택해야 할 때, 제 성적은 양쪽이 거의 같았어요. 부모님은 제가 이공계를 선택하기를 크게 바라셨지요. 이공계는 일자리를 얻기 쉬우니까요. 하지만 저는 더 관심이 있던 인문계를 선택하기로 마음먹었어요. 대학에서 전공을 선택해야 할 때도, 부모님은 제가 경제나 금융 쪽을 전공하기 바라셨지만, 저는 제 관심사에 충실하게 언론학을 선택했고요. 기자가 되는 것이 제 꿈이거든요. 제가 걸어갈 길은 제 스스로 선택하는 게 마땅해요.

이 책에서 줄곧 보듯이, 제 삶을 스스로 결정하는 이런 이야기에는 모순과 불일치가 가득하다. 몇 가지만 꼽아봐도, 좋은 일자리를 얻고, 건전한 삶을 살고, 안정된 인간관계를 쌓고, 부모를 돌봐야 한다는 요구가 젊은이에게 힘을 주는 동시에 활동을 제약한다. 여기에 더해 부동산 호황, 달리 말해 부동산 거품 탓에 집을 사는 일이 거의 불가능해졌다. 한 연구에서 청두 출신인 학생 쑹은 이렇게 말한다.

: 저는 정말이지 오르는 집값을 받아들이지 못하겠어요. 집 장만이 우리 세대를 짓누르고 있어요. 바링허우 세대는 죄다 자기가 집값에 짓눌리는 세대라고 말해요.

크게 볼 때, 이런 연구는 중국 젊은이가 물질만능에 젖은 데다 이기적이라고 손가락질하는 비판의 민낯을 드러낸다. 같은 연구에서 연구자들은 주링허우 세대의 디지털 생활에 초점을 맞춰 이렇게 적는다.

: 사회에서는 흔히들 주링허우 세대를 가리켜 '무너진 세대' 또는 '타락한 세대'라 부른다. 우리가 조사한 결과, 실상은 달랐다. 설문 응답지 1,600장을 살펴본 결과에 따르면, 응답자 가운데 "내 꿈을 위해 열심히 일하겠다"에 '그렇다'고 답한 학생이 77.8퍼센트, "대학 생활에 비교적 뚜렷한 계획이 있다"에 '그렇다'고 답한 학생이 54.6퍼센트였다. "내 미래가 어떨지 거의 갈피를 잡지 못하겠다"에 '그렇다'고 답한 학생은 겨우 22퍼센트뿐이었다.

그럼에도 이들의 삶은 날로 팍팍해진다. 1998년에 실행된 한 연구에서는 삶에 압박을 느껴 우울하다고 답한 응답자가 23.1퍼센트였지만, 2008년에는 이 수치가 55.1퍼센트로 치솟았다. 바링허우 세대와 주링허우 세대를 비교한 다른 연구를 보면, 제시된 자질 가운데 가장 필요하다고 느끼는 자질이 무엇이냐고 물었을 때 응답 수치가 가장 크게 늘어난 자질이 경쟁력으로, 바링허우에서는 45.4퍼센트인 수치가 주링허우에서는 70.6퍼센트로 증가했다. 이런 연구는 중국 젊은이의 가치관이 바뀌고 있다는 것을 슬쩍 내비친다. 동시에 10년을 기준으로 사람을 분류하는 까닭에 차이와 다양성을 무시하기 쉽다는 위험이 따르기도 한다. 이 책은 이런 연구를 배경 상황으로 활용한다. 중국 젊은이를 가치관이 없거나 명백하게 물질만능주의에 사로잡힌 무리로 그리는 것이 잘못된 생각임을 이런 연구가 보여주기 때문이다.

앞으로 다룰 이야기

이 책의 주요 주장은 앞으로 줄기차게 강조할 다양성이다. 다양성은 상당히 기본이자 기초가 되는 논거이다. 바꿔 말해 중국이 단일 존재라 주장할 수 없는 것과 마찬가지로, 중국인다움을 두고 모순과 갑론을박이 넘치는 것과 마찬가지로, 중국 젊은이들이 마치 하나로 묶인 범주인 양 생각하고 글을 쓰기란 불가능하다. 우리는 중국 젊은이를 일반화하는 모든 주장을 무너뜨리고자 이 책에 착수했다. 언론에서 중국이 부상한다는 기사를 끊임없이 써내는 시기이므로, 중국의 단일성에 그런 의문을 던지는 것이 시급한 일로 남아 있다. 다양성이라는 논거 덕분에 우리는 이주 젊은이부터 웨이보 행동주의까지 여러 사례를 다룰 수 있었다.

중국 젊은이들은, 2014년 가을에 우산 혁명을 펼친 홍콩 젊은이들과 달리 적극적으로 민주주의를 추구하지도 않고, 아랍의 봄과 달리 체제 전복을 겨냥하지도 않고, 1989년에 톈안먼 저항에 나선 이전 젊은이들과 달리 부패에 맞서 공개적으로 싸우지도 않는다. 이들은 1980년대에 성장한 세대와도 정말로 많이 다르다. 1980년대에는 문화 열기가 중국을 휩쓸어 젊은이들의 넋을 쏙 빼놓았고, 이에 발맞춰 젊은이들이 삶의 다른 의미를 찾아 중국 국경 너머 다른 곳, 서구권으로 눈길을 돌렸다(1980년대의 젊은이 문화를 분석한 자료를 찾는다면 2002년에 출간된 수뤄의 책을 참고하라). 이와 달리 요즘 젊은이들은 소규모 개입, 조금씩 일어나는 변화, 어쩌다 한 번씩 벌이는 저항, 중국 특유의 새로운 주체성을 추구한다. 하지만 1장에서 보듯이, 이렇게 다른 여러 문화 궤적과 주체성을 탐색하고 실험하는 데는 뚜렷한 한계가 있다. 젊은이들은 공적 영역인 교육, 가정, 국가에서 통제권, 즉 목소리를 거의 내지 못한다. 그렇기는커녕 이런 공적 영역에서는 젊은이에게 자질이 부족한 골칫거리라는 명백히 부정적인 인상을 덧씌우거나, 아니면 반대로 젊은이가 훨씬 더 풍요로운 미래를 안겨줄 희망이라는 인상을 덧씌운다.

이런 담론이 어떻게 지난 몇십 년 동안 끈덕지게 이어져왔는지 이 장에서 살펴보겠지만, 그렇다고 해서 젊은이 문화의 역사를 모두 아우르는 분석 결과를 내놓지는 않으려 한다. 중국 젊은이가 1960년대에는 홍위병이었다가, 1980년대에는 정치 시위대였다가, 오늘날에는 세계와 연결된 존재가 되기까지 이어온 계보를 낱낱이 알고 싶다면, 폴 클라크, 알렉스 코케인, 수뤄를 참조하고, 1990년대의 젊은이를 관찰한 연구에 관심이 있다면, 예룬 더클룻이 쓴 『틈이 생긴 중국China with a cut』을 참고하라.

나머지 장에서 우리는 젊은이들이 자신에게 부여된 요구와 자신의 열망을 탐색하고자 동원하는 창의적인 문화 영역을 흥미롭게 다룬다. 이 분야에는 창의적인 전략들, 즉 달성하기 어렵고, 우발적이고, 임시방편인 대안이 들어 있다. 또 젊은이와 여러 권력 당국이 벌이는 타협도 포함한다. 이런 내용은 젊은이를 연구한 다른 분석들과 맥을 같이한다. 이들 연구에 따르면, 젊은이들이 겉보기에 정반대인 옷차림, 음악 취향, 학교생활 태도를 보이는 까닭은 또래들과 어울리는 동시에 공식 권력 당국에도 협력하는 사이에서 균형을 잡으려 하기 때문이다.

젊은이들이 가장 먼저 활용하는 공간은 여가 활동과 연예오락이다. 젊은이들이 일상에서 접하는 미디어, 대중문화, 예술 등 여러 시각 문화는 젊은이들이 자신의 주체성을 얻어내고자 차용하는 신호, 상징, 이미지가 오가는 기반이 된다. 이런 현상은 개별화하고, 소비를 지향하고, 기술이 끊임없이 변모하는 도시화한 중국 사회에 반영되고, 이런 사회 안에서 사회주의 시장경제, 문화 세계화, 권위주의적인 강력한 당 사상이 한꺼번에 작동한다. 2장에서는 중국 젊은이들이 세계적으로 유행하는 패션 양식, 음악 양식, 디지털 양식을 차용하는 현상을 분석함으로써, 이 모든 영역이 중국 젊은이들이 여러 가지 정체성과 생활양식, 체화를 실험하는 중요한 곳으로 작동하는 것을 보이겠다. 이런 양식들은 정치적으로 민감한 표현 방식일 수 있지만, 대개 특별한 계기에 특별한 곳에서 펼쳐진다. 폴 클라크가 정확히 관찰한 대로, 중국의 젊은이 문화는 단순히 이분법으로는 이해하지 못한다. 이 문화는 "중국과 서양, 현지와 세계, 전통과 현대로는 파악하기 어렵다. 이 발전이 훨씬 복잡하게 일어난 데다, 제어되지 않고 저절로, 불균일하게, 그래서 예측 불가능하게 일어났기 때문이다."

2장에서는 서구 문화로 인식되는 록 음악과 옷차림 등을 현지화하고 차용하는 현상에 초점을 맞추지만, 3장에서는 아시아 안에서 받아들인 문화 유입, 특히 일본과 한국의 문화가 유입된 현상으로 눈길을 돌린다. 여기에서 우리는 문화 번역이라는 관행, 특히 중국 본토의 경우에는 검열과 중국화 과정을 흔히 수반하는 관행을 더 명백하게 다룬다. 일본 만화 『꽃보다 남자』의 중국판 TV 드라마에서는 이 드라마가 계층 차이와 사회 불평등이라는 문제를 어떻게 희석하는지 살펴본다. 한국의 리얼리티 게임쇼 〈런닝맨〉을 받아들일 때도 사회 문제를 건드리지 않으려 애쓰지만, 정확히 말하자면 〈런닝맨〉이 비정치적인 특성을 띠기 때문에 이 프로그램을 중심으로 활기찬 젊은이 문화가 생겨났다.

TV 오디션 프로그램인 〈차오지뉘성(超级女声·슈퍼걸)〉의 우승자 리위춘, 여성 아이돌 그룹 SNH48, 소년 아이돌 그룹 TFBoys를 살펴볼 때는 이들이 모두 어떻게 때로 비판적이고 때로 그리 비판적이지 않은 공간을 젊은이를 위해 확보하는지를 보인다. 이렇게 생겨나는 문화 공간은 쾌활하고 순수해 보이는 디지털 공간인 까닭에, 지금까지는 대체로 당국의 눈길을 끌지 않고 있다. 하지만 이런 공간에는 젊은이들이 새로운 주체성을 형성하게 해줄 잠재력이 숨어 있어, 중국 젊은이가 관념을 세분화하도록 촉진한다.

4장에서는 젊은이의 성역할과 성생활의 연결 고리를 분석한다. 먼저 중국에서 성역할과 성생활의 역사를 간단히 살펴, 매체가 재현한 모습, 문화 관행, 그리고 여러 학문 연구의 눈으로 이성애의 규범적 담론을 구체화하여 자세히 설명한다. 그다음에는 중국의 이성애 담론을 뒤흔들 힘이 있는 세 가지 관점, 로맨틱 코미디, 동성애 문화, 섹스와 페미니즘을 다룬다. 우리는 새로운 성생활, 새로운 연애 형태, 동성 연인 사이의 새로운 관계 방식을 실험할 수 있게 하는 뜻깊은 변화를 분석한다. 이 변화에서는 발전한 데이트 앱을 비롯한 새로운 미디어가 힘을 실어주는 중요한 역할을 수행할 때가 많다. 그렇다 해도 우리는 지나치게 찬사를 보내는 해석은 하지 말라고 경고한다. 2015년 3월에 페미니스트 다섯 명을 억류한 사례와 남성 동성애를 다룬 웹드라마 〈상인(上癮·중독)〉을 검열한 사례는 갈수록 삼엄해지는 상황을 증명한다(이 사례들은 4장에서 더 깊이 분석하겠다). 더구나 이 장에서 언급한 대로, 젊은이의 욕망하는 자아가 정부의 여러 권력 구조에 연루되어 있다.

중국의 도시 젊은이 사이에 생겨난 멋진 도시 생활 방식에만 초점을 맞추고 싶은 생각이 무척이나 구미를 당긴다. 그렇지만 그렇게 했다가는 어마어마하게 많은 시골 젊은이, 특히 도시로 이주해 새롭고 풍요로운 삶을 살기를 열망하는 시골 젊은이를 무시하는 꼴이 될 것이다. 그러므로 5장에서는 타향살이를 하는 중국의 이주 젊은이들이 어떤 삶을 살고 어떤 어려움을 겪는지 생각해보려 한다. 현재까지 나온 논의에서는 이주 노동자라는 정체성이 이들의 젊음을 가린다. 우리가 보기에는 이주 노동자와 젊음의 연결고리를 확대해 들여다보는 것이 중요하다. 이를 위해 우리는 이들이 미디어를 활용하는 방식, 매체에 재현되는 방식, 이들 자신이 미디어 생산자가 되는 방식을 분석한다. 이를테면 우리는 이주 젊은이가 자신의 잠재력을 알아채고, 다양한 장애물을 극복해 도시의 구성원이 되고자 자신들만의 문화 관행을 발전시킬 때, 이들이 새로운 매체 기술에 이끌리는 모습을 보일 것이다.

이런 현상은 우리가 책에서 반복하는 주제인 새로운 첨단기술의 중요성을 드러낸다. 폴 클라크는 젊은이들이 오늘날 인터넷을 이용할 수 있는 까닭에 사회에 느낀 짜증과 실망을 표현할 수 있다는 주장을 내세운다. 류펑슈Liu Fengshu는 중국의 도시 젊은이를 다룬 연구에서 젊은이와 인터넷의 상호작용에 경제, 사회, 문화, 정치에서 광범위한 변화를 몰고 오거나 적어도 변화에 기여할 잠재력이 있다고 주장한다. 이 책은 젊은이와 이동통신 기술이 어떻게 서로 상호작용하여 중국이라는 맥락에서 새로운 가능성을 만들어내는지 연구한다.

창의적 전투

우리가 영화, 음악, 이동통신 기술, 세계 문화를 창 삼아 분석하는 젊은이 문화는 모두 주류 대중문화 안에서 꽃을 피운다. 젊은이가 즐기는 대중문화는 굳이 모든 이의 마음을 흔들지 않아도 된다. 게다가 어떤 문화 형식이 여러 나이 대를 가로질러 인기가 높을지라도, 각 나이 대마다 느끼는 의미가 다르기 마련이다. 젊은이 문화는 정규 기관, 지배 문화, 지배 사상과 늘 결부되어 있으므로, 젊은이 문화를 구축하고 창조하는 것은 공적 문화가 제공하고 힘을 실어주는 것과 늘 관련이 있다.

중국에서 젊은이 문화가 대체로 혁명 열기가 사라진 채 발전한다는 데서 우리는 중국 젊은이를 관찰할 때 흔히 지나치고 마는 관점을 미리 알아챌 수 있다. 중국 젊은이는 우리가 생각하는 것보다 더 큰 희망에 차 있을지도 모른다. 왜냐하면 요즘 젊은이에게는 연속성 속에서 변화를 촉진할 줄 아는 잠재력이 있기 때문이다.

중국의 젊은 세대는 문화혁명에서 살아남은 나이 든 세대와 사뭇 다르다. 문화혁명을 겪은 세대는 중국의 미래를 비관적이고 우울하게 바라본다. 나이 든 세대는 고통스러웠던 경험과 잊지 못할 아픔의 역사를 간직하고 있다. 따라서 이들은 요즘 젊은이를 바라볼 때, 젊은이가 대중문화, 컴퓨터 게임, 소비, 성생활에 탐닉하는 모습을 문젯거리로 보든가, 아니면 젊은이가 능력을 쌓을 수 있도록 지원해 풍요로운 삶을 살도록 한다. 어느 쪽이든, 나이 든 세대는 중국에 그리 희망을 품지 않는다. 게다가 요즈음 중국의 부유한 집안에서는 단지 중국의 미래에 희망을 품지 않는다는 이유로 아이들을 해외로 유학 보내거나 이민 보낸다.

하지만 우리가 인터뷰한 젊은이들은 중국이 언젠가는 더 나아지리라고 생각한다. 이들은 자신들만의 시간성이 있는 문화를 창조함으로써 이 시대 중국에 반응해왔고, 그렇게 함으로써 이상주의와 현실 사이를 중재한다. 시간성은 도시 환경에서 젊은이가 꾸준히 탈영토화하기 때문에도 나타난다. 탈영토화란 문화가 지리 및 사회적 영토와 이어지는 연결고리가 약해지는 현상을 가리킨다. 젊은이들이 정체성을 구체화할 수 있는 장소, 이를테면 학교를 비롯한 교육 공간이나 집을 '자연스럽고 유기적'으로 경험하는 일은 세계화라는 세력과 국가에 밀려 계속 자리를 내주고, 억눌리고, 정돈된다.

이런 상황은 젊은이들에게 전환점이 되는 새로운 공간, 이를테면 자본주의 소비로 더 깊이 이어지는 쇼핑몰, 세계적인 대중음악을 소비하는 콘서트, 사이버 카페, 컴퓨터 게임, 이전에는 없던 온라인 세계 등을 제공한다. 팬 커뮤니티는 서구의 동성애 드라마 최신판, 이를테면 〈오이〉에 자막을 달고, 자국에서 만든 온라인 창작물에도 빠진다. 예컨대 이들은 2012년에 나온 애국주의 웹툰 〈그해, 토끼에게 일어난 일(那年那兔那些事)〉도 장난스럽고 유쾌하게, 그러나 한편으로 비꼬며 소비한다.

이들이 문화를 이중적으로 해석하거나 이해하고, 때로 디지털로 창

사진 1. 톈안먼 광장의 연인
© 예룬 더클룻

의적으로 차용하는 현상은 우리가 관찰한 대로 젊은이 문화가 이제
이상과 가치관, 관심사를 포용하는 데 그치지 않는다는 것을 증명한
다. 이제 중국의 젊은이 문화는 민족주의, 개인주의, 사회주의, 자본주
의, 세계주의가 복잡하게 공존하고, 궁지에 몰리고, 서로 얽히는 상황
도 반영한다.

　딕 헵디지가 『하위문화: 스타일의 의미』에서 움베르토 에코의 기호
학적 게릴라전을 바꿔 표현했듯이, 우리는 중국 젊은이들이 매우 고
되고 통제된 생활 세계라는 맥락 안에서 제한된 자원만으로 어떻게
새로운 생활 방식을 구축할 수 있는지를 '창의적 전투'라는 말로 설명

할 수 있다. 앞에서도 언급했듯이 공간만 따진다면 젊은이에게는 기본적으로 손톱만 한 공간도 없다. 하지만 이들은 국가가 목줄을 쥐고 있는 기관과 통제하는 공간, 국가가 제시한 엄격한 규칙을 '은어로 표현'할 줄 알기 때문에 이런 곳에 창의적으로 독특한 의미를 부여하고, 때로는 현 상황에 도전장을 던질 수 있다. 창의적 전투가 어떤 결과를 낳을지는 책의 결론 부분에서 다루겠지만, 결과를 완전히 예상하기는 어렵다. 창의력이 반드시 이상주의나 변화를 뜻하지는 않기 때문이다. 게다가 반드시 그래야 할 이유가 있을까? 하지만 어쨌든 창의력이 젊은이에게 힘을 실어주기는 할 것이다.

우리는 젊은이들이 어떻게 희망의 정치에 참여하는지를 짚으면서 책을 마무리 짓는다. 중국의 진화하는 젊은이 문화는 다양한 모습을 띠는 게 마땅하다. 통신 기술은 젊은이들이 여러 문화 분야를 실험할 기회를 제공하여, 정부의 구조적이면서 임기응변식인 통제를 의미 없게까지는 아니라도 제대로 작동하지 못하게 한다. 음악, 저술, 영화 원고 등과 같은 디지털 문화 및 대중문화에 바탕을 둔 일상의 교류와 해석은 국가가 문화 공간에서 거슬리는 부분을 제거하고 조직을 통제하는 데 이의를 제기한다.

중국에서 인기 있는 젊은이 문화는 정치에 환상이나 열망을 품거나, 정치를 우회하거나 넘어서는 기반을 이룬다. 젊은이들의 문화 정치 곧 창의적 전투가 마침내는 정치에 영향을 미치겠지만, 언제 어디에 영향을 미치고 어떤 결과를 낳을지는 알 길이 없다. 따라서 우리가 이 책에서 이루고 싶은 것은 어렴풋이나마 민족국가의 권력이 지속하는 사례 같은 내용을 밝히는 것이다.

이런 식으로 젊은이 문화를 살펴볼 때, 우리는 역설적이게도 중국에서는 젊은이 문화를 젊은이와 국가가 함께 만들어낸다고 주장할수 있다. 중국 젊은이들은 자신들의 공간, 주체성, 열망을 얻어내고자 날마다 기호학적 투쟁에 뛰어든다. 하지만 젊은이 풍경이 확산하는 데 영향을 끼치는 규칙, 규제, 세부 원칙을 정부가 규정하므로, 젊은이 문화는 정부의 창작물이기도 하다. 코케인이 주장한 대로, 중국 "젊은이들은 삶에서 탐색하고 자기를 표현할 공간이 있으면서도 동시에 통제받을 때 가장 안전하게 느낀다."

창조되느냐 창조하느냐, 통제받느냐 탐색하느냐, 생체정치냐 자아의 기술이냐 사이에는 많은 가능성이 깔려 있다. 무슨 일이 일어날지는 권력 당국이 젊은이를 위해 무엇을 만들어내고 싶어 하는지, 그리고 여기에 따라 젊은이들이 자신들의 젊은이 풍경을 어떻게 재창조하여 반응하는지에 달렸다.

앞으로 우리가 조사한 내용이 나타내듯이, 국가와 젊은이의 이런 상호작용은 젊은이 풍경을 확대하는 데 도움이 될 것이다. 중국이 하나가 아니듯이 젊은이 문화도 한 가지가 아니다. 그런데 참으로 얄궂게도 우리가 생각하는 요즘 젊은이의 동력, 역량, 격렬함이 어쩐 일인지 마오쩌둥의 생각과 닮았다. 마오쩌둥은 이렇게 말했다.

: 세상은 그대들 것이기도 하고, 우리 것이기도 하다. 하지만 근본을 따지고

보면 세상은 그대들 것이다. 그대 젊은이들은 활기가 넘쳐, 마치 아침 여덟,

아홉 시의 태양처럼 왕성하다. 우리의 희망을 그대들에게 건다.

★

제 1 장

젊은이와 권력 : 교육, 가정, 국가

이 장에서 가족주의, 교육 방침, 당파주의를 다룸으로써, 중국의 젊은이 문화를 하나로 묶는 힘을 이해할 수 있다. 사회, 경제, 정치가 구축되었다가 개혁되기를 끝없이 반복하는 상황이므로, 중국의 도시 젊은이들은 사생활에서는 가정이라는 궤도를, 공적 생활에서는 학교라는 궤도를, 그리고 공사 두 영역에 걸쳐서는 정치라는 궤도를 따를 수밖에 없다.

★

젊은이가 강해야 나라가 강해지고,
젊은이가 진보해야 나라가 진보한다.

- 량치차오

들어가며

량치차오는 중국의 사상가이자 학자, 언론인으로, 20세기 초반에 일
어난 가장 중요한 학생 운동인 5·4운동을 지지한 사람이었다. 나라
를 구하려는 그의 결의는 늘 '자강'으로 모아졌고, 이 자강의 씨앗은
그의 말에 따르면 반드시 젊은이에게서 싹터야 했다. 량치차오는 글
에서 중국의 민주화를 촉구했다. 그렇다면 이로 보아, 그가 이 시대
를 사는 중국 젊은이에게도 민주주의의 선봉에 서라고 조언할까? 량
치차오가 아직 살아있어 민주주의를 실행하자고 호소해도, 짐작건
대 오늘날 중국 젊은이들은 호응하지 않을 것이다. 이는 청나라 후반
인 1898년 여름에 그가 주도한 변법자강운동이 100일 만에 끝나고
만 일을 떠올리게 한다. 당시에는 청나라를 복원하려는 청 왕가와 동
조 세력이 큰 걸림돌이었다면, 오늘날 그를 가로막을 세력은 중국 공

산당을 지탱하는 인민 해방군만이 아니다. 오늘날에는 권력이 그런 상명하달 방식으로 작동하지 않는다. 오늘날 권력은 대중매체 안팎을 가로지를뿐더러, 사랑과 물질적 풍요와 성공을 바라는 욕망, 일상생활, 학교와 직장 같은 제도를 포함한 사회 전 영역을 종횡무진 넘나든다. 여기서 우리는 미셸 푸코가 말한 권력 강화를 목격한다. "어깨에서 힘을 뺀 권력은 어디에나 존재하여, '부정적' 대상이나 관행(엄격한 가정, '아버지의 아니오(the Father's no, 라캉이 아버지를 금지에 빗댄 표현-옮긴이주)')과는 관련이 적어지는 한편, 이전에는 거들떠보지 않던 사회 관습 영역을 집중적으로 공략한다. 간단히 말해, 권력의 영향력은 더 커지지만 저항받을 가능성은 눈에 띄게 줄어든다."

권력이 가정과 국가를 넘어서는 영역, 특히 대중매체, 일상 관습, 푸코가 말한 자아의 기술에서 이렇게 강화하는 현상은 2장에서부터 주요 내용으로 다룬다. 여기 1장에서는 중국의 사적 영역과 공적 영역에 걸친 3두 기관, 즉 가정, 교육, 정치에 강하게 자리 잡은 사상을 파고든다. 류평슈가 언급한 대로, 도시 젊은이를 짓누르는 압박은 주로 "한 자녀 가정에서 흔히 나타나는 부모의 높은 기대, 시험 위주로 짜인 교육 제도, 사회에서 벌어지는 치열한 경쟁, '좋은 삶'의 기준 변화"에서 비롯된다. 한 연구에서 푸젠성 학생들을 대상으로 가장 큰 골칫거리가 무엇인지 물어봤더니, 이들이 꼽은 상위 세 항목이 류평슈의 연구 결과와 일치하였다. 응답자 가운데 '성취하기 위해 싸워야 할 뚜렷한 목표가 없다'에 그렇다고 답한 이가 50퍼센트였고, '구직난이 주요 걱정거리이다'에 그렇다고 답한 이가 48.9퍼센트, '학업 압박이 문제이다'에 그렇다고 답한 이가 38.5퍼센트였다.

사회에서 벌어지는 경쟁은 이 장에서 설명할 내용대로 공산당 당적과 얽혀 있다. 그러므로 이 장에서 가족주의, 교육방침, 당파주의를 다룸으로써, 중국의 젊은이 문화를 하나로 묶는 힘을 이해할 수 있다. 사회, 경제, 정치가 구축되었다가 개혁되기를 끝없이 반복하는 상황이므로, 중국의 도시 젊은이들은 사생활에서는 가정이라는 궤도를, 공적 생활에서는 학교라는 궤도를, 그리고 공사 두 영역에 걸쳐서는 정치라는 궤도를 따를 수밖에 없다. 시골 지역에서 드물게 예외가 있을 뿐, 생산에서 제외된 젊은이 대다수는 이 체계들 아래에 놓인 채 날마다 배우는 사상을 익히고, 상기하고, 실천해야 한다. 이들은 가정에서 부과하는 규율부터 학교에서 가르치는 교과서까지 체계의 틀을 거치면서, 누구나 주체성을 형성해 가족생활과 학교생활을 준비할 뿐 아니라 크게는 훗날 사회생활을 해나갈 채비를 갖춘다. 게다가 날이 갈수록 사회에서 가치가 사라진다고 볼 수 있는 상황에서, 가정이 맹렬한 기세로 영향력을 되찾았다. 오늘날 전형적인 중국 가정에서는 하나뿐인 자녀가 결혼 전까지, 심지어는 결혼 후에도 어떻게 성장할지를 가족이 나서서 미리 계획하고 준비하므로, 자라나는 세대를 가족이 전보다 훨씬 더 강력하게 감시한다고 주장할 수 있다. 문화혁명 탓에 기회를 놓친 부모 세대는 하나뿐인 자녀의 삶에 기대치를 한껏 높이는 일이 잦다. 물론 시골 사람이나 소수 민족은 자녀를 한

명 이상 낳아도 괜찮으니 사정이 다를 것이다. 한편 정치는 공산당 조직을 통해 학교, 지역 사회, 직장을 포함한 사회 곳곳의 등록 단체를 하나도 빼놓지 않고 파고든다. 이처럼 정치는 중국 젊은이의 일상에 밑바닥까지 스며들어 삶과 경력과 승진 기회를 좌지우지한다.

이런 면에서 볼 때, 가정, 학교, 국가가 그들의 관점을 젊은이에게 강요하는 규율 기관이라고 이해하는 것은 정확하지 않다. 우리가 여기에서 설명하는 권력은 푸코가 주장한 통치성이라는 개념을 그대로 되풀이한다. 통치성은 국가가 휘두르는 중앙 집중식 통제만을 가리키지 않기 때문이다. 통치성은 사회 경로 및 문화 경로에 뻗어 있는 다양한 모세혈관을 타고 퍼져 나가 정치적 활동과 사건, 가정과 가족, 교육 방침과 교육을 관장하기까지 한다. 여기에서 말하는 통치성은 행동을 통솔하는 것을 가리킨다. 즉 사회에는 개인이나 가정 또는 단체의 규범, 관행, 의무, 책임, 규율을 정의하고, 규제하고, 표준화하는 지식이나 규칙 체계가 존재한다는 뜻이다. 그러므로 우리는 책에서 상명하달 방식의 권력을 거의 다루지 않는다. 중국의 위계 사회에 권력과 강압이 없어서가 아니다. 그보다는 통치성이라는 얼개를 빌려, 중국이 수입한 세계 문화와 대중문화(2장과 3장에서 다룬다)를 살펴봄으로써, 성과 성 정체성(4장에서 다룬다), 정부와 정부의 통치, 그리고 공민권, 욕망, 노동 사이에 어떤 관계가 있는지를 이해하고(5장에서 다룬다), 소셜 미디어, 결혼, 의례에 대해 각각 담론을 펼치려 한다. 질서를 유지할 목적으로 타인에게 행사한 권력은 젊은이들이 가능성을 펼칠 수 있는 행동의 폭을 제한한다. 이때, 통치성이라는 개념이 그런 권력이 자연스레 행사되는 근거인 합리성을 찾아내어 그대로 보여줄 뿐 아니라, 정치 지식과 연계된 권력을 명확히 설명한다. 그러므로 일상에서 우리는 젊은이, 부모, 교사 및 다양한 영역의 사회 기관들이, 체계화된 궁극의 목적, 즉 행동의 논거를 어느 정도 반영한 다양한 관행과 가치관을 모두 따르는 것을 볼 수 있다. 이런 가치관과 관행을 젊은이의 일상, 이를테면 가족과 주고받는 교류, 학습과 학교 교육, 일자리 구하기에서 쉽게 읽어낼 수 있다.

정치 가치관과 당적

중국 젊은이는 시진핑 주석이 추진하는 중국의 꿈을 얼마나 지지할까? 앞장에서 인용한 세대 비교 조사에서는 권력 당국을 비판하는 태도가 날로 늘어가는 낌새가 보였다. 그러나 한편으로 다른 조사들에서는 중국이 현재 나아가는 길을 강하게 지지하는 추세도 보인다. 1980년대에 태어난 바링허우 세대(2004년 추출, 표본 800명)와 1990년대에 태어난 주링허우 세대(2009년 추출, 표본 1,200명)를 비교한 연구에서 '사회주의가 자본주의를 앞설 것이다'라는 주장에 바링허우 세대는 47퍼센트, 주링허우 세대는 45.5퍼센트가 동의한다고 답했다. 한편 '사회주의와 자본주의가 점차 동등해질 것이다'라는 주장에는 각각 41.6퍼센트, 50.1퍼센트가 동의했다. 흥미롭게도 중국이 21세기 중반까지도 공산당이 이끄는 사회주의 국가일 것이라고 응답한 사람은 바링허우 세대에서 58.8퍼센트였지만, 주링허우 세대에서는 수치가 훨씬 높아 무려 79.0퍼센트였다. 주링허우 세대의 체제 지지율이 올라간 까닭은 두 조사를 시행한 시기가 달라서일 것으로 보인다. 2009년은 2008 베이징올림픽이 끝난 다음 해라, 젊은이들이 5년 전보다 체제를 더 지지했을 것이다.

2013년 중국에서 대학교 19곳의 재적생 6,727명을 표본으로 조사한 연구에 따르면, 당의 노선을 꾸준히 지지하는 대학생이 얼마나 많은지가 보인다. 예컨대 시진핑 주석이 주장한 대로 21세기에 중국이 부흥하리라고 보느냐는 물음에 '매우 확신한다'는 응답자가 42.9퍼센트, '확신한다'는 응답자가 49.7퍼센트였고, '별로 확신하지 않거나 전혀 확신하지 않는다'는 응답자는 겨우 7.4퍼센트뿐이었다. 그런데 당적에 따라 공산당원인 학생, 공산주의청년단(공청단) 단원인 학생, 조직원이 아닌 학생의 확신 정도를 비교해보니, 차이가 매우 두드러졌다. 공산당원과 공청단원인 학생 가운데 중국의 부흥을 확신하지 않은 응답자는 각각 5.3퍼센트, 6.8퍼센트뿐이었지만, 조직원이 아닌 학생은 수치가 뚜렷하게 높아 무려 33.4퍼센트였다. 중국식 사회주의가 앞으로도 발전하리라고 보느냐는 물음에 확신하지 못한다고 답한 수치도 꽤 비슷한 형태로 나왔다. 공산당원인 학생은 6.1퍼센트, 공청단원인 학생은 11.4퍼센트만 확신하지 못했지만, 조직원이 아닌 학생은 수치가 훨씬 높아 40퍼센트에 이르렀다.

그런데 이 비교에서는 조사의 바탕이 되는 표본이 한쪽으로 치우쳐 있다. 대학에서는 학생 대다수가 공산당원이거나 공청단원이기 때문이다. 이 표본에서도 응답자 비율은 공산당원이 28.4퍼센트, 공청단원이 68.2퍼센트였고, 조직원이 아닌 학생은 겨우 3.4퍼센트뿐이었다. 책 한 권에 맞먹는 이 연구에서 나온, 정치 가치관과 관련한 매우 흥미로운 수치 몇 가지를 표 1.1에 모아놓았다. 여기에서도 표본에서 극소수인 비조직원 학생과 대다수인 공산당 조직원 학생이 사뭇 다른 답을 내놓아, 비조직원 학생일수록 당의 노선을 덜 따르는 경향을 보인다. 표에 나온 수치로는 대학생들이 권력 당국을 꽤 확고하게 지지하는 듯 보이지만, 당에 가입하는 까닭은 사상 때문이라기보다 현실 때문일 때가 훨씬 더 많을지도 모른다.

표 1.1 · 중국 대학생의 정치 가치관

구분	완전히 동의한다	동의한다	동의하지 않는다	말할 수 없다
마르크스주의에는 강인하고 끈질긴 생명력이 있다	48.3	39.8	4.6	7.3
중국은 서구식 다당제를 활용할 수 없다	39.6	35.1	17.4	7.9
중국의 개혁 방향과 경로, 개방은 완전히 옳다	41.4	45.2	7.8	5.6
국가의 지도 사상은 여럿일 수 없다	32.4	34.3	24.6	8.7
삼권분립은 근대 국가의 통치 방식 가운데 가장 뛰어난 정부 형태이다	17.1	30.1	30.8	22
사유화는 국가를 발전시켜 부유하게 할 유일한 길이다	32.4	34.3	24.6	8.7

출처: Shi 2013

오늘날 중국 젊은이에게는 일자리 구하기가 크나큰 난관이다. 중국이 청년 실업률을 공개하지는 않지만, 실업률이 높다고 볼 만한 근거가 있다. 2005년에 중화전국청년연합회와 인력자원 및 사회보장부 산하 노동과학연구소가 함께 처음이자 가장 큰 규모로 실시해 공개한 〈중국 1차 청년 취업 상황 조사 보고〉를 보면, 21세 이하 젊은이의 실업률이 당시에 벌써 15퍼센트에 이르렀다. 노동 인구는 해마다 2,000만 명씩 늘어나는 반면, 취업할 수 있는 일자리는 1,000만 ~1,600만 개 증가에 그친다. 청년층의 구직 활동이 힘겨운 몸부림일 것이 미루어 짐작되는 바이다. 2014년에 경제 전문 방송 CNBC가 발표한 수치에 따르면, 중국의 청년 실업률은 9.6퍼센트에 이르렀다. 그나마 중국의 경제성장률이 매우 높은 까닭에 2015년에는 실업률이 꺾였지만, 그래도 수치가 매우 높다.

어찌 되었든 새로운 세대는 살아남아야 한다. 덩샤오핑이 죽은 뒤로 사회보장제도가 폐지되면서 중국 젊은이의 밥그릇에 금이 간 까닭에, 중국 젊은이의 미래가 갈수록 위태로워져 소득과 일자리 상황이 점점 더 보장되지 않는 특성을 띤다. 칭화대학교와 베이징대학교, 더 나아가 해외 유명 대학을 졸업한 젊은이들이야 세계적 기업에서 일자리를 얻을 것이다. 하지만 그런 운이 없는 대다수가 쓸 수 있는 차선책은 관공서라는 거대 분야나 관련 기관에서 안정된 일자리를 찾는 것이다.

중국에서는 정당 조직이 정부와 궤를 같이하여 운영되므로, 당원은 비당원보다 여러모로 혜택을 더 누린다. 당원이 되면 일자리에 지원할 때 유리하다. 특히 공산당의 주도 아래 중국이 정치력과 경제력에서 세계의 중심으로 올라선 지금은 더 그러하다. 국영 인터넷 매체 런민왕이 보도한 공식 수치에 따르면, 공산당 당원은 2014년 말에 8,780만여 명에 이르렀고, 그 가운데 35세 이하인 당원은 2,250만여 명으로 25.6퍼센트를 차지하였다. 당원은 시간이 흐를수록 늘어나는 추세를 보였다. 정부 발표에 따르면, 2007년에는 중국인 가운데 7,340만여 명이 당원이었고, 이는 2002년보다 640만여 명이 늘어난 수치이다. 2007년에는 35세 이하 당원이 1,740명으로 23.7퍼센트를 차지했다. 이런 수치는 당원이 되기를 택하는 중국인이 줄어들기는커녕 얼마나 많이 늘어났는지를 보여주지만, 전체 중국인을 놓고 보면 공산당원은 고작 6.4퍼센트가량일 뿐이다.

여기서 말하는 당파주의는 어떤 정치 제도 아래에서 적극적으로 정당에 참여하고 조직을 구성하려는 성향이다. 물론 중화인민공화국 체제에서 당파주의란 정당을 청소년, 학교, 일과 분리할 수 없다고 설명할 때 사용하는 단일 정당주의 개념이다. 예컨대 학교에는 당 위원회 서기가 있는데, 이들이 고등학교에서는 교장과 협력하고, 대학교에서는 총장과 협력하여 학교를 이끈다. 또 반마다 청년 당대표가 있다. 이 체계는 공산주의와 생각을 달리하는 목소리를 감시하여 당의 사상을 받아들이게 하고자 고안되었다. 그런데 이런 체계에 정치적 의도가 있기는 하지만, 젊은이들이 보기에는 다른 기능이 있다. 청년당

사진 2. 2012년 딸기 음악축제에 배치된 정부군
ⓒ 예룬 더클룻

원이 되면 충성을 맹세하는 정례 회의에 참석해야 하고, 당 교육을
받아야 하고, 당원들의 '규율 위반'을 보고해야 하지만, 이런 의무에
따른 대가로 여러 상황에서 구체적이고 실질적인 보상과 특권을 돌려
받는다.

　그런 예 가운데 특히 눈에 띄는 특혜는 직장에서 당이 맡는 역할
에서 나온다. 오늘날 중국에서는, 특히 공공 기관에서는 중요한 자리
에 오르는 데에 공산당 당적이 중요한 역할을 한다. 하지만 당적은 논
쟁의 씨앗이기도 하다. 그래서 어느 젊은이도 당을 어떻게 생각하는
지를 남들 앞에서 입 밖에 내려 하지 않는다. 젊은이들에게 공산당

가입 의사가 있는지 묻는다면, 아마도 입을 꾹 다물거나 여러 구실을 들어 모호한 대답만 내놓을 것이다. 우리가 인터뷰한 한 여성 공산당원은 아직은 공산당원이 독재나 부패 같은 부정적인 뜻을 지닐 것 같아, 직장 동료들에게 자신이 당원임을 드러내놓고 밝히지 않으려 한다는 속내를 비쳤다. 아주 뚜렷하게도, 중국 젊은이들은 중국 공산당을 마뜩잖게 바라보는 견해를 공유하는 사람들의 차별을 피하고 싶어 한다.

오늘날에는 인터넷으로 세계와 접촉하고 세계 문화가 중국으로 흘러들므로, 분명 당원들이 당의 이런저런 관행, 이를테면 자유, 인권, 관료 정치와 관련한 사안이 바람직하다고 대놓고 주장하지는 않는다. 하지만 그렇다고 당규를 어기거나 당의 사상을 의심하지도 않을 것이다. 많은 중국인이 생각하는 바와 마찬가지로, 새로운 세대가 보기에도 공산당이 사상 단계에서 주장하는 체제와 우리가 몸소 겪는 구현 단계에서 실행되는 허울 좋은 '사회주의 시장경제(통제된 자본주의 경제라고도 부른다)' 사이에는 모순이 있다. 사실 오늘날 중국 젊은이들은 당의 사상을 알리는 선전 기관의 구호, 이를테면 시진핑 주석이 내세우는 '중국의 꿈' 같은 말에 사로잡히지도 않고, 일상에서 공산주의를 실천하지도 않는다. 하지만 그렇다고 당에 대놓고 맞서거나 체제의 정당성에 의문을 던지는 일도 드물다. 적어도 우리가 인터뷰한 사람들과 문화기술지 연구에서는 그런 견해가 거의 드러나지 않는다. '서구인'에게는 젊은이가 지배 세력에 맞서 들고일어나지는 않더라도 비판적이고 적대적인 존재로 인식되지만, 중국 젊은이들은 자기가 국가의 발아래 눌려 있다고 느낄 때마저도 공산당의 가치를 완전히 부인하지는 않는다. 오랫동안 추적 관찰한 연구에 따르면, 학생 당원 숫자가 늘기는 하지만, 당이 대학교에서 끊임없이 사상 작업과 정치 작업을 펼치는 데도, 학생 당원들이 당의 전통 사상에 열광하기는커녕 충실하지도 않다. 조사 결과에 따르면 이들은 공산주의를 실현하고 사회주의를 구축하는 일보다 앞으로 일자리를 찾고 경력을 향상하는 데 더 관심을 쏟는다. 중국 젊은이들은 당에 가입할지 말지를 결정할 때 무엇보다도 실리를 따지는 듯하므로, 자유 민주주의를 지지할 가능성은 적지만, 전통 공산주의 사상에서 점점 벗어나다 보면 언젠가는 추진력을 얻을 것이다.

종합해볼 때, 젊은이들은 대개 당에 양면적인 태도를 보인다. 한편으로는 당파주의 때문에 당을 비판할 가능성을 억누르고, 그래서 다른 사상을 발전시킬 선택의 자유를 차단한다. 당은 블로그와 웹사이트에 당을 대놓고 거침없이 비난하는 글이 한 줄도 올라오지 않도록 입맛대로 제재하고 검열한다. 하지만 한편으로 당파주의는 차츰 어떤 문화 자본(보충 설명을 하자면, 중국이라는 맥락에서 문화 자본이 지니는 뜻은 피에르 부르디외가 사회 차원에서 말한 문화 자본과 다르다는 것을 우리도 잘 안다)으로 발전한 결과, 젊은이들에게 특혜를 선사해 여러 사회관계에서 우월감을 느끼게 하거나 과시하게 한다. 경쟁이 치열한 사회에서는 당연히 젊은이 대다수가, 그리고 틀림없이 부모들도 사상적 양보나 타협을 현실에서 얻을 이득과 저울질하기 마련이므로, 가까운 미래에 일자리를 얻기 위해서라도 현실의 이득을 누리고자 당적을 유지할 것이다.

이 대목에서 우리는 중국 젊은이들에게 실용주의가 결여되어 있다고 주장하는 분석과 길을 달리한다. 예컨대 량샤오성은 중국 젊은이가 지나치게 비현실적으로 정신을 추구한 나머지, 지난 세대가 혁명 시기에 받아들여야 했던 실용주의가 결여되어 있다고 주장한다. 량에 따르면, 2001년 이전에는 많은 젊은이가 자기 이상을 굳게 지켰지만, 그 뒤로 중국 경제가 활발하게 호황기로 접어들면서 오늘날 젊은이들은 정반대 쪽을 좇는다. 가장 흔히 언급되는 사례는 기꺼이 학업을 이어가 더 깊이 공부하겠다는 뛰어난 학생이 줄어든다는 대학교 교원들의 이야기이다. 젊은이들로서는 빠르게 바뀌는 중국에서 곧장 노동 인구에 합류해 자리를 차지하는 것이 더 중요하다. 간단히 말해, 일자리를 찾고 진로를 결정해야 하는 중요한 갈림길에서 중국 젊은이들은 직업과 관련하여 선택할 수 있는 길의 모든 장단점을 저울질한 뒤, 집안의 '꽌시(关系·관계, 연줄)'를 이용하고 구직 지원서에 당적이 있음을 기꺼이 밝힌다. 젊은이들이 보기에 당원이 된다는 것은 한때 사상의 선택이었지만, 그 뒤로는 경력과 삶을 한층 끌어올릴 선택으로 진화해왔다. 따라서 당은 통제 조직이기도 하지만, 긍정적 영향과 부정적 영향을 모두 미치는 조직이기도 하다. 젊은이들은 자기의 가치관, 태도, 세계관을 굳게 지키면서도 이런 상황을 헤쳐나가야 한다.

가정과 가족주의

바링허우 세대와 주링허우 세대가 삶에서 가장 중요한 세 가지로 꼽은 것은 가정, 건강, 우정이다. 푸젠성 젊은이 812명에게 가장 중요한 인생 목표를 물었을 때도 행복한 가정을 꾸리는 데에 57.4퍼센트가, 일로 성공하는 것에 52.3퍼센트가, 건강하게 사는 것에 44.2퍼센트가 그렇다고 답했다. 주링허우 세대에게 앞으로 부모를 어떻게 모실 계획인지 물었을 때, '부모와 같이 살겠다'가 63.8퍼센트, '간호사를 고용할 생각이다'가 9.9퍼센트, '부모님들 스스로 자신을 돌볼 수 있을 것이다'가 7.4퍼센트, '양로원에 모시고 싶다'가 3.7퍼센트였다. 이 연구는 베이징에서 유치원 교사로 일하는 스무 살 웨이의 말을 이렇게 인용한다.

> 저는 부모님께 많이 의지해요. 제가 보기에 우리 세대는 대체로 부모님과 아주 사이좋게 지내는 편이에요. 아마 제가 외동딸이라 부모님이 오롯이 제게 애정을 쏟아서일 거예요. 어릴 때부터 부모님과 이야기를 참 많이 나눠서, 그분들께 아주 많이 기대죠. 부모님이 나이가 드시면, 틀림없이 저와 사실 거예요.

앞에서 언급한 통계 수치와 웨이가 한 말에서 보듯이, 젊은이의 가치 체계에는 가족이 의심할 바 없이 깊이 스며들어 있다. 가정은 중립인 단어일지라도, 가정과 가족주의 자체를 지탱하는 규범은 사상이다. 사상이라는 말을 쓴 까닭은 가부장적 가정이라는 신조가 계속 구심점 역할을 하여 젊은이들이 사회의 규범, 부모의 염원, 대를 이으라는 기대에서 벗어나지 않도록 막기 때문이다. 대가족이던 가족 형태는 국가 정책에 따라 시간이 지날수록 다양한 형태의 핵가족으로 바뀌었다. 베이징과 상하이 같은 주요 도시에서는 가구당 가족원이 2007년 기준, 평균 2.67명으로 줄었지만, 가정이 휘두르는 권력은 결코 줄어들지 않았다. 여기서 말하는 권력이란 가정이 구성원을 끌어당기는 흡인력뿐 아니라, 도시의 교육받은 젊은이들이 아직도 뿌리 깊게 존중하는 가정생활의 관습, 의례, 규범까지 아우른다. 우리가 직접 본 바로는, 춘절 같은 큰 명절과 노동절처럼 긴 휴일이면 홍콩에서 공부하는 10대 청소년들이 수업을 거르고 비행기 표를 끊어 며칠 동안 집에서 머물렀다. 중국 안에서 타향살이를 하는 여느 이주 노동자가 그렇듯, '이주' 학생들도 모든 이동 수단을 동원해 집으로 부리나케 돌아간다.

여기에서 의문이 든다. 도시화한 시야와 국제적 견해를 갖춘 젊은이들이 왜 이런 전통 유교의 유산을 고수하려 할까? 무엇보다도, 자신들을 얽매는 가부장적 권력을 왜 부활시키려 할까? 어느 연구에서 대학생들에게 결혼과 관련한 가정 규범에 왜 이의를 제기하지 않느냐고 물었더니, 학생 대다수가 당연하다는 듯이 문화혁명 뒤로 중국식 대가족의 지배력과 종교의 영향이 차츰 줄어들었으므로, 이제 모든 사회 제도 가운데 가장 강력한 힘이 부모님과 맺는 유대여서라고 답했다. 실제로 당과 공식 기관을 제외한 온갖 사회 제도가 사라진 뒤로, 중국 사회에 남은 사적 영역은 개인 영역을 빼고는 핵가족밖에 없다.

이렇게 된 까닭을 1970년대부터 이어온 한 가정 한 아이 정책으로 설명할 수도 있다. 한 자녀 정책이 인구 구조에 문제를 불러왔다고 보는 대신에, 가정생활이 하나뿐인 자녀를 중심으로 돌아가므로 젊은 이들이 가족에게 마음을 기댄다고 이해할 수 있다. 부모 관점에서 보자면, 아들이나 딸은 부모가 미래에 품는 모든 희망을 거는 대상이다. 따라서 자녀에게 이전보다 더 큰 부담을 지울 뿐 아니라, 다른 방식으로 아이를 철저히 감시한다. 당연히 다른 문제도 뒤따른다. 예를 들어 중국의 몇몇 임상심리학자에 따르면, 자라면서 외로움을 탄 외둥이는 청소년이 되었을 때 심리 문제를 겪을 가능성이 있고, 끝내는 난폭한 행동을 저지르기도 한다.

하지만 우리는 이런 주장을 받아들이기가 꽤 망설여진다. 젊은이들이 도덕적 공황에 휩싸여 있다는 뜻으로 비칠 수 있는 데다, 핵가족에서는 자녀를 적어도 둘은 둬야 한다는 규범을 사상적으로 지지하여 한 부모 가정이나 동성애자 부모 같은 가족 형태를 배제하기 십상이기 때문이다. 따라서 우리가 더 관심을 기울이는 쪽은 '심리적 결핍'으로 짐작되는 모습을 보이는 이 젊은이들이 어떤 문화를 형성하는 가이다. 엄밀히 말해 젊은이들이 가족 영역 밖에 있는 다른 젊은이들과 소통하여 심리적 지지 및 다른 비물질적 지지를 얻는 데 마음이

끌릴 수밖에 없는 까닭은 그저 재미있어서가 아니라 심리적 결핍을 겪기 때문이다.

여기에서 특히 흥미로운 대목은 뒷장에서도 다룰 중국의 소셜 미디어, 이를테면 트위터와 유사한 웨이보, 위챗이라고도 부르는 메신저 웨이신 등에 형성된 온라인 커뮤니티이다. 이 영역에서 보면 가정에 떠맡겨진 역할이 다르게 생각된다. 부모가 젊은이의 감정에 깊이 귀 기울여주는 역할을 맡는 일이 현저히 줄어들었고, 특히 자녀가 가족을 떠나 도시에서 살아갈 때 이런 현상이 극명하게 두드러진다. 따라서 우리는 가족 규모가 줄어든 데 말미암은 가정의 새 역할을 설명하고자, 가정의 책임이 첫째, 자녀를 '교화'하고, 둘째, 물질 및 비물질을 지원하는 쪽으로 바뀌는 상황에 한층 집중해보려 한다.

첫째, 여기서 말하는 교화란 부모의 가치관을 하나뿐인, 또는 드물지만 둘 이상인 자녀에게 강요까지는 아니라도 전달한다는 뜻을 담는다. 가정에서 가치를 강요하는 온갖 다양한 방식을 묘사하기란 상당히 어렵다. 젊은이들이 스스로 고분고분 가족주의를 따르는 쪽부터 당근과 채찍을 써서 강제하는 더 냉혹한 방식까지 폭이 넓기 때문이다. 이런 억압을 한결 생생하게 묘사한 예를 상하이 TV 드라마 채널이 2010년에 처음으로 방영한 고전극 〈중국 가족: 새로운 욕망(中国家庭之新渴望)〉에서 볼 수 있다. 이 연속극에서 젊은 부부의 출산과 결혼, 사랑이 할머니의 편견과 전통 가치관에 따라 크게 흔들리므로, 이를 통해 가정이 젊은이를 어떻게 억누르는지 고스란히 엿볼 수 있다. 극은 춘절에 다 같이 모인 가족이 저녁 식사 자리에서 '심한 말다툼'을 벌이며 시작한다. 다툼이 벌어진 까닭은 안 씨 집안의 하나뿐인 남자 후손 얀찬이 그저 그런 집안 출신인 유치원 교사와 사랑에 빠져 결혼했기 때문이다. 두 사람이 이혼할 위기에 몰리던 때에 얀찬의 아내가 임신하면서 가족들은 이러지도 저러지도 못할 상황에 빠진다. 손주를 볼지, 가족의 부유한 지위를 지킬지 선택해야 해서였다. 극은 가족주의가 핵가족 차원뿐 아니라 세대를 가로질러서도 여전히 힘을 떨치는 상황을 보여준다.

이 책의 주제 가운데 하나로 4장에서 다룰 동성애 및 성생활도 중국의 강한 가족주의와 밀접하게 관련한다. 동성애와 성생활은 집안에서 아주 심하게 억누르고, 숨기고, 드러내지 않는 문제이다. 동성애 담론과 관련하여, 가정은 학교와 직장보다 한 발 앞서 젊은이의 가치관을 먼저 단속하고 제어하는 거름망 노릇을 한다고 볼 수 있다. 또 성생활의 표출과 관련하여서는, 성에 대한 대화가 급증하지 못하도록 늦추는 구실을 하는 듯하다. 따라서 젊은이가 결혼이나 연애를 할 때까지 줄곧 성과 관련한 이야기를 입에 올리지 못하게 할 것이다. 젊은이들 사이에서는 혼전 성교가 꽤 흔한 일이라 혼전 성교에 찬성하는 태도를 보인다. 그렇다 해도 상하이에서 실시한 여러 조사에 따르면 남성은 부모와 성을 아예 이야기하지 않고, 여성 응답자도 아주 적은 인원만 어머니와 성을 이야기할 따름이었다. 그러므로 가정에서, 그리고 현대 중국 도시에서 성과 관련한 대화는 분명 완전히 뿌리 뽑혔다. 이 대목에서 한마디 보태자면, 푸코와 마찬가지로 우리는 규범에 따른 주장을 내세우지 않으려 한다. 성생활을 말하고 싶은 욕망이나 욕구에는 훈육과 관련한 엄청난 뜻이 숨어 있을 수 있기 때문이다.

둘째, 소규모 핵가족 구조에서는 하나뿐인 아이가 집안의 유일한 후손이다. 유일한 후손이라 해서 아이에게 집안을 위해 짊어져야 할 의무만 생기지는 않는다. 젊은이들이 학업과 일 때문에 큰 도시로 옮겨간다 하더라도, 이들이 집안의 유일한 핏줄인 까닭에 여전히 정서적으로 가족과 끈끈하게 이어지고, 집안 재산을 물려받을 자손으로서 물질적으로 가족과 얽히게 된다. 문화혁명이 끝난 뒤로 사회가 급변하고 도시화가 급격히 확산하였지만, 부모와 자식의 유대를 심하게 무너뜨리지는 못했다. 짐작하건대, 다른 나라가 그렇듯이 부모가 하나뿐인 아이에게 재산을 물려주는 데다, 연구에 따르면 전체 가구 소득의 50~70퍼센트를 외둥이에게 쏟아 붓기 때문일 것이다. 재산을 물려주기 전에도 가족이 도시에 나간 젊은 자녀를 물질적으로 지원하는 일은 흔하다. 신흥 부자들 사이에서는 결혼을 앞둔 자녀를 위해 수백만 위안을 들여 아파트를 사는 일이 드물지 않다.

이처럼 중국의 도시 젊은이들이 삶에서 겪는 큰 어려움 가운데 하나가 큰 도시에서 외로이 홀로 살아가는 것일 때, 가족은 비록 멀리 떨어져 있어도 든든한 버팀목 역할을 한다. 하지만 자녀가 나이를 먹고 부모가 은퇴할 때는 이런 역할이 뒤바뀐다. 그때는 가족을 경제적으로 부양하는 역할을 자녀가 맡는다. 항저우에서 인터뷰한 스물네 살 여성은 본디 광둥성 출신인 대학 졸업자로, 자신이 집에서 멀리 떨어져 새내기 만화가로 일하게 된 까닭을 이렇게 설명했다.

> : 저는 공부 때문에 집에서 떨어져 지내고 싶었어요. 중국 바깥인 홍콩으로 건너가 공부할까도 생각했지만, 정말이지 집에서 너무 멀리 떨어지고 싶지 않더라고요. 그래서 같은 광둥성에 있는 주하이에서 공부했죠. 거기도 집에서 멀기는 했어요. 졸업하고 나니 집에 돌아가고 싶지 않아, 제가 하고 싶은 일을 하려고 여기로 왔어요. … 엄마는 저를 무척 지지해주세요. 지금까지 제 힘으로 생활비를 대지만 … 그래도 여기 항저우에서 겨우 입에 풀칠만 하고 사는 제 처지를 엄마가 알게 하고 싶지는 않아요.

이 젊은 만화가는 여느 중국 젊은이가 살아가는 전형적인 모습을 보여준다. 이들은 대학에 다니려고 집을 떠났다가 결국 대도시에서 일하게 되고, 가족과는 대개 소셜 미디어로 대화를 나눈다. 아마 집으로 돌아가 다시 고향에서 살 계획은 조금도 없겠지만, 우리가 인터뷰한 젊은이마다 가족과 나누는 유대는 여전히 무엇으로도 대신하지 못한다는 사실을 보여줬다. 꽤 비슷한 이야기를 도시에서 공부하는 여러 학생이 들려줬다. 광저우의 지난대학교에 다니는 광시성 출신 학생들에게 왜 광시성에서 가까운 광저우로 공부하러 왔는지 물었더니, 한 학생이 이렇게 대답했다.

: 여기도 집을 나와 살기는 마찬가지이지만, 집에서 그리 멀리 떨어진 곳이 아니니까요. 앞으로 고향에 돌아가 일하지는 않겠지만, 그래도 집에서 너무 멀리 떨어지고 싶지는 않아요. 가족들이 지금도 제 걱정을 하거든요.

이 대목에서 보면, 여기에 간추린 젊은이들의 대화가 앞서 제기한 주장, 즉 젊은이는 언제나 체제에서 벗어나고자 어떻게든 문화 공간을 확보하려 하기 때문에 대안 공간을 만들어내고 때로는 패권에 맞서는 공간까지 만들어낸다는 말과 어긋나는 듯 보인다.

하지만 젊은이들의 목표는 가정이 행사하는 문화 통제를 완전히 없애는 것이 결코 아니다. 중국 젊은이들이 도시 생활과 소비문화, 세계 시민주의가 미치는 힘을 헤쳐나가고 있기는 하지만, 그렇다고 꼭 통제라는 족쇄를 잘라낼 필요는 없다. 젊은이를 지나치게 억누르는 통제만 아니라면, 이런 통제는 물질을 지원해주는 원천일뿐더러 때로 학교와 직장에 적응하는 속도를 앞당기는 문화 자본 노릇도 하기 때문이다. 모든 통제 집단을 통틀어, 가정은 젊은이에게 가장 풍족한 자원이 있는 곳이다.

여기에서 가정이 맡은 이 역할이 꽤 끈질기게 이어져왔다는 사실을 강조하고 싶다. 앞서 1992년과 1997년에 실시한 연구에서도 젊은이들이 비슷한 이야기를 했기 때문이다. 예를 들어 1997년 연구에서 즈융이라는 젊은이는 예룬 더클룻에게 이렇게 말했다.

: 부모님과 부딪힐 때마다 이분들은 내 부모님이고, 나를 돌보시고, 사랑하신다고 스스로 되뇝니다. 부모님이 화를 내신다면 그건 제 탓이니까요. 물론 늘 제 잘못은 아니지만, 그분들을 화나게 해서는 안 된다고 생각해요. 부모님은 정말 열심히 일하시고, 어려운 일도 아주 많이 겪으셨으니까, 부모님 마음을 언짢게 하고 싶지 않습니다.

그렇다면 경험으로 답할 수 있는 질문은 젊은이가 느끼기에 가족이 자신의 일상을 지나치게 많이 통제하느냐이다. 우리가 인터뷰한 젊은이들은 우리의 논지, 즉 중국에서는 가족이 지금도 결혼을 포함하여 젊은이의 삶에 강력한 발언권을 휘두르지만 젊은이들은 억눌린다고 느끼지 않는다는 전제를 뒷받침해준다. 우리가 만난 젊은이들 사이에서도 아직은 중매가 흔한 일이지만 양상은 바뀌었다. 이제 부모들은 자녀가 사는 도시에서 같은 고장 출신인 맞선 상대를 만나도록 주선한다. 아주 어린 나이에 가족의 품을 떠난 경우를 빼고는, 젊은이들은 가족과 멀리 떨어져 살더라도 부모가 미리 계획한 중매결혼을 거의 저항 없이 받아들인다. 부모 쪽에서는 자녀가 멀리 떨어져 살 때마저도 자녀에게 계속 잔소리를 하고 배우자나 결혼 시기를 정하는 등 어느 때고 자녀의 삶에 간섭하려 들 것이다. 한편 자녀 쪽에서는 비록 이런 간섭에 가타부타 대답 없이 흥미를 거의 보이지 않을지라도, 결혼으로 가족에 대한 의무와 효를 다한다는 상황을 이해하므로 결혼에 동의할 것이다. 물론 이런 결혼이 그 뒤로도 더없이 행복한 삶으로 이어진다는 뜻은 아니다. 그도 그럴 것이 수치로 보면 중국의 이혼율은 30퍼센트를 넘는다. 우리가 관찰한 바로는 가정이 매우 엄격한 중국식 가치관을 이용해 젊은 세대에게 영향을 미치기는 해도, 가족주의는 아직 젊은이들이 논쟁거리로 삼을 만한 문화 영역이 아니다.

결국, 가족주의는 중국 사회에서 사실상 성 규범과 결혼 규범을 교묘하게 형성하는 가치로 자리 잡아, 이성애에 정당성을 부여하고, 결혼과 가정생활의 관행을 가리키는 지침이 되고, 성 규범과 가치관을 감독하는 총체적 역할을 강화한다. 미국에서 실시한 연구에 따르면 미국인은 주로 경제적인 이유로 결혼한다는 것을 받아들일 수 없는 일이라 여기고, 또 이런 결혼이 성 불평등을 지속시킨다고 생각한다. 하지만, 중국 현지 젊은이들은 다른 무엇보다도 가족에게 물려받는 제약을 편히 받아들일 것이다.

오르나 나프탈리Orna Naftali는 2014년에 중국의 어린이와 권리, 현대성을 다룬 연구를 발표하면서, 자율성을 띤 개인인 젊은이의 권리에 대한 담론과 전통 사상인 효를 강하게 유지하는 현상이 공존한다는 사실을 밝혔다. 이는 가족주의가 여러 제약 요소에도 꺾이지 않고 여전히 권력을 휘두르는 힘이라는 우리의 주장과 매우 일치한다. 새로운 문화 공간이 젊은이의 필요와 욕망에 따라 형성된다면, 이 공간은 가족주의와 함께 존재하므로 젊은이들의 공간과 가족의 공간이 그다지 큰 마찰 없이 공존할 수 있다.

교육 방침과 교육

중국에서 젊은이를 통치하고자 설계된 가장 직접적인 기반은 교육 기관이다. 교육 기관은 나라를 발전시키고자 전국 곳곳에서 미래 지도자를 양성하는 중심지이다. 특히 과학과 첨단기술 영역에서는 교육 제도가 없어서는 안 될 역할을 맡는다. 하지만 이렇게 실용성을 띤 계획 뒤에서, 교육은 젊은이에게 당이 요구하는 사상적 책무를 주입하는 역할도 중요하게 수행한다. 물론 덩샤오핑이 1980년대부터 주도한 현대화 전략과 개혁 개방 정책에 따라 교육 정책이 실용성을 추구하는 쪽으로 크게 방향을 틀기는 했다. 하지만 통제 시절의 유산인 당의 지위, 지도자의 사상, 마르크스주의 학습이 오늘날까지도 여전히 교과 과정에 남아 있다. 애국주의 교육은 교과 과정에서 중요한 부분을 차지하고, 따라서 오늘날 중국을 끈끈하게 묶는 사상 역할을 하는 민족주의 담론에 영향을 미친다. 어떤 의미에서 보면, 사상 교육이 아직도 교과 과정 및 비정규 교육에 필요한 정규 학습으로 존재한다는 사실은 교과서와 시험에 나오는 선전 내용을 거치지 않는 간접 통제가 더 눈에 띄지 않게 코앞에 다가왔다는 뜻이고, 푸코가 말한 생체권력이 중국에서 변형되어 강화되었다는 증거이다.

사회를 간접 통제하는 수단으로서 교육의 형태와 방식을 살펴본 연구는 거의 없다. 중국의 교육 제도를 다룬 학술 연구 대다수는 문화 혁명이 끝난 뒤인 1980년대에 중국이 교육 제도 운용 정책을 개혁한 데 초점을 맞춘다. 이런 연구가 주로 답하는 물음은 교육 개혁

이 국민 동원력을 높이고, 계층 불평등과 성 불평등을 줄이고, 정부 자원을 활용하는 효율을 높일 수 있는가이다. 하지만 교육 제도를 민족 사상에 내포된 유형의 주체성과 다양한 문화 관행을 갖춘 새로운 세대를 배출하는 수단으로 분석해볼 수도 있다. 이런 관행을 몇 가지 꼽자면, 학생들은 경직되고 비합리적이기까지 한 학교 규율이 정한 규칙을 받아들이고, 학교 안의 장시간 수업과 학교 밖의 반복 학습을 견디고, 학교 안팎에서 자기를 스스로 검열하는 동시에 남의 일상 행동을 보고하고, 교사가 제시하는 표준화된 지식과 교과서, 평가, 해석을 고분고분 받아들인다.

학교에서 교사가 학생들에게 선보인 교육 방침이라는 패권은 학부모에게로 퍼져 나가고, 학부모는 교육 방침이라는 장치가 매끄럽게 돌아가도록 교사와 협력한다. 더 명확히 말해, 이 장치는 학교의 시간과 공간을 가정의 시간과 공간에 맞물리는 데 바탕을 두고 작동한다. 가정에서 자라던 청소년이 무상의무교육 기간인 9년 동안 학교에 맡겨질 때, 학교는 아이들이 기존 관행과 당의 사명을 따르고, 마침내 관행을 몸에 익히는 동시에 남에게 관행을 따르라고 강요하도록 지도할 책임을 짊어져야 한다. 학교 교육의 단계마다, 당은 학교 체계와 발맞춰 학교를 관리할 체계를 갖춘다. 대학을 예로 들자면, 당 위원회 서기가 대학 통치 기구에서 차지하는 지위는 총장과 동등하다.

그러므로 우리가 여기에서 설명한 권력관계는 대부분 교육 내용 때문에 생기는 것이 아니다. 그보다는 규범에 따른 행동과 날마다 관찰

되는 정례적인 일과 관련 있다. 왜냐면 학교 환경이 모든 상황을 한눈에 파악할 수 있는 원형 감옥 같은 곳에는 청소년이 노동 인구로 사회에 합류하기에 앞서 반드시 적절하게 행동하고, 규범을 준수하고, 고분고분한 시민으로 살아가게 하려는 의도가 깔려 있기 때문이다. 여기에 더해 전체 교육 제도와 시험 제도는 가정과 힘을 합쳐 아이들이 당의 노선을 지키게 하는 구실을 할 뿐 아니라, 청소년을 길들이기 쉬운 시민으로 바꿔놓는 데 목표를 둔다. 물론 여기에는 현실적인 이해관계가 있다. 날로 팽창하는 중국 경제의 요구를 충족하려면 기본 지식을 충실히 전달해야 한다. 사회 규범을 영속시키는 데 있어, 교육 방침은 아이들을 양육하여 앞으로 중국의 노령 인구를 부양할 수 있는 인재로 탈바꿈시키는 가치 교육의 일부로 여겨진다. 그러나 아직 가치 교육이 실제로 효과가 있는지는 증명되지 않았다. 달리 말해 새로운 세대가 자기 부모들이 나이 들었을 때 경제적으로 부모를 부양할 수 있을지, 또는 기꺼이 부양하려 할지는 사실 아무도 모른다.

게다가 교육 권력은 여태껏 못 보던 것이 아니다. 지난 수십 년 동안에도 존재했고, 그때도 중국 젊은이들을 짓눌러 절망을 안겼다. 더 클롯이 1997년에 인터뷰한 류자웨는 이렇게 말했다.

> 교육 제도는 개성을 억누르고 시험에만 관심을 기울여요. 중학교 때는 사는 게 지옥 같았어요. 재미라고는 없고, 오로지 시험뿐이었거든요. 제 생각에 교육 제도는 끔찍하기 짝이 없어요. 인성을 망가뜨리잖아요.

중국의 교육 제도가 가하는 압박은 유난히 높다. 앞에서 언급한 중국 대학생 대상 연구를 살펴보면, 대학생들이 정신적 압박을 느끼는 주요 원인을 대략 알 수 있다. '공부'가 52.1퍼센트로 가장 높았고, 뒤이어 '취직'이 28.2퍼센트, '인간관계'가 10퍼센트였다. 누군가가 오늘날 교육 제도 안에서 청소년을 '통제'하는 가장 큰 사회 세력이 무엇이냐고 묻는다면, 우리는 한 치도 망설이지 않고 모든 사회 제도 가운데 가오카오가 가장 큰 통제 인자라 말하겠다. 가오카오는 일반 고등교육기관 신입생 전국 일제고사(보통고등학교초생전국통일고사)를 줄인 말로, 중국 청소년이 고등학교를 졸업한 뒤에 고등교육기관에 들어갈 수 있는 거의 유일한 통로이다. 2006년에는 가오카오를 치른 학생 수가 정점을 찍어, 950만 명에 이르렀다. 한 가정 한 아이 정책 때문에 응시 대상자 수가 갈수록 줄지만, 한창 늘어나는 중산층 가정의 눈에는 시험의 중요성이 훨씬 커졌다. 가오카오는 워낙 중요하여, 중국의 교육 제도 곳곳에 빠짐없이 영향을 미친다. 가오카오를 치르는 시기는 고등학교를 끝마칠 무렵이지만, 영향은 하위 교육기관까지 잇달아 흘러내려 가 초등학교와 심지어 유치원에까지 미친다. 가오카오가 원체 어렵다 보니 학생들이 자유롭게 창의적으로 생각하지 못하게 가로막고, 결국은 국가가 제시한 의제 말고는 다른 것을 생각할 겨를을 아예 없애다시피 한다. 그러니 초등학교와 중·고등학교가 추구하는 궁극적 목표가 가오카오를 잘 치르는 것인 현실은 조금도 놀랍지 않다.

어느 무엇보다도 가오카오에 전념하는 교육 제도는 그러므로 우리가 '새장 같은 학교 교육'이라고 부르고 싶은 단일 체계로 탈바꿈한다. 중국의 초등학교와 중·고등학교 체계는 청소년을 가두는 새장처럼 작동한다. 중국의 주요 도시에서 늘어나는 추세이자, 유명 사립학교에서 흔한 제도가 기숙학교이다. 기숙학교 형태를 갖추는 추세는 중국 사회가 공식적으로 공유하는 성 담론과 노동 담론을 매우 크게 반영한다. 중화인민공화국의 헌법 아래에서는 여성이 성평등 담론에 따라 노동 인구에서 남성과 똑같은 역할을 맡아야 했다. 마오쩌둥에 따르면, 여성은 하늘의 절반을 떠받친다. 핵가족이 중심을 이루는 최근의 도시 담론 아래에서는 도시의 높은 생활비를 감당하고자 아내와 남편이 모두 노동에 뛰어들기 때문에 학교가 아이들을 '돌봐야' 할 필요가 생겼다. 대다수 부모는 학교 교육이 아이의 모든 생활을 도맡는 기숙학교 방식을 지지한다. 아이들의 학업 성적을 끌어올려 결국은 가오카오에서 다른 학생들을 앞지르고 대학 합격증을 손에 넣을 수 있다고 믿기 때문이다. 설사 기숙학교에 아이를 보내지 않더라도, 많은 도시 학부모가 비싼 수업료를 들여 아이들에게 방과 후 보충 수업을 듣게 하거나 학원에서 시험을 준비하게 한다. 당연하게도 마지막에는 고등교육 체계가 아이들이 국가 경제를 운영할 기업가 자질을 갖추게 한다.

누구나 상상할 수 있듯이, 청소년을 초등학교부터 중·고등학교까지 거의 내내 한 장소에 묶어두는 체계는 현 상황과 교육 제도에 이의를 제기하고 반박할 외부의 사상, 국제적 가치관, 규범과 동떨어진 관념을 인터넷으로 접하지 못하게 사실상 가로막는다. 이런 교육 제도에는 다른 대안 문화가 스며들기 어려워 학교가 가르치고 반복하고 선전하는 내용이 유일한 진실과 지식이 되므로, 국가를 효과적으로 통치하는 데 효과적이다. 청소년이 학교에 갇혀 있으므로, 첫째, 종교 사상을 비롯한 외부의 다른 영향이 완전히 차단된다. 둘째, 초·중·고등학교 단계에서 학교 교육을 받는 청소년은 다양한 성 가치관과 소비 가치관이 뚜렷이 나타날 세계 문화와도 분리된다. 그럼에도 이들이 대학에 들어간 뒤에는 다음 장들에서 설명하듯이 온라인으로 세계 문화를 접할 것이다. 학교에서 인터넷을 사용하지 못하도록 규제하는 데도, 중국에서 인터넷을 가장 많이 쓰는 나이 대는 10~29살 사이이다. 다른 매체를 통제하는 까닭에 아마도 인터넷이 고등학교와 특히 대학교에서 다른 견해를 가장 폭넓게 접할 만한 창구이기 때문일 것이다.

한편으로 지식부터 일상까지가 한 곳에 집약된 교육 제도는 이제 행동, 규칙, 규범, 생각이 청소년의 몸에 배도록 단속하고 훈련시키는 효과적인 도구로 쓰인다. 바로 이렇게 통치성이 실현되는 과정, 그리고 관련된 주체화 방식이야말로 권력과 권위가 어떻게 내면화되는지를 알려준다. 교육 관계자들은 교육 제도를 그대로 유지하고자 학생들이 완전히 순종하는지를 순찰로 확실히 다지는 교육 방침을 쓰는 데다, 여기에 덧붙여 청소년을 감시하고 감독한다. 청소년이 제도를 익숙하게 여길수록 감시는 차츰 규율하는 시선으로 발전하므로, 청소년은 지켜보는 눈길이 없을 때마저도 교사에게 끊임없이 관찰당한다고 느낀다. 하지만 권력은 원형 감옥처럼 학생들을 한눈에 감시하는 구실만 하지 않는다. 생체권력이 청소년의 감각과 더 나아가 자아의 기술에까지 깊숙이 파고들고, 학교는 밝은 미래를 약속하는 주체화 방식을 제공한다.

더구나 장소에 따라 학교를 배정하고 학생의 이주를 통제하는 까닭에 학생들이 이동할 수 있는 유동성이 최소화된다. 초등학교와 중학교가 대부분 합쳐져 있으므로, 어떤 동네와 지역 공동체에 사는 학생들은 통제 경로를 따라 움직이면서 그 경로 안에 충분히 오래 머무른다. 학생들이 다른 교육 기관에 재배정될 수 있는 장치는 중학교를 마친 뒤 치르는 몇 가지 평가와 가오카오뿐이다. 기존 학생이 통제 경로에서 벗어날 길도 거의 없지만, 국외에서 들어오는 학생이 쉽게 이 교육 체계에 끼어들 길도 찾기 어렵다. 국가는 외부인, 말하자면 외국인 학생이나 지역 호적 없이 외국 여권을 소지한 귀환 중국인 학생이 교육 제도 안에 들어와 '순화된' 청소년에게 나쁜 물을 들이지 않게 하려고, 이 외부인들이 교육 체계에 편입하지 못하게 종용한다. 외국 여권 소지자도 아니고 국제 학교에 터무니없이 비싼 수업료를 낼 마음도 없다면, 등록된 가구 기록, 즉 후커우(호적)가 있는 청소년은 해당 도시에서 지정받은 특정 교육 기관에서 쭉 교육받아야 한다. 우리가 베이징에서 연구를 진행할 때 가까스로 이야기를 나눈 홍콩 출신 부부는 베이징에 있는 휴대전화 회사에서 일하면서 아이들을 집 근처에 있는 국제학교에 보냈다. 기본적으로 이 부부에게는 달리 선택할 길이 없었다. 아이들이 중국의 교육 제도 안에서 공부할 자격이 안 되기 때문이다. 이 아이들이 중국에서 고를 수 있는 길이란 오로지 국제학교 같은 대안교육기관뿐이다.

결국은 교육 관계자, 학부모, 청소년 사이에 암암리에 합의된 패권적 교육 방침 체계가 있다. 같은 논리를 반복 학습하고, 표준화된 학교 교육을 지지하고, 시험에서 우수한 성적을 거두는 것은 모든 이해당사자가 똑같이 추구하는 목표이다. 따라서 지식 전달만 빼면 학교 교육은 초등학교부터 고등학교까지 12년 동안 사회적 훈련을 시키는 과정과 다르지 않다. 그러므로 학부모든 자녀든, 규율과 규범에 따른 행동을 벗어날 때 어쩔 수 없이 죄책감을 느끼고 불안해한다. 달리 말해 교육 제도에 존재하는 자기 통제와 자기 단련이 학교 교육에서 일어날 만한 모든 변화를 이중으로 얼어붙게 한다.

젊은이의 생활 세계를 통제하는 과정은 시간과 공간 개념으로 간결하게 요약할 수 있다. 시간과 공간은 모든 사회 행위와 상호작용을 구성하는 요소이므로, 상호작용이 일어나는 시간과 공간을 제약할 때 젊은이의 모든 역량과 가치관 형성, 동원력은 국가가 정한 한계를 벗어나지 못한다. 학교 교육, 교육 방침, 시험을 바탕으로 하는 어려운 입시 제도는 청소년이 시간과 공간을 어떻게 이용하고 정의할지를 근본적으로 장악한다. 만약 경계선을 넘어가거나 청소년 스스로 동의한

통솔에 따라 설정한 제한 영역을 침범한다면, 청소년은 바로 제재를 받을 것이다. 이때 받는 제재를 몇 가지 꼽자면, 교사가 가하는 체벌, 동급생 무리에게 받는 따돌림, 일제 고사에서 낙오되었다는 낙인, 대학 입학 거절, 저임금 단순직에서 일해야 하는 불리한 처지 등이 있다. 앞서 다룬 영역인 당파주의와 가족주의에서는 당의 신조와 가족의 질서를 어기더라도 각각 구두 경고와 꾸지람을 들을 뿐이다. 하지만 교육 제도에서는 교육 방침 아래에 깔린 규율을 성실히 따르지 않을 때 구체적인 결과가 나타난다. 즉 장래도 없고, 출세도 못하여, 도시 환경에서 영원히 밀려나고 말 것이다.

나가며

이 장에서 전형적인 주요 문화 통제 수단 세 가지를 설명한 큰 목적은 중국의 젊은이 문화가 헤쳐나가야 할 정치 체제가 어떤 것인지를 보여주는 데 있다. 지금은 세계화가 극심한 시기이므로, 오늘날을 사는 젊은이가 물질 및 비물질 자원을 모두 더 많이 갖춰 국가의 정치 통제에 이의를 제기하고, 학교와 가정과 국가가 지우는 부담을 벗어나는 다른 문화 규약을 탐구하여, 완전히 새로운 세상을 꿈꾸기를 기대할 만하다. 그렇지만 우리가 하고 싶은 이야기는 디즈니 영화처럼 완벽하게 행복한 결말을 맞는 것이 아니다. 중국 젊은이가 처한 환경은 '짜임새가 교묘'하므로, 세계 문화를 접한 젊은이가 자유주의자가 되리라는 가정은 매우 믿기 어렵다. 아주 틀린 가정은 아니지만, 중국에서는 젊은이가 스스로 성장하고, 사고하고, 행동하는 일이 완전히 자유롭지 않다. 중국은 중국으로 들어오는 국외 정보를 걸러내는 인터넷 프록시인 방화장성과 더불어 '중국의 문화 장벽'이라 딱지를 붙일 만한 것을 세워 다른 문화의 영향력을 막아낼 울타리를 친다. 사실 문화 장벽은 효과가 매우 높은 장치여서 인터넷의 영향력을 떨어뜨리고 영향력이 퍼지는 속도를 늦춘다. 인터넷이 중국 젊은이의 가치관과 삶에 변화를 일으킬 가능성이 있다고 논쟁적인 주장을 펼치는 연구가 여럿 있다. 우리도 여기에 어느 정도는 동의하지만, 이런 주장도 내놓고 싶다. 특히 기간이 긴 초기 청소년기에는 문화 장벽이 외부의 영향력을 축소하므로, 중국 젊은이들은 패권에 맞설 잠재력이 있는 가치관 가운데 얼마 안 되는 가치관만을 접할 수 있다. 패권에 맞설 수 있는 자원은 대학에 가기 시작할 시기인 18세 이상이 되어야 더 쉽게 접할 수 있다. 하지만 그때에는 문화 장벽이 이미 젊은이를 국가와 가정, 학교를 떠받치는 담론으로 끌어들인 뒤이다.

이 문화 장벽이 무너질 가능성은 얼마나 될까? 우리가 보기에는 아주 적다. 이 말이 중국의 다음 세대가 맞이할 미래를 매우 비관적으로 보는 것처럼 들릴지도 모르겠다. 하지만 우리가 관찰한 바에 따르면, 이 문화 장벽을 어느 정도는 젊은이 스스로 구축했다 인정하더라도, 중국의 모든 젊은이가 길들이기 쉬운 시민이나 그와 비슷한 무리가 되었다는 뜻이 아니다. 또래들과 힘을 합친 젊은이들은 창의적 표현과 자기 발전을 끌어내고, 체제를 견뎌내고, 더 나아가 뒤흔들기까지 한다. 이런 자아의 기술, 즉 국가, 학교, 가정이 장려하는 바람직한 주체성에서 벗어나 새롭게 변모한 젊은이의 주체성에는 체제에서 벗어나거나 체제를 분열시킬 잠재력이 있다.

따라서 젊은이가 때에 따라 국가, 학교, 가정과 이어졌다 끊어지는 것이 가끔 젊은이의 행동을 예측하거나 통제하기 어렵게 하지만, 학문적으로는 흥미로운 일이다. 그런 연결과 단절은 다른 장에서 보듯이 여러 요인에 따라 확대되거나 줄어들 수 있다. 2004년에 중국이 대중문화가 젊은이에게 미치는 영향을 측정하여 국가에 적합한 해결책을 수립하려는 주요 목적으로 시행해 발표한 〈청소년의 유행 문화 현상 보고〉에 따르면, '문화적 무리 짓기'가 사회 구조를 뒤흔드는 주요 요인 가운데 하나로 떠올랐다. 문화적 무리라는 범주는 오늘날 사회경제적 배경, 계층, 집안 특성 같은 다양한 요인으로 분류되는 것 말고도, 블로그, 이동성, 샤오쯔로 불리는 소자본 계급 등에 따라 무리를 짓는 새로운 형태를 띤다. 요즘에는 성인이 된 젊은이가 거의 모두 네티즌인 현실을 인정하지만, 우리는 인터넷이 자유를 불러오는 힘이라고 해석하는 단순한 기술 결정론을 논의하지 않으려 한다. 게다가 젊은이들이 세계 문화, 민주주의 가치관, 자유주의를 접한다 해도, 우리가 이 장에서 주장했듯이 가정, 교육, 당의 영향력은 쉬이 사라지지 않은 채 강력한 방어책으로 기능한다.

통치에 맞서고자 정치 체제의 회색 지대를 이용하려는 지식인이나 반체제 공격을 가리켜 중국의 학자들은 차벤추(에지볼)라는 용어를 즐겨 쓴다. 텔레비전 방송 제작자 같은 문화계 종사자도 당국이 허가한 정치적 한계선을 정확히 건드리지만 법으로 허용되는 제작물을 합리화하고자 이 용어를 사용한다. 하지만 젊은 층에서는 패권과 반패권의 관계가 매우 복잡하다. 달리 말해 둘은 늘 대립하는 관계가 아니다. 국가가 기획하거나 대리하는 기관, 당, 가정, 학교가 모두 때에 따라 젊은이 스스로 발전하도록 격려하고, 젊은이가 쓸 만한 자원을 확대하고, 역량을 갖추게 하고, 젊은이에게 온갖 정서적 지원과 물질적 지원을 제공한다. 특히 유혹에 흔들리기 쉬운 도시 환경에서 자라는 젊은이에게는 이런 집단들이 있어야 하고, 때에 따라 젊은이들이 이런 영역과 기관에 의지하기도 한다.

이런 상황은 권력이 어떻게 강해져 일상 곳곳에 스며드는지를 보여준다. 젊은이들은 권력에 동의하지 않더라도, 차벤추로 기관의 한계를 시험하여 체제에 맞서는 일은 하지 않는다. 그보다는 표출, 재현, 문화 관행 측면에서 기관을 대신할 방안을 보여준다. 예를 몇 가지 꼽자면, 도시 환경에서는 그라피티 예술을 펼치고, 웨이보에서는 정치 지도자의 별명을 이용한 정치 풍자를 펼치고, 온라인에서는 국영 방송 CCTV 쇼를 흉내 내 웃음거리로 삼은 산자이, 즉 패러디 영상을 흔히 보여준다. 따라서 책은 정치를 혁신하려는 강경하고 급진적인 젊은이와 현대 중국의 사회 규범을 바꾸는 데 몸 바치는 깨어 있는 젊은이를 분석은 하겠지만, 그리 집중하여 다루지는 않는다. 이 책에서 말하는 '젊은이 문화'는 어느 정도 거리낌 없는 젊은이 무리, 즉 부지런히 특정 문화 영역의 지배 문화를 생산하고, 퍼뜨리고, 유통하고, 뒤바꾸고, 자리 잡게 했다가 무너뜨리는 데다, 때로 문화 자원을 손에 넣고, 어떤 역사적 시기에 새로운 감각이 숨 쉬는 공간을 만들어내는 집단과 관련 있다. 그러므로 지배 문화가 무너진다는 것은 지배 문화에 이따금 미묘한 영향을 미칠 만한 어떤 '대안' 문화가 지배 문화를 대체한다고 이해할 수 있다.

이제는 정부도 규율을 '슬쩍' 벗어난 젊은이들의 문화 풍속을 잘 깨닫고 있다. 10여 년 전이라면 이런 풍속에 권력 당국과 학자들이 '청소년 문제'라는 딱지를 붙였겠지만, 요즘은 그렇지 않다. 이런 풍속을 보여주는 예는 텐센트 뉴스로 널리 알려졌다시피 법적 지위는 없지만 결혼식을 올린 여성 동성애자, 가오카오에서 일어난 집단 부정행위, 그리고 더 흔하게는 연예 기사에서 보듯이 자신들이 떠받드는 연예인을 공항에서 기다리는 수천 명의 '집요한' 팬이 포함된다. 이러한 논쟁거리가 있지만, 오늘날 정부가 드러내는 공식 견해는 획일적이거나 확정적이지 않고 매우 다양하다. 앞장에서 우리는 중국의 젊은이가 권력 당국을 회의적으로 바라보는 시선이 늘어났음을 암시하는 수치를 제시했지만, 이 장에서 살펴본 다른 연구를 보면 젊은이들이 중국다운 특성을 풍기는 부흥과 사회주의 관련 가치관을 충실히 따른다. 한 연구는 젊은이 사이에서 떠오르는 문화를 중국의 마르크스주의적 표현 양식에서 벗어난 소외 문화라고 설명한다. 이 연구는 언어, 상징, 가치관, 규범, 행동 방식에서 연예인 숭배, 옷차림, 장신구 사용 같은 다양한 문화 소외를 밝혔다. 소외란 말 그대로 공식 견해에서 보기에 주류 문화에서 벗어난 새로운 문화 공간이 있다는 뜻이다. 소외 문화가 대안이기는 해도, 아직은 이 새로운 공간이 당, 가정, 학교 교육의 기반을 심하게 무너뜨리지 않을 것이고, 또 이 모든 체제가 대체로 여전히 그대로 남아 있다. 중국에서 사회적 행동과 정치적 행동은 정치가 가능성의 예술이라고 한 비스마르크의 말과 밀접하게 관련한다. 그래서 중국 젊은이들은 실용적인 접근법을 택하여, 권력층이 줄어들고 민주주의가 커지기를 요구할 때마저도 남들 앞에서는 제한된 범위에서만 요구 사항을 밝히려 하고, 또 그럴 수밖에 없다. 이렇게 '거짓 순종'하는 태도는 가능성의 조건이 바뀌면 결국 사라질 것이다. 다시 말해 지금은 견고해 보이는 것이 정말로 모래성처럼 무너질지도 모른다. 하지만 이런 일이 빠른 시간 안에 실제로 일어날 만한 징후는 보이지 않는다.

따라서 정부는 이런 규칙 위반, 즉 '문화적 이탈'에 그때그때 상황에 맞춰 온건하게 대응한다. 웨는 연예인 숭배와 젊은 팬을 다룬 연구에서 2004년부터 2006년까지 중국의 TV 오디션 프로그램인 〈차오지뉘성〉 참가자에게 팬들이 과도한 행동을 보인 현상을 두고 대중 매체들이 서로 다른 반응을 보였다고 밝혔다. 3장에서 분석할 이 연구 결과에 따르면, 이런 현상이 젊은이를 빗나가게 한다고 말하는 보수적 언급부터 "대중의 합당한 요구를 존중"하면서도 동시에 "폭넓은 선택"에 담긴 사회적 책임도 강조해야 한다고 주장하는 견해까지 담론이 폭넓었다고 한다. 달리 말해 중국 정부는 요즈음 젊은이들이 보이는 문화 풍속을 더 용인하는 추세이다.

그렇다면 젊은이들은 국가, 학교, 가정이 가하는 복합적인 힘을 어떻게 헤쳐나가야 할까? 어떻게 해야 자신들만의 공간, 꿈, 가능성을 찾을 수 있을까? 이 장에서도 내비쳤듯이 1990년대 초반에 연구를 시작한 뒤로, 우리는 정체성을 둘러싸고 뜻이 같은 다툼을 낳는 비슷한 문제를 목격해왔다. 하지만 그런 다툼이 발생하는 방식은 같지 않았다. 이 장에서 분석한 기관들의 권력은 보다시피 복원력이 높다. 그래도 이 권력을 넘어서는 방법으로 기능할 문화 전략이자 동시에 권력 강화로 이어질 전략을 발전시킬 기회가(어쨌든 국가를 지배하는 체제에는 외부가 없다) 많이 늘어나 보인다. 아르준 아파두라이의 개념을 빌리자면, 국가, 학교, 가정이 보이는 사상 풍경과 중국이 보이는 매체 풍경이 괴리된 상태이므로 젊은이들이 자기네만의 공간을 확보할 계기를 만들 기회가 생긴다. 그런 계기는 음악인 쭤샤오쭤줴가 들려주는 소리와 말에 단체로 넋이 나가는 때인 록 페스티벌 기간에 생길 수도 있다. 또 가장 좋아하는 가수를 뽑을 때, 자신의 고통을 시로 써 온라인에 올릴 때, 한국의 리얼리티 쇼 〈런닝맨〉의 원작과 중국어 번역의 차이, 즉 검열관이 민감하다고 보는 사안이 무엇인지 알려주는 차이를 서로 이야기할 때 생길 수도 있다. 우리는 나머지 장들에서 그런 예를 밝히고, 또 거기에서 어떤 주체 위치에 힘을 싣기도 하고 뺏기도 하는 권력이 어떻게 일상 곳곳에 퍼지고, 스며들고, 파고드는지를 보이고 싶다. 마지막으로, 이 장의 들머리에 실은 글을 쓴 량치차오를 다시 생각해보면, 우리는 젊은이들이 진보하고 있는지 그리 확신이 서지 않는다. 오히려 우리는 그들의 움직임이 땅속줄기처럼 수평으로 어지러이 뻗어 가다, 갈래갈래 나뉘어, 여기저기 흩어져 있다는 인상을 받았다.

★

제 2 장

미래 가꾸기:
요즈음 중국 젊은이

이 장에서는 세계화에 따라 중국에서 균질한 문화가 생긴다는 주장이 틀렸음을 밝혔다. 패션 양식, 음악 양식, 디지털 양식을 분석함으로써, 중국 젊은이들이 여러 가지 정체성, 생활 방식, 체현을 실험하는 데 세 가지 양식이 모두 중요한 영역으로 작용하는 것을 보였다. 패션, 음악, 디지털이 정치에 민감하게 영향받을 수는 있어도, 만약 이런 양식들이 펼쳐진다면, 그것은 대개 특정한 곳, 특정한 계기에서이다.

★

들어가며

록 가수 펑레이가 2011년 감독한 영화 〈팔로우 팔로우 밴드(乐队 Follow Follow)〉에서는 유령 하나가 비행접시를 타고 베이징에 나타난다. 금발을 어깨까지 늘어뜨린 백인 남자다. 남자가 고개를 드니, 록 밴드 너바나의 리드 보컬 커트 코베인이다. 그뿐 아니다. 코베인이 되살아온 때는 2011년, 게다가 베이징에 있는 어느 침실이다. 커트 코베인은 1994년 자살한 뒤로 로큰롤 최고의 영웅을 상징하며, 중국의 언더그라운드 음악계에서 숭배의 대상이 되었다. 하지만 영화 마지막에서 코베인은 록 음악이 중국에 어울리지 않는다고 속내를 털어놓는다. "왜 중국 사람이 로큰롤 음악을 좋아하지?"라며 궁금해하다 "그저 호기심 때문인 것 같아. 나중에는 싫증 낼 거야"라고 말한다. 그리고 단언한다. "너무 많은 중국 사람이 나를 불러서 중국에 와야만 했

차이나 유스 컬처

어. 하지만 나는 여기에 어울리지 않아. 가야 해."

이 영화에서는 서구 대중문화라는 유령이 말 그대로 중국에 출몰한다. 어쨌든 코베인의 주장은 완전히 틀렸다. 중국의 록 음악은 1980년대 중반부터 지금까지 이어져왔고, 사라질 기미도 없다. 게다가 폴 클라크(2012)가 책에서 확신에 차 주장한 대로, 중국의 록 음악은 가사와 정신에서 서구적으로만 읽히지 않아, 노래와 소리 구성에서 홍위병이 부른 곡과 비슷한 점을 찾아낼 수도 있다. 더구나 중국의 록 가수와 밴드는 이미지(마오쩌둥식 모자, 붉은 스카프)와 노래(공산주의 고전의 차용)에서 공산주의 양식도 빌려 쓴다. 하지만 예룬 더클룻이 다른 책에서 주장한 대로, 중국의 록 음악인들은 진정성이라는 문제를 마주한다.

> : 록 음악은 진정성을 추구하는 데서 추진력을 얻는다. 중국인에게 이 진정
>   성은 막다른 골목이다. 쮀샤오쭈줘 같은 중국 록 가수가 세계적인 록 미학
>   을 흉내 낸다면, 중국 안팎으로 언론인들에게 남의 것이나 베낀다고 비난
>   받을 것이다. 그렇다고 비파나 쟁처럼 중국적인 요소를 음향에 더한다면,
>   이국주의나 자기화한 오리엔탈리즘이라고 손가락질 받을 것이다. 따라서
>   쮀샤오쭈줘는 진정성이라는 양날의 칼에 감시당한다.

'서구' 바깥에서 나타난 창의성과 청년의 하위문화 양식은 진정성을 나타내는 증거로서 지정학적 대표라는 짐을 언제나 짊어진다. '서

구' 음악인은 보편적 록 음악을 만든다고 주장할 수 있지만, 중국에서는 록 음악이 중국다워야 한다.

펑레이는 영화 〈팔로우 팔로우 밴드〉에서 록 문화와 발맞추지 못하는 중국을 분명히 표현함으로써 역설적이게도 자기 위치의 진정성을 증명한다. 즉 자신에게 진성성이 없다고, 록 문화와 어울리지 않는다고 주장함으로써, 진정성을 얻고 세계적 록 문화와 화합한다. 진정성이라는 칼의 양날을 한꺼번에 모두 껴안음으로써 가까스로 진정성을 확보한다. 영화의 주제곡 〈너를 흉내 내고 싶지 않아(我不想模仿你)〉에서 펑레이가 리드 보컬을 맡는 밴드 신쿠쯔는 자신들이 라몬즈나 조이 디비전 같은 밴드도 아니고, 예술가도 아니고, 유행가도 듣지 않고, 인터넷도 하지 않고, 가라오케에도 가지 않는다고 노래한다. 펑레이는 "너를 흉내 내고 싶지 않다"고 단호히 주장한다. 한 발 더 나아가 너를 따르고 싶지도, 너로 바뀌고 싶지도, 네가 되고 싶지도 않다고 말한다.

하지만 누구나 알다시피 신쿠쯔는 예술가이고, 인터넷도 한다. 뮤직 비디오의 배경은 중국이 아닌 뉴욕이다. 〈너를 흉내 내고 싶지 않아〉가 바로 '너'의 중심지, 바로 뉴욕에서 연주된다. 타자를 이렇게 유쾌하게 비틀어 부인함으로써, 그 대상이 서구 문화이든, 팝 음악 문화이든, 가라오케 문화이든 상대를 인정하고 포용하는 효과를 낳는다. 반대되는 양쪽을 뚜렷이 과장하여 병렬 대치시킴으로써, 신쿠쯔는 세계적 진정성이라는 지정학적 막다른 골목을 넘어서서 움직인다. 이들은 남처럼 되고 싶어 하지 않는다. 자신들이 이미 남이기 때문이다.

영화는 이 시대의 베이징을 배경으로 사랑 이야기를 보여준다. 중국 젊은이들도 서구 젊은이들처럼 사회와 동떨어져 불안하게 떠돌고, 술집에서 시간을 보내고, 베이징의 좁은 골목 한 구석에 있는 작은 가게에서 통통 튀는 패션 상품을 찾아보려 하고, 여기저기를 어슬렁거리며 록 스타가 되어보려 한다. 비슷한 머리 모양에 똑같이 인민복을 차려입은 수많은 홍위병을 떠올려볼 때, 오늘날 젊은이들이 보여주는 다양한 옷차림은 정말로 놀라운 대비를 이룬다. 이 장은 이렇게 생겨나는 젊은이들의 문화 양식을 파고드는 데 초점을 맞춘다. 따라서 젊은이들 사이에 유행하는 양식과 세계화의 연결 고리를 한층 상세하게 설명한 뒤에, 중국에서 최근에 생겨난 패션 양식, 음악 문화를 살펴보고, 마지막으로 온라인에 드러난 표현 양식을 다룬다.

세계적 비진정성

다이애나 크레인은 세계화 이론을 통찰력 있게 훑어본 저서(2002)에서 문화 세계화를 네 가지 모형으로 구분한다(표 2.1 참고). 첫째 모형인 문화 제국주의는 세계 경제 체제와 문화 체제를 3세계 문화를 지배하는 선진국이 지배한다고 주장한다. 세계화를 논하는 언론의 담론에서 상당히 우세한 위치를 차지하는 이 모형은 문화가 갈수록 균질화한다고 예측한다. 둘째 모형은 첫째 모형에 맞선 대응 모형으로서 나타났으므로, 세상이 더 복잡해지고 이질화하고 있다고 주장한다. 따라서 세상을 중심지와 주변부로 나누지 않고, 중심지가 여럿 있고, 그 중심지들이 그물망처럼 복잡한 세계 문화의 흐름에서 교점 구실을 하여 문화 교배를 증진하는 결과를 낳는다고 주장한다. 셋째 모형은 문화 수용을 중요하게 다루고, 그렇게 함으로써 다른 두 모형에 비해 사뭇 다른 분석 수준에서 작동한다. 이 모형은 문화 수용을 강조하므로, 이를테면 설령 온 세상 사람이 〈제임스 본드〉를 본다 하더라도, 보는 시각은 다를 것이라고 주장한다. 넷째 모형도 다른 분석 차원에서 작동하기는 마찬가지다. 이 모형은 특히 정부와 관련한 문화 정책 전략과 제도 마련의 중요성을 강조한다. 우리는 여기에서 중국 정부가 할리우드 영화의 한 해 상영 편수를 2012년까지는 20편,

표 2.1 · 문화 세계화 모형

모형	문화 전파 과정	주요 행위자 및 장소	나타날 만한 결과
문화 제국주의 미디어 제국주의	중심지-주변부	세계적 언론 재벌	문화 균질화
문화 흐름 / 연결망	양방향 흐름	지역 및 국가의 재벌과 기업	문화 교배
수용 이론	중심지-주변부(다방향)	관객, 대중, 기업가, 문지기	절충, 저지
문화 정책 전략 (예를 들어 보존, 저지, 재구성, 현지화한 세계화)	국가 문화의 구성	국제도시, 박물관, 유적지, 문화적 기억, 매체, 문화 교역 행정처	경쟁, 절충

출처: Crane 2002

그 뒤로는 34편으로 제한한 할당제를 떠올릴 수 있다. 또 중국 도시에서 창조 지구가 빠르게 생겨나도록 지원하는 창조 산업 정책을 떠올릴 수도 있다.

오늘날 이 모형들은 저마다 나름대로 근거가 있다. 문화 생산을 살펴볼 때, 텔레비전 방송 포맷이 흔히 전 세계로 팔리고, 이에 따라 매체 생산 방식이 비슷해지는 데다 균질해지기까지 한다. 온 세계의 관객이 블록버스터 영화와 텔레비전 드라마를 본다. 하지만 비슷한 포맷이 팔릴 때, 현지 매체나 전국 매체가 수입한 포맷을 자신들의 문화에 맞춰 옮기는 과정에서 수많은 의미를 누락하고 다르게 차용한다. 이 책에서 우리는 네 가지 모형을 하나하나 언급해 분석하지만, 오늘날 세계화한 문화가 중국 젊은이의 일상 생활양식에 어떻게 접속되는지를 설명할 때는 주로 둘째 모형을 빌린다. 즉 그물망처럼 연결된 문화 흐름을 여러 문화 생산 중심지가 지배한다는 개념으로서 문화 세계화를 주로 활용한다. 중국은 미국 말고도 한국, 일본, 대만, 홍콩에서 문화적 영감을 얻는 데다 차용하기까지 하는 원천이다. 이 장에서는 '서구'의 문화 형태, 특히 록 음악이 중국에서 어떻게 차용되는지를 자세히 파고들지만, 3장에서는 아시아 안에서 일어나는 문화 흐름을 다루려 한다.

따라서 문화 생산의 중심지가 더 많이 늘어나더라도, 어떤 중심지는 다른 중심지보다 더 중요성을 띠는 까닭에, 문화 흐름은 저절로 일어나지 않는다. 책 들머리에서 설명했듯이 아르준 아파두라이는 세계화를 다룬 매우 독창적인 책(1996)에서 사람, 돈, 기술, 매체, 사상의 흐름을 구별해 이들이 저마다 독특한 풍경(민족 풍경, 기술 풍경, 금융 풍경, 매체 풍경, 사상 풍경)을 이룬다고 주장한다. 아파두라이의 관점에서 특히 중요한 것은 이렇게 다른 풍경들 사이에 나타나는 괴리이다. 이를테면 중국의 사상 풍경은 닫혀 있다시피 하지만, 매체 풍경은 신기술 덕분에 무척 빠른 속도로 열리고 있다. 따라서 국가의 검열 시도에도 굽히지 않고(또는 검열 시도를 했기 때문에) 새로운 견해와 생활양식이 여러 매체를 거쳐 중국에 유입된 반면, 민족 국가가 천명한 사상은 대체로 날이 갈수록 겉도는 듯하다. 아파두라이가 당시에 이미 예상한 대로, 이런 마찰과 긴장은 다양한 민족주의가 부상하는 것을 포함하여 폭넓은 긴장과 괴리를 몰고 온다.

마지막으로 문화 세계화를 둘러싼 논쟁은 흔히 진정성이라는 골치 아픈 사안과 이어진다. 이 장 들머리에서 이미 설명한 대로, 서구 바깥 나라에서는 진정성이라는 사안이 대개 지정학적 대표라는 짐과 얽히게 된다. 중국의 록 음악인이 진정성이라는 사상으로 돌아가는 분야에서 일하는 점을 고려할 때, 이들이 어떻게 해야 진정성을 보증할 수 있을까? 더클릇은 다른 책(2010)에서 갖가지 중국화 전술이 중국 록 음악의 진정성을 증명한다는 것을 보여준다. 동시에 영화 〈팔로우 팔로우 밴드〉도 보여주듯이, 지난 수십 년 동안 중국의 부상과 발맞춰 중국다움이라는 짐, 즉 중국다운 특성이 있는 록 음악을 만들어야 하는 짐이 뚜렷하게 줄어든 듯하다. 신세대는 눈으로 보기에든

차이나 유스 컬처

귀로 듣기에든 중국 느낌이 나는 록 음악을 만드는 데 그리 신경 쓰지 않는다. 현대 미술과 영화 같은 다른 문화 분야에서도 중국다움이라는 문제와 거리를 두는 비슷한 현상을 찾아볼 수 있다. 물론 이런 현상이 문제가 사라졌다는 뜻은 아니라서, 세계는 중국의 문화 생산을 바라볼 때 여전히 중국다움을 요구한다. 사실 세계가 요구하는 중국다움은 중국의 록 음악이 세계화할 가능성을 줄어들게 할 것이다. 여전히 서구의 관객과 언론이 흔히들 중국에서 무언가 색다르고 이국적인 것을 기대하기 때문이다. 그러니 다른 나라에서 정기 공연을 하는 중국 록 밴드가 항가이(杭盖)인 것은 조금도 놀랍지 않다. 이 밴드는 중국과 몽고의 전통 옷을 입고 '중국다운' 소리에 '서구다운' 록 음악을 결합한다. 진정성이라는 양날의 칼, 달리 말해 '딱 들어맞는' 록 음악을 만들면 한낱 흉내쟁이라 손가락질 받을 위험을 무릅써야 하고, 중국다운 요소를 강하게 집어넣으면 자기 오리엔탈리즘과 이국주의라 손가락질 받을 위험이 중국의 문화 생산과 젊은이 문화를 끊임없이 괴롭힌다.

그러니 중국 록 음악계로서는 진정성이라는 문제에 빠지기보다, 세계를 매체 기술 덕분에 오늘날 거의 모든 사람이 이용할 수 있게 된 문화적 대본이나 각본이 쌓인 창고로 보는 것이 더 합당하다. 베이징에서 활동하는 펑크 록 밴드 나오쥐(脑浊)는 노래 〈펑키 디스코〉에서 디스코 문화에 불만을 드러낼 때, 모호크족 머리 모양, 비명, 반항과 무정부주의를 나타내는 상징들을 씀으로써 세계적인 펑크 양식을 차용했다. 특히 1970년대 후반에 영국에서 격렬히 번졌던 펑크-디스코 논란을 다시 언급한다. 하지만 이런 논쟁은 중국의 문화 풍경에 한 번도 없었던 것이다. 아파두라이는 이런 현상에 대해 이렇게 말한다.

"추억이 없는 향수… 단순한 기억의 정치에서 이제 과거는 되돌아갈 수 있는 땅이 아니다. 과거는 문화적 각본을 보관하는 동시대의 창고가 되었다."

문화 형태가 1960년대 것이든, 1970년대 것이든, 1980년대 것이든, 아니면 더 최근 것이든, 끊임없이 다시 유행하는 현상은 문화를 끊임없이 재활용하고 재차용한다는 증거이다. 그리고 오늘날에는 이런 현상이 세계 단위로 벌어진다. 이런 문화 형태가 진정성이 있느냐 없느냐, 또는 얼마나 진정성이 있느냐는 물음은 쓸모없어졌다. 그 대신 이런 문화 형태가 무엇에 힘을 실어주고, 어떤 사회적, 정치적, 경제적 영향을 끼쳐 어떤 문화 관행을 가능하게 하느냐는 물음이 중요하다. 달리 말해 독창성, 즉 문화적 순수함을 묻는 물음이 문화 관행, 문화적 대화와 차용을 묻는 물음으로 바뀌었다. 무엇보다도 마이클 타시그의 말에 따르면 "이제 '맥락'이라고 할 만한 것은 기계적으로 재생산된 이미지를 보여주는 세계의 스크린에서 조각난 타자성을 연속으로 흘깃 보는 것밖에 없다. 이런 세상에서 흘깃 보기는 방송용 말마디나 잔상처럼, 미래를 향해 팔 벌린 혼란스러운 존재에게 타자성의 다다이즘 같은 충동적 행위를 힘껏 내던진다."

패션 양식

패션과 스타일과 정체성의 관계는 여러 연구에서 폭넓게 탐구되었다. 세계 패션계를 볼 때, 중국의 빈자리가 두드러진다. 안토니아 피낸에 따르면, 2002년에 피에르 카르댕은 중국 패션이 틀림없이 아주 강해질 테고, "고가 디자이너 의류 시장을 이끄는 나라 가운데 하나가 될 것이다"라고 주장했다. 하지만 그렇게 되기까지는 갈 길이 멀어 보인다. 피낸이 썼듯이, "중국 패션을 다룬 서구권 기사는 마치 중국 사람들이 아직도 인민복을 입을 것이라 예상한 양, 판에 박힌 듯 놀라운 발견이라는 어조를 띤다." 하지만 상하이 거리를 걸어갈 때, 우리는 고급 패션 상점을 수없이 목격한다. 이런 가게는 중국 디자이너가 만든 상품을 팔기도 해, 젊고 유행에 민감한 중국인의 입맛을 맞춘다. 거리에서는 눈이 휘둥그레지게 다양한 차림새가 눈에 들어온다. 대부분 세계적 유행을 은근히 드러내, 대개 H&M이나 유니클로의 청바지, 오리털 재킷이나 거위털 재킷 등을 걸친다. 앞에서 다룬 문화 제국주의론은 우리가 중국 도시의 길거리에서 마주치는 차림새를 설명하기에 적절해 보인다. 하지만 이런 설명은 중국 대도시에서 마주치는 다양한 차림새, 때때로 옛 복식을 내비치기도 하는 패션 양식을 제대로 평가하지 못할 것이다.

오늘날까지 중국인의 옷차림은 세계적 신자유주의 경제에 겹겹이 에워싸여 있지만, 날마다 도전까지는 아니라도 장애물을 헤쳐나가고 있다. 어느 학회 논문에서 리창쑹은 중국 젊은이가 이렇다 할 가치관없이 지나치게 개인주의에 빠졌다고 비난한 데 이어, 젊은이들이 갈수록 저속해진다고 경고한다.

: 아름다움을 좇는 패션에서는 저속화 현상이 어느 정도 떠오르기 마련이다. 게다가 젊은이들이 무분별하게 기이하고 과장된 패션을 추구하다 보면 마음속으로 얄팍하고 저속한 것을 바라게 된다. 이 모든 일이 가치관의 발전을 가로막아 일부 젊은이들의 가치관이 저속해지는 특성이 나타나게 한다.

이런 설명은 서론에서 이미 분석한 '골칫거리인 젊은이' 담론을 분명히 밝힌다. 젊은이를 골칫거리로 보는 담론은 흔히 패션 영역과 연결된다. 이 대목에서 스타킹 이야기가 떠오른다. 매튜 추는 저술(2003, 2007)에서 중국에 꽤 특별해 보이는 스타일 두 가지를 다뤘다. 하나는 1980년대부터 1990년대에 걸쳐 유행했던 스타킹 노출 차림이고, 하나는 1990년대 내내 다시 유행한 치파오이다. 스타킹 노출은 품위와 차림새와 세계화를 이야기하는 반면, 치파오는 발상의 혼합에 문화적 향수라는 요소를 더한다.

먼저, 여기에서 털어놓아야 할 것이 있다. 예룬 더클룻이 처음으로 중국을 여행한 때는 1992년이었다. 그는 당시 중국 여성들 사이에 짧은 스타킹을 드러내는 것이 유행이던 일을 또렷이 기억한다. 더클룻이 보기에 이런 유행은 서구의 풍습에 따르면, 매튜 추가 표현한 대로 분명 저속한 취향을 드러내는 신호였다. 여성의 스타킹은 반드시 윗부분이 바지나 치마로 15~20센티미터 가량 덮일 만큼 길어야 한다. 스타킹 노출을 매튜 추는 이런 시각으로 관찰하고 판단했다. 스타킹이 일으키는 효과는 상하이 거리에서 흔히들 입는 파자마처럼 속옷과 겉옷의 경계선을 흐릴 뿐 아니라 공적 영역과 사적 영역 사이의 경계선을 흐릿하게 한다. 매튜 추는 이 현상을 이렇게 설명한다.

> 끝단이 드러난 짧은 스타킹은 겉옷과 속옷의 경계를 넘어서는 데다, 남들 눈에 띄지 않게 감춰야 한다고 여겨지는 옷의 일부를 드러냄으로써 점잖게 차려입는 현재의 관습을 어긴다. 이 관행은 서구의 문화 지배와 세계적 균질화에 저항하고, 맞서고, 무력화하기까지 하는 문화 현지화 행위를 나타낸다.

매튜 추의 해석에 따르면, 관례를 벗어난 차림새는 저항 행위를 나타내고, 더클룻이 스타킹을 볼 때 느낀 당황스러움은 우리가 앞에서 중국의 록 음악을 평가하는 것과 관련하여 이미 비판했던 문화적 오만함이 엿보인다. 씁쓸하게도 매튜 추는 분석에서 이런 패권적 기준이 끝내는 어떻게 우위를 차지하는지를 설명한다. 홍콩인에게는 스타킹 노출이 형편없는 취향을 드러내는 신호로 보였으므로, 본토 중국인의 패션 감각이 홍콩보다 뒤떨어진다는 문화적 고정관념을 굳히게 했다. 매튜 추가 쓴 대로, "스타킹 끝단 노출을 놓고 홍콩은 가혹하리만큼 빈정대고 업신여기는 담론을 펼쳤다." 그가 인용한 중년의 홍콩

여인은 이렇게 말한다. "그렇게 짧은 스타킹이라니 정말 기이해 보였어요. 어떻게 그렇게 입을 생각을 했을까요? 긴 스타킹을 살 돈이 없었나보죠?" 1980년대에서 1990년대까지만 해도, 홍콩은 소비와 생활양식 측면에서 중국 본토가 본받아야 할 대상이었다. 그러므로 중국 대도시에 이런 부정적인 담론이 서서히 퍼져나갔고, 스타킹 끝단이 보이는 차림새에서 후진성 및 이주자를 떠올리게 되었다. 이제 짧은 스타킹 차림은 거의 사라졌고, 설사 그렇게 입는 사람이 있더라도 눈총을 받을 것이다. 이렇게 함으로써 경계선이 새롭게 그어졌고, 외부와 내부, 공적 영역과 사적 영역의 경계가 다시 굳건해졌다. 그러니 2008년 베이징올림픽 기간 동안 상하이 시가 공공장소에서 시민들에 파자마를 입지 못하게 하는 금지령을 내린 일도 전혀 놀랍지 않다. 결국 중국 국민은 외국인 방문객이 던진 감시의 눈초리에 따라 적절한 옷차림을 갖춰야만 했다.

현지화의 다른 사례는 현대 패션에 예전 중국식 옷차림이 되돌아온 것이다. 펑크 록 콘서트에 가면 빨간 스카프를 두르고 줄무늬가 들어간 공청단 셔츠를 입은 팬들과 마주칠 수 있다. 이런 복장은 이제 반항을 상징한다. 상하이 탕(上海灘)은 중국식 복장인 여성용 치파오와 남성용 장삼을 현대식으로 다시 해석한 브랜드이다. 치파오가 돌아온 것은 중국에 향수 어린 민족주의가 다시 되살아났다는 사실을 말해준다. 치파오는 지난 수십 년 동안 무시당하다가 마침내 돌아왔지만, 공식 행사나 종업원 같은 특정 용도로만 주로 쓰이지, 일상

거리에서는 옛날식 의상을 입는 사람이 그리 많지 않다. 하지만 매튜 추는 치파오를 민족주의자의 옷차림으로만 읽지 말라고 경고한다. 그리고 "오늘날 치파오가 받는 공식적이고 실질적인 후원은 매우 제한되어 있다"는 현실을 보여준다. 치파오는 민족주의와는 다른 중국다움이라는 느낌을 강하게 담는다. 그런 이유로, 드리스 반 노튼부터 미우미우까지 수많은 세계적 디자이너가 신상품을 발표할 때도 치파오가 오리엔탈리즘 느낌을 뚜렷이 풍기며 모습을 드러냈다.

대도시 젊은이에게는 치파오나 장삼을 입는 것이 역설적인 옷차림이 될 가능성이 크다. 인민복이 공산주의 중국을 뜻하듯이, 이런 복장은 옛 중국과 비슷하다. 두 수사 모두 현지화 전략으로서 기꺼이 채택되고 활용되었다가, 순식간에 버려져 리바이스 501로 교체된다. 하지만 다른 이들에게는 아직도 치파오나 장삼이 멋들어지게 보이는 길일 것이다. 매튜 추가 취재한 모니카는 아주 멋들어진 치파오를 뜻밖에도 밀리터리 재킷, 군화, 은제 장신구와 함께 입는다. 매튜 추는 모니카의 말을 빌려 이렇게 설명한다.

: 치파오는 (경제적으로) 싸면서도 효과가 좋아요. 그래도 걸치기가 까다롭기는 해서, 자주 입기는 어려워요. … 직접 손질을 하거나 믹스매치로 길을 들여야 해요. 무슨 뜻이냐면, 이런 댄스 클럽 같은 상황에서는 튀어 보이죠. 머리를 쥐어짜서 … 내 치파오의 분위기를 바꿔줄 만큼 갖가지 멋들어진 장신구를 골라야 해요.

모니카는 창의성을 발휘해 치파오를 유행하는 차림새로 바꾼다. 매튜 추는 치파오를 모니카처럼 활용하든 고급 패션 상품으로 활용하든 패션 감각을 드러내려고 입는 것과 민족이나 문화적 소속을 드러내고(이를테면 외국에서 공부하는 화교 학생들은 치파오와 장삼을 자신들의 조상과 연결한다) 성적 매력을 확보하려고 입는 것을 구분한다.

추는 지나치게 선정적이라 몸을 너무 많이 드러내는 옷을 입는 것이 중국의 중소 도시에서 얼마나 민감한 문제로 남아 있는지를 설명한다. 그는 우한에서 사무직 비서로 일하는 스물네 살 제니의 말을 빌린다.

> 한창 유행인 쇼핑몰이나 카페, 식당, 댄스 클럽 안에 있을 때는 문제가 안 돼요. 하지만 집을 나서기 전에는 부모님이 잔소리를 하곤 하세요. 동네를 걸어가면, 사람들이 쳐다보고요…. 골반이 드러나는 청바지에 튜브 탑을 입고 거리를 돌아다닐 때는 같은 회사 사람들과 정말이지 마주치기 싫어요. 그 사람들이 직장에서 수군댔다가는 그저 짜증나는 일로 그치지 않고, 일자리를 잃을 수도 있으니까요.

그러므로 공공장소에서 일어나는 사회적 통제는 사람들이 정말 좋아하는 옷을 입을 자유에 영향을 미치고, 그런 영향은 성별에 따라 심각하게 다르다. 통제되고 감춰져야 하는 것은 주로 여성의 몸이다. 추의 해석에 따르면 치파오는 다시 타협을 해볼 만한 여지가 있다. 왕

가위의 영화 〈화양연화〉에서 장만옥이 스물여섯 벌에 이르는 치파오를 선보이며 아주 확실하게 증명했듯이, 치파오의 성적 매력에는 우아함이 더해지고, 이에 따라 규범을 강조하는 나이 든 세대와 또래들의 눈초리를 누그러뜨린다. 추가 인터뷰한 어떤 사람은 이렇게 말한다.

> 치파오는 흔히 보는 세계적 패션처럼 뜨겁게 달아오르는 유행이 되지는 않을 테니, 당신이 치파오를 입을 일도 거의 없을 거예요. 하지만 어쩐 일인지 치파오는 패션을 향한 내 목마름을 달래줘요. 그래서 쉽지 않지만 치파오를 입고, 요즘에는 다른 전통 옷도 입어요. … 제가 최신 유행인 섹시한 옷을 입는다는 이유로 친구들과 부모님이 하도 닦달을 해서 지긋지긋하거든요.

따라서 유행을 따르지만 기이하지는 않고, 섹시하지만 절제된 치파오는 중국의 패션 시장에서 도시 여성의 옷차림 고민을 덜어줄 해결책 가운데 하나를 대표한다.

우리는 베이징의 다산쯔 798 예술구에서 유행 옷차림이 어떻게 끊임없이 다시 돌고 도는지를 보여주는 진기한 예와 마주쳤다. 이 구역은 한창 인기 있는 거리라 결혼사진 촬영지로 자주 이용된다. 따라서 21세기 중국의 현대 생활양식을 보여준다. 예비부부는 대개 일반적인 결혼 예복을 차려입는다. 그런데 그때 우리가 마주한 예비부부는 문화혁명 당시의 복장을 입고 있었다. 이런 재차용은 설명하기도 어렵다.

향수 어린 행동으로 읽기에는 그 거리에 어울리지 않고, 두 사람의 나이로 볼 때 문화혁명을 인정하거나 찬양한다고 해석하기에도 문제가 있어 보인다. 그러므로 이 옷차림을 공산주의나 반항을 드러내는 것으로 읽기보다 차이를 드러내려는 기행, 기발해보이려는 시도, 중국다움과 젊음을 표현하려는 정체성 주장으로 읽는 것이 더 그럴싸하다.

스타킹 노출은 중국 도시의 길거리에서 거의 사라졌고, 중국식 옷차림인 치파오는 지금도 보이지만, 특정 지역에서만이다. 거리를 지배하는 것은 세상 여느 곳에서처럼 청바지, 그리고 비슷하게 '한발 앞서 가는' 옷차림이다. 패션 이야기는 무엇보다도 세계화와 근대화를 말하는 이야기 같다. 도쿄가 지금도 아시아에서 젊은이 패션의 주요 무대인 것은 부인하기 어렵지만, 중국의 하위문화에서 우리는 도쿄와 뉴욕을 닮은 옷차림을 실험하는 모습을 목격한다. 유행하는 옷차림은 조앤 엔트위슬(2009)이 소비자의 암묵적 미학 지식이라 부르는 것에서 나온다. 이 미학 지식이란 체화된 동시에 표출되는 것이어서, 구별되는 느낌을 드러내고, 문화 자본을 과시하고, 또 누군가는 루이비통 가방 같은 물건을 뽐내며 경제 자본을 과시한다. 마지막 관찰 내용은 중국과 서구의 문화 차이를 가리킨다. 중국 소비자 사이에서는 왜 특히 프라다, 돌체앤가바나 같은 이탈리아 상표나 루이비통, 디올 같은 프랑스 상표가 그토록 인기 있을까? 아시아에서는 경제적 부를 유럽에서보다 훨씬 더 남들에게 과시할 수 있는 듯하다. 그런 까닭에 다산쯔 798 예술구에서 페라리를 모는 예술가와 마주치기도 한다. 루이비통이나 프라다 같은 상표는 모양새나 상표를 야단스러울 만치 드러내서, 누구나 한눈에 루이비통 가방을 알아볼 수 있다(진짜인지 가짜인지는 잘 모르겠지만 말이다). 그렇게 하여, 이런 상표는 문화 자본의 확실한 표지가 된다. 물론 문화 자본을 해석하는 이런 방식은 우리가 유럽에서 보는 것과 다르다. 부르디외가 문화 자본에서 말한 문화적 구별짓기를 중국에 적용할 때는 중국 문화를 고려해 꽤 특별하게 번역해야 한다.

젊은이들 사이에서 유행하는 옷차림의 확산에 중요한 역할을 하는 마지막 현상은 산자이이다. 산자이란 본디 국가의 통제를 벗어난 산속 요새 마을을 가리키고, 이제는 주로 선전에서 생산되는 모조품이 형성하는 문화를 대표한다. "이 말은 불법과 전복이라는 느낌을 불러일으킨다. 베끼기는 하지만 완전히 베껴지는 않는다. 단순 복제라기에는 더 많은 것을 담고 있기 때문이다. 산자이 패션 상품을 이용할 수 있으므로, 돈이 별로 없는 사람도 이제는 폴 스미스 가방을 메고 프라다를 입을 수 있다. 지아우딘 사르다르(2000)처럼 모조품 생산을 서구 유명 상표의 패권에 맞서려는 탈식민주의적 저항으로만 읽는다면 위험이 따르겠지만, 사실 산자이 덕에 젊은이들도 고가 상표를 더 쉽게 손에 넣을 수 있다. 그렇다고 우리가 악바르 아바스의 목적론적 논쟁을 따르고 싶다는 뜻은 아니다. 아바스에 따르면 "도시나 나라가 세계 기득권층에 융화될수록 모조품 생산이 사라지거나 줄어든다. 이때에는 세계적 기업과 국가가 지적재산권을 압박하는 데 어느 정도 영향을 받아, 엄격한 저작권법이 통과되기 때문이다. 그런데 중국이 벌써 2004년에 세계무역기구에 가입했는데도, 산자이 문화는 조금도 줄어들지 않았다. 그러기는커녕 선전에서 폴 스미스의 신상품 가방과 옷을 찾아볼 수 있을뿐더러, 폴 스미스에게서 영감은 받았지만 사실은 중국에서 디자인된 상품도 덤으로 볼 수 있다. 산자이 아이폰이 때로 정품보다 기능이 많듯이, 마찬가지로 비록 모조품일지라도 새롭고 독특한 창작품도 생겨난다. 이렇게 하여 진품과 모조품이 서로에게 구성 요소가 된다. 이런 현상 덕분에 고급 패션과 대중 패션의 경계선이 흐려졌고, 이런 현상이 없었다면 손이 닿기 어려웠을 상품과 옷차림을 중국 젊은이들이 시도할 수 있었다. 산자이 문화는 역효과를 내기는커녕 중국에서 패션 양식이 생겨날 수 있게 하는 핵심이 되었다.

중국은 이제 패션 시장 이상인 곳이 되었다. 패션 업체 콤무아를 설립한 모델 루안은 이렇게 말한다.

: 패션이나 디자인 이야기가 나오면, 사람들은 아직도 파리, 밀라노, 뉴욕, 그리고 다른 도시 서너 곳을 핵심 중심지로 꼽는다. 패션 업계는 중국을 대체로 상표를 진입시켜 물건을 팔고 싶은 시장으로만 본다. 하지만 알렉산더 왕과 필립 림 같은 뛰어난 디자이너가 국제적 인식을 바꾸고 있다. 이제는 중국 바깥에 있는 사람들도 중국 상표가 고급스럽게 디자인된 제품을 생산할 능력이 있다는 것을 안다.

중국의 패션을 다룬 이 절을 마무리 짓고자, 샌더 저우로 옮겨가 보자. 샌더 저우는 지난 3~4년 사이에 중국에서 손꼽히는 패션 디자이너가 되었다. 저우는 네덜란드에서 공부한 뒤에 베이징으로 돌아와 자기 작업장을 차렸는데, 이제는 중국에서 신상품을 많이 내놓기로 손꼽히는 디자이너이다. 그는 어느 인터뷰에서 이렇게 말한다. "나는 높이 세운 깃과 매듭을 써서 중국인이라는 내 특성을 영광스럽게 해야 할 짐을 지고 싶지 않아요. 내 일은 중국 문화를 퍼뜨리는 게 아니니까요. 나는 디자이너일 따름입니다. 중국을 대표하는 일은 내게 너무 버거워요." 게다가 저우의 웹사이트(xanderzhou.com)를 살펴보면(2015년 1월 26일 기준), 지정학적 대표라는 짐과 거리를 두는 것이 아주 뚜렷이 보인다. 저우는 웹사이트에 이렇게 적는다.

> 패션으로 전통 문화를 보존하는 것은 전통에 경의를 나타내는 일이겠지만, 패션에 경의를 보이는 일은 아니다. 나는 무엇이든 중국에서 나오는 것은 말 그대로 뚜렷하게 중국다워야 한다고 기대하는 것이 틀렸다고 생각한다. 어떤 사람들은 용과 모란 무늬가 있는 옷만이 '진짜 중국산'이라고 생각한다.

그러므로 샌더 저우의 스타일에서는 중국다움을 찾아보기 어렵다. 그가 만든 의상은 중국 느낌이 나기는커녕 파격적이기까지 해, 일본 패션의 디자인 특성이 슬쩍 묻어난다는 생각이 든다. 파리의 패션쇼

무대에 작품을 선보일 때 그가 중국인 패션 디자이너라는 사실을 사람들이 알기나 할지 의심스러울 정도다. 하지만 앞에서 설명한 대로, 저우도 지정학적 대표라는 굴레에 갇혀 있고, 앞으로도 굴레를 완전히 벗어나기는 어려울 것이다. 특정 문화 상징물을 포함하지 않으려고 거부하는 것도 문화 정체성을 명백히 표현하는 것으로 읽힐 수 있고, 앞으로도 계속 그럴 것이기 때문이다. 다른 디자이너들은 현지화로 옮겨가는 쪽을 선택한다. 예컨대 시진핑의 '중국의 꿈'과 국제 자본주의를 유행에 맞춰 뒤섞은 의류 상표 익셉션을 만든 마오지홍과 마커는 이렇게 주장한다.

> : 익셉션은 중국을 대표하는 의류 상표로, 이 상표가 옹호하는 생활양식과
>
> 철학은 이 시대 중국의 정신을 반영한다. 익셉션은 유럽과 미국의 고객들
>
> 에게 중국식 생활양식이 가미된 제품을 제공하고, 이와 함께 중국식 삶도
>
> 홍보할 것이다.

샌더 저우는 매체에서 눈에 잘 띄는 인물로, 동성애자인 성 정체성을 거리낌 없이 인정한다. 잡지 〈아이룩〉이 2009년에 발행한 'Gay China(즐거운 중국, 동성애자의 중국)'판의 표지는 이런 측면에서 눈길을 잡아끈다. 표지에는 대담한 옷을 걸친 샌더 저우 위로 '중국은 정말 기쁘다'를 뜻하는 한자 '中国真高兴'이 커다랗게 찍혀 있다. 이 말은 민족주의자 송샤오준이 2008년에 펴낸 베스트셀러 『중국은 언짢다(中

国不高兴)』를 비꼬는 표현이다. 중국의 민족주의에 이렇게 한 방을 날림으로써, 샌더 저우는 정치에서도 패션에서와 마찬가지로 장난스러운 길을 간다.

음악 양식

지난 20년 동안 중국의 음악 문화는 여러 가지가 바뀌었다. 폴 클라크는 중국의 젊은이 문화를 다룬 책에서 1980년대에 추이젠이 어떻게 새로운 세대를 대표하는 목소리가 되었는지를 설명한다. 인기곡 〈가진 것 하나 없네(一無所有)〉는 당시 중국을 휩쓴 문화열 바람에 한몫을 하였다. 이 시기에 시인, 화가, 영화제작자, 음악가들은 대도시에서 밤에 함께 모여 중국의 문화 상황을 의논하였다. 서구 문화에 매료된다는 것은, 예컨대 텔레비전 다큐멘터리 〈황하의 죽음(河殤·하상)〉에 표현된 대로 중국 문화를 비평한다는 뜻이었다(1980년대에 일어난 문화열 논쟁을 알고 싶다면, 2006년 징왕이 쓴 책을 참고하라). 추이젠이 록 스타로 떠오른 현상은 중국이 급격하게 문을 연 이 맥락에서 읽어야 한다. 그의 영향으로 중국에 활기찬 록 문화가 생겨났다. 이 문화는 홍콩 및 대만에서 생산된 팝 음악과 병렬 대치되어 읽힐 때가 많다. 대만의 팝 음악도 1980년대에 중국에 들어왔고, 이때 가장 이름을 날린 대만 팝 스타가 덩리쥔이다. 추이젠이 때로 도발적이고 정치적인 표현 때문에 활동을 금지당한 반면, 덩리쥔은 관능성을 공공연하게 표출

한다는 이유로 검열을 받았다.

추이젠은 중국 록 문화의 대부로 봐야 마땅하다. 허스키한 목소리, 은유적인 가사, 멋진 외모는 1980년대와 1990년대를 살아간 젊은이의 마음을 울렸다. 많은 이들이 그의 음악을 공공연히 정치적으로 읽지만, 그의 음악에는 훨씬 더 많은 것이 담겨 있다. 폴 클라크의 말을 빌려보자.

> 추이젠 자신은 처음부터 끝까지 정치에 불확실한 태도를 보였고, 이는 단순한 자기 방어 전략만은 아니었다. 추이젠의 노래는 그에게나 그의 팬에게나 정치를 뛰어넘는 의미를 지녔었다. 그의 노래는 더 폭넓고 개인적인 문제인 혼란과 소외를 소재로 음악을 만듦으로써 정치를 제자리에 놓으려한 정교한 시도로 읽을 수 있다.

추이젠은 공연을 계속하고, 현대 무용과 영화 같은 다른 영역으로도 발을 넓힌다. 또 2015년 가을에는 TV 음악 경연 프로그램인 〈중국의 별(中国之星)〉에서 조언자 역할도 맡았다. 그런데도 추이젠 하면 1980년대 후반에서 1990년대 초반이 강하게 떠오른다. 많은 이들에게 그의 음악은 변화가 가능해보였던 시대, 더 나은 미래를 향한 꿈과 희망에 가득 찼던 시대를 떠올리게 하는 추억과 향수의 소리이다. 서론에서 설명했듯이, 바링허우 세대와 주링허우 세대를 비판하는 목소리는 흔히 1980년대 정신과 연관하여 나온다. 이런 비판은 본질적

차이나 유스 컬처

으로 보수적인 트집 잡기로, 세계 어느 곳에서든 나이 든 세대가 자기들이 젊었을 적보다 젊은이들이 열심히 살지 않는다느니, 정치에 관심이 없다느니, 창의적이지 않다느니, 물질만능주의와 개인주의에 빠졌다느니 하는 말로 비판할 때 목격할 수 있다. 이 책에서 보듯이, 요즈음 젊은이들은 자유 공간과 실험 공간을 노력 끝에 간신히 확보한다. 그러므로 정치에 관심이 없다는 이유로 한 세대를 통째로 비난하는 것은 단순하기 짝이 없을뿐더러 정당하지도 않다.

1990년대 초반에 대만 음반사 매직 스톤에서 발매한 얼터너티브 음악이 정상에 올랐다. 밴드 탕차오(唐朝·당조)의 헤비메탈, 도우웨이의 더 잔잔한 음악, 장추의 민속 음악, 허융의 감성 어린 발라드가 섞인 반항적인 펑크 록이 중국, 홍콩, 대만의 귀를 사로잡았다. 중국의 록 음악은 1990년대 중반에 열기가 잠시 식었다가, 1990년대 후반에 중심축 역할을 한 중국 현지 음반사 모던 스카이와 더불어 새로운 밴드들이 쑥쑥 튀어나와 다양한 음악 양식을 탐색하면서 강하게 되살아났다. 이 시대는 뜻 깊은 세대교체를 나타낸다. 1990년대 초반까지만 해도 류망, 즉 건달이나 깡패 세대라 말할 수 있었지만, 2000년 무렵에는 다췌 세대로 바뀌었다. 다췌는 도시에서, 그 가운데에서도 베이징 거리에서 불법 판매되는 폐기 CD에서 따온 말이다.

우리가 록 가수 쭤샤오쭈쥐를 만난 때는 1997년으로, 베이징대학교 동문 가까이 있는 자그마한 집에서였다. 당시 언더그라운드 밴드 NO에서 노래를 맡고 있던 그는 고뇌가 배어나는 고음으로 눈에 띠었고, 그런 목소리는 그를 중국 록 문화의 주변부로 이동시켰다. 쮜샤오쭈쭤는 음악 활동을 시작할 때부터 베이징의 록 문화계와 예술계 영역에서 작업하였고, '베이징 이스트 빌리지'라는 예술 공동체의 구성원이었다. 예술가 아이웨이웨이와 멍징후이, 영화감독 지아장커를 비롯한 여러 인사와 끈끈한 인연을 맺은 까닭에, 그는 베이징 록계에서 특별한 인물이 되었다. 놀랍게도 그의 명성은 2008년 뒤로 크게 커졌다. 목소리는 더 부드러워졌고, 훨씬 더 스타다워졌고 한 발 더 나아가 숭배받는 영웅처럼 바뀌어, 대규모 축제의 마지막을 장식했고, 아이웨이웨이뿐 아니라 한한과도 함께 뉴스에 자주 모습을 비췄다.

그의 인기가 올라간 현상을 이 시대 중국 젊은이들이 사회 참여 음악에 관심이 있다는 신호로 읽을 수도 있다. 하지만 2011년 예룬 흐루네베헌-라우가 쮜샤오쭈쭤의 활동에 집중해 쓴 논문에서 주장한 대로, "쮜샤오쭈쭤가 성공한 까닭은 유머와 패러디를 더하고, 사회 비평은 덜 날카로워진 동시에 음악은 더 즐거움을 추구하는 쪽으로 바뀌었기 때문이다. 따라서 쮜샤오쭈쭤가 근래에 성공한 것은 젊은이들이 현재 상황에 냉소적으로 참여하는 커다란 문화 흐름과 맞물린다." 흐루네베헌-라우는 쮜샤오쭈쭤가 자서전에서 자신이 정치를 어떻게 바라보는지 설명한 대목을 인용한다.

: 설사 내가 무엇에 반대하고 싶더라도, 외부의 힘에 기대지는 않겠다. 나는 직관과 감정을 표현하는 개인일 뿐이다. 앨범 〈마오후이 구경(庙会之旅)〉에

적은 대로다. "그대는 편안하고자 이미 행동했다. 편안하다는 것은 곧 자유. 자유는 곧 인권. 그런데 인권은 정치이잖은가! 동지여, 그대는 얼떨결에 정치 무대에 올라갔다." 예술가들이 정치를 제대로 이해하기란 어려운 일이다. 내 생각에는 밥 딜런이나 보노도 그 경지에는 이르지 못 했다. 그런데도 노래를 듣거나 가사를 읽고 나면, 사람들은 가수더러 정치적이라 말할 것이다.

2008년에 우리와 나눈 인터뷰에서 쮜샤오쮜줘는 그가 어떻게 지적인 음악 스타일에서 서서히 벗어났는지를 설명했다.

: 나는 이제 더 솔직합니다. 예전에는 멍청하게도 지식인이라는 궤도에 빠지곤 했지만, 이제는 이른바 '예술적'이라는 것을 걱정하지 않아요. '올바른 말'을 골랐는지도 신경 쓰지 않습니다.

쮜샤오쮜줘는 정치적으로 허용되는 경계에서 계속 작업하는 몇 안 되는 사람 가운데 하나인 아주 예외적인 록 가수이다. 쮜샤오쮜줘가 숭배받는 영웅이 된다는 것은 사회 참여 록 음악도 요즈음 중국 젊은이의 마음을 사로잡을 수 있다는 사실을 보여준다. 그의 차림새, 가사, 음악이 온통 패러디와 역설 투성이라 그를 파악하기가 더 어렵고, 그래서 스타로서 그의 모습이 더 강화된다. 신쿠쯔처럼 쮜샤오쮜줘의 음악에서도 유머가 중요한 역할을 한다. 그의 유머는 정말로 진지하게 하는 말인지 알 길이 없을 정도다. 쮀샤오쭈쮀는 중국 젊은이들이 허용 범위 안에서 사회 비평에 참여할 길을 열어준다. 그런 비평이 중국 사회의 현 상황을 곧장 약화시키지는 않겠지만, 적어도 웃음거리로는 삼을 것이다.

매체 문화가 개방되고, 이와 더불어 중국에 이전보다 더 풍요로운 젊은 세대가 등장하면서, 중국의 매체 풍경이 급격하게 바뀌었다. 1990년대 후반에는 록 콘서트가 대개 작은 술집에서 열렸지만, 이제는 대규모 록 축제가 연례행사가 되었다. 베이징 교외에서 열리는 딸기 음악축제와 중국 내 다른 도시에서 열리는 딸기 음악축제가 이제는 수많은 젊은이들을 사로잡는다. 바링허우 세대와 주링허우 세대에게 록은 소수만 즐기는 하위문화라기보다, 취향에 따른 선택, 즉 노동절 휴가 기간 동안 며칠 뒤에 학교나 일자리로 돌아가기에 앞서 심취하는 문화이다. 밤에는 후난 TV에서 방영하는 〈나는 가수다〉의 최근 방송을 보겠지만 말이다.

앞에서도 설명했듯이, 록의 동력은 록 신화라 이름 붙일 만한 담론이다. 이 담론에서 록은 대중가요와 달리 반항적이고, 진정성 있고, 남성스럽고, 소리가 큰 음악으로 그려진다. 우리는 앞에서 록 밴드가 왜 한낱 흉내쟁이, 기껏해야 음울하게도 시대에 뒤떨어지게 서구를 모방한 음악을 하는 무리라는 딱지가 붙을 위협과 언제나 마주하는지를 지적했다. 아마도 지난날 많은 록 밴드들이 자신들의 음악에 중국 색채가 나는 요소를 집어넣으려 애쓴 것도 이런 까닭일 것이다. 추이젠은 전통 현악기 고쟁을 썼고, 밴드 탕차오는 당 왕조를 떠올리게 했고, 밴드 쯔웨는 리드 보컬 추예가 베이징 느낌이 나는 목소리로 노래했고, 세컨 핸드 로즈는 경극을 떠올리게 하는 중성적인 창법을 썼고, 몽고족 로커 항가이는 몽고풍 음악을 구사했고, 추이젠은 지난날 공산주의의 모습을 차용하였다. 그러나 2000년대 이후로는 록 밴드들이 중국답냐 아니냐에 신경 쓰지 않았다고 주장해야 공정할 것이다. 이제 이들은 더 손쉽게 세계주의 양식을 받아들여 영어로 노래하고, 어디에서 영감을 받았는지를 거리낌 없이 말한다. 예를 들어 밴드 Re-TROS는 영감을 받은 중요한 원천으로 영국의 포스트 펑크 록 밴드 바우하우스를 꼽는다. 밴드 카식 카스는 미국 밴드 소닉 유스가 베이징에서 공연할 때 찬조 공연에 나서기를 간절하게 바랐다. 중국의 젊은이 문화가 이렇게 크게 세계화한 현상은 음악뿐 아니라 영화(4장을 참조하라), 문학, 그리고 앞서 살펴본 패션 등 여러 차원에서 흔적을 찾아볼 수 있다.

이런 현상은 우리에게 흥미로운 역설을 안긴다. 중국 젊은이들은 매체 소비와 생활양식에서 중국다움을 그리 신경 쓰지 않는 듯 보이지만, 동시에 중국의 민족주의를 뚜렷이 지지할 때가 많다. 그럼에도 이들이 민족국가를 지지하는 모습은 문화를 생산하고 소비하는 경향과 동시에 나타나는데, 이 경향은 똑같은 민족국가의 경계선을 분명히 넘어선다. 그 결과, 놀랍게도 애국주의와 세계시민주의가 융합하여 이 시대 중국의 젊은이 문화에서 특징을 이룬다. 이런 융합은 개념으로 볼 때 잘못된 병렬 대치이다. 달리 말해 애국주의와 세계시민주의는 서로 반대되지 않는다. 오히려 둘은 밀접하게 뒤얽혀 있다. 울리히 벡의 말을 빌리자면, "날개를 얻으려면 뿌리가 있어야 한다."(날개는 자유, 뿌리는 소속을 의미한다—옮긴이주)

자그마한 술집에서 열리는 공연에는 상대적으로 소규모인 록 음악 팬들이 자주 찾는 반면, 훨씬 큰 경기장에서 열리는 공연, 이를테면 세컨 핸드 로즈의 공연에는 수많은 관객이 몰린다. 오늘날 록 문화의 진원지로 여겨지는 곳은 특히 록 음악축제이다. 록 음악축제가 열릴 때면 중국 전역에서 셀 수 없이 많은 팬이 자기가 좋아하는 밴드의 공연을 보려고 대도시로 몰려든다. 흐루네베허-라우에 의하면 "2007년에 열 곳에서 열린 대규모 야외 축제가 2010년에는 마흔 곳으로 늘어났다." 정부 당국이 이런 축제를 여러 차례 금지했으니, 록 음악축제를 정치적으로 읽고 싶은 유혹이 들기는 한다. 게다가 경찰이 관객을 통제하는데도 "경찰을 매달아라"라고 목소리를 높여 노래 부른 Re-TROS에게는 비판의 날을 세운 목소리가 있기도 하다. 2010년에 베이징 교외에서 열린 딸기 음악축제에서 쭤샤오쭈쭤가 공연하는 동안 상영된 비디오도 관객을 발칵 뒤집어놓았다. 이때도 경찰이 관객을 통제했는데, 화면에는 아이웨이웨이가 2009년에 내놓은 다큐멘터리 〈평정후를 집으로 돌려보내자〉의 영상이 흘러나왔다. 평정후는 중국의 경제학자이자 인권 저술가, 블로거로, 상하이에서 공식 설명 없이 41일 동안 구금되었다가 2009년 4월에 치료를 받으려고 일본으

차이나 유스 컬처

로 떠났다. 2009년 6월에 중국으로 돌아가려 했지만, 입국을 거부당했다. 여덟 번에 걸친 입국 거부 뒤로, 그는 나리타 국제공항의 입국심사대에서 버텼다. 2010년 2월에 겨우 상하이로 돌아온 그는 자택에 연금되었다. 관객들은 공연이 펼쳐지는 사이 영상을 단박에 알아보고서, 박수를 치며 크게 환호하였다. 누가 봐도 분명히 경찰에 통제받는 군중 사이에서 정치 비판이 뚜렷이 표현된 이런 조합은 중국에서 정치 행위가 나타날 가능성에 복잡함과 모순이 자리한다는 것을 증명한다. 또 현재의 정치 상황이 바뀌어 그런 공개 비난을 허용할 때 정권에 정치적으로 잠재 위험이 될 것을 암시한다.

이런 계기는 흐루네베헌-라우가 '이상향 같은 계기'라 부르는 것이다(2014). 이 계기가 현실이 아닌 음악축제가 벌어지는 한복판에 자리하기 때문이다. 흐루네베헌-라우는 2010년 미디MIDI 음악축제에서 펼쳐진 밴드 퉁양의 공연을 예로 든다. 이 공연에서 관객은 마오쩌둥주의이자 푸코적인 제목이 달린 퉁양의 명곡 〈억압이 있는 곳에는 늘 저항이 있다(哪裡有壓迫哪裡就有反抗)〉를 큰소리로 따라 불렀다. 흥미롭게도 2015년 가을에 퉁양은 음악 경연 프로그램인 〈중국의 별〉에서 조언자 역할을 맡은 추이젠의 추천을 받아 이 노래를 공연했다. 우리는 2015년 12월 7일에 상하이 TV 스튜디오에서 진행된 녹화에 참석했다가, 관객들이 그런 도발적인 가사를 따라 부르는 모습을 보고 깜짝 놀랐다. 그리고 궁금했다. 이 노래가 어떻게 TV에 나갈 수 있는 거지? 그런데 아니나 다를까 며칠 뒤 〈중국의 별〉이 방송되었을 때는

사진 3. 2016년 딸기 음악축제에서 공연하는 퀸 시 빅 샤크
© 예룬 더클룻

통양의 노래가 삭제되었다. 그런데도 경연 마지막에 투표 과정에서 통양은 판정단과 관객에게 가장 낮은 점수를 받아 프로그램을 떠나야 했다. 따라서 텔레비전 시청자들은 통양이 실제 공연하는 장면은 보지 못하고서도 낮은 점수를 받는 장면은 지켜보는 기이한 상황을 겪었다. 삭제된 장면은 곧바로 웨이보 온라인에 올라왔기 때문에 대중은 아직도 공연을 확인할 수 있다. 이는 중국에서 공식 매체와 온라인 공간 사이에 분열이 있음을 증명한다.

  록 음악축제로 다시 돌아가 보자. 중국의 젊은이 문화에 나타난 세계시민주의를 자칫 애국주의 감성과 충돌하는 것으로 읽기가 지나치게 쉬웠으므로, 음악축제를 정치적 저항 장소로만 읽는 것을 피해야 할까? 앞에서 보았듯이, 어떤 시기와 장소에서는 정치적 반대가 뚜렷이 표현되고, 과거에 수많은 축제가 시작 직전에 취소되었던 사례뿐 아니라 2015년에는 베이징 딸기 음악축제가 금지된 사례는 당국이 이들 축제를 얼마나 민감한 사안으로 여기는지를 보여준다. 하지만 흐루네베헌-라우가 음악축제를 분석한 글에서 밝혔듯이, 이런 축제를 그렇게 정치적으로 읽는다면 중국 정부와 문화 산업계 사이에 존재하는 복잡하게 얽힌 관계를 무시하는 꼴이다. 흐루네베헌-라우는 2000년대 10년 동안 록 밴드들이 어떻게 공연으로 큰돈을 벌게 되었는지를 보여준다. 2001년에 퉁양은 한 번 공연할 때 공연료로 5만~10만 위안을 벌었다. 흐루네베헌-라우는 축제 기획자 선리후이의 말을 인용한다.

> 지난 2년 동안 한 해에 100만 위안 넘게 벌어들인 밴드가 많습니다. 금액 계산은 쉬워요. 예를 들어 음악축제 쉰 곳 가운데 서른 곳이 밴드에 출연 예약을 하고, 한 번 공연할 때마다 3만에서 5만 위안을 번다면, 100만 위안 넘게 벌기 마련이죠. 밴드들은 이제 막 록 스타가 되었습니다. 예전에는 록 밴드가 록을 열망하는 사람들이었지만요. 스타가 부자가 되는 까닭은 시장에 있어요. 그래야만 밴드들이 해체하지 않고 여러 해 동안 활동할 수 있어요.

흐루네베헌-라우는 어떻게 시 정부가 도시 상품화 전략으로서 음악축제에 재정 지원을 시작했는지 보여준다. 이와 같이 2000년대 중반 이후 중국에서 창조 산업과 창조 도시 담론이 떠오르면서 권력 당국이 음악축제를 바라보는 시각이 바뀌었다. 시 정부는 이제 창조적이고 멋들어진 도시라는 상표를 내세우기에 이르렀다. 마이클 킨의 표현대로 나라를 '제조하는 중국'에서 '창조하는 중국'으로 움직이려고 시도하기 때문에, 중국은 자국의 창조 문화를 강력하게 홍보하고 있다. 전에는 현대 미술이 아주 민감한 영역이었지만, 이제는 베이징의 다산쯔 798 예술구에서 전시회가 열려 이 시대 중국이 얼마나 개방되었는지를 증명한다. 음악축제도 비슷한 시각으로 볼 수 있다. 바로 그런 이유로 정부도 이제는 소프트 파워 정책의 일부로서 자국 록 밴드를 해외로 내보낸다. 그러므로 국가, 시장, 음악인은 중국의 젊은이 문화를 생산하는 과정을 둘러싼 복잡한 타협에 관련되어 있다. 중국의 미디어 업계에서도 이렇듯 복잡하게 얽혀 있는 관계를 대개 볼 수 있지만, 그래도 우리는 흐루네베헌-라우의 말에 동의한다. 그에 따르면 "(딸기 음악축제의 기획자인) 모던 스카이가 비록 정치를 부인한다 해도, 관객과 록 밴드에 힘을 실어줘, 젊은이들에게 헤테로토피아 (heterotopia, 푸코가 쓴 말로, 현실에 존재하면서 이질적인 존재를 품는 공간-옮긴이주) 곧 대안 공간을 제공함으로써, 가정, 교육 제도, 직장의 테두리 안에서 순응해야 하는 압박을 초월하게 해준다." 흐루네베헌-라우의 글에서 퉁양의 보컬리스트 가오후는 이렇게 주장한다.

: 맞아요. 어쩌면 음악축제가 오락거리가 되었는지도 모르지요. 하지만 나는 아직도 록 음악이 잠시나마 사람들에게 유토피아가 될 수 있다고 생각해요. 당신을 움직일 만한 무엇을 찾으려면 기운을 더 써야 할지 모르지만, 밖으로 나가 찾아내, 뒷걸음치지 말고, 음악이 당신을 휩싸게 내버려 둬야 해요.

이 책에서 줄곧 제시하듯이, 오락거리와 유토피아가 병렬 대치하는지에 의문을 제기할 필요가 있다. 그보다는 이상향 같은 계기를 떠올려, 분석에 더 강력한 시간 감각과 공간 감각을 불어넣어야 마땅하다. 음악축제, 록 콘서트, 음원 발매는 모두 변화의 계기를 제공하여, 변화와 차이를 한껏 약속하는 일시적 이상향 같은 계기라 부를 만한 것이 될 수 있다. 이런 계기들은 중국 젊은이들이 대안을 실험하는 축제 같은 것이므로, 일상에서 반드시 추구할 필요는 없다.

디지털 양식

2015년 6월 기준, 중국의 인터넷 사용자는 6억 6,800만 명으로, 인터넷 보급률이 48.8퍼센트에 이르렀다. 모바일 인터넷 사용자 수는 5억 9,400만 명에 다다라, 모바일 네티즌이 전체 네티즌 인구의 88.9퍼센트를 차지했다. 인터넷 보급률은 도회지에서 가장 높고, 10~19세는 85.1퍼센트, 20~29세는 85.1퍼센트, 30~39세는 74.7퍼센트였다.

류평슈는 젊은이와 인터넷을 다룬 연구에서 "내 연구에 정보를 준 사람들 거의 대다수가 주로 또는 오로지 오락거리로만 인터넷을 이용했다. … 중국 젊은이들은 인터넷을 서구 사회의 젊은이보다 훨씬 더 많이 오락거리로 이용하는 듯하다"라고 생각을 밝혔다. 우리도 류평슈와 비슷한 생각을 공유하여, 중국 젊은이가 이렇게 오락거리를 갈망하는 까닭을, 앞에서 논의했듯이 이들이 마주하는 압박과 연결짓는다. 이들이 가장 흔히 쓰는 새로운 기술은 인스턴트 메시지이다. 인스턴트 메시지 때문에 저녁을 먹으려고 한 자리에 모인 친구들이 휴대전화만 쳐다보는 재밌는 영상들이 인터넷에 돌았다. 주링허우 세대에서는 '집단형 고독'이라는 문구가 생겨났다. 한 연구에서는 우한에서 여성 신문 편집자로 일하는 스물네 살 둥이 이렇게 말한다.

: 함께 모여 시간을 보내는 문제라면, 저는 사람들이 식당이나 케이티브이 (KTV, 중국식 가라오케─옮긴이주)에 함께 있을 때 웃고 떠들며 이야기해야 한다고 생각해요. 하지만 이제는 사람들이 죄다 휴대전화에 휘둘려요. 휴대전화만 쳐다보는 거죠. 함께 모여 시간을 보내기란 쉽지 않아요. 하지만 우리가 뭘 하는지 모르겠어요. 그래서 이제는 함께 모일 때, 가장 먼저 하는 일이 휴대전화를 모으는 것이에요. 모임 동안 아무도 휴대전화를 갖고 놀지 못하게 하는 거죠.

우리는 일상에서 흔하디흔한 이런 쓰임새로 새 매체를 논의하기 시작했다. 하지만 이런 쓰임새에는 더 광범위한 사회적, 정치적 뜻도 숨어 있다. 이런 함의를 탐색하기에 앞서, 이를테면 오락과 정치가 같이 만나는 인터넷 밈(Internet meme, 밈은 리처드 도킨스가 『이기적 유전자』에서 제시한 복제, 변형될 수 있는 문화요소로, 인터넷 밈은 대개 재미있게 모방, 변형한 영상이나 글이다-옮긴이주)을 분석함으로써, 우리는 무엇보다도 기술과 사회의 관계에 간략한 이론을 제시하려 한다.

우리는 중국의 새로운 매체를 일반적으로 논의하는 기이하면서도 아주 모순된 방식을 무엇보다도 언론 담론에서 추적할 수 있다. 구오빈 양은 언론 담론에서는 중국의 인터넷을 정치 변화를 불러올 자유를 얻어낼 힘으로만 보거나, 아니면 늘어나는 감시와 통제를 위한 도구로만 읽는다고 했다. 이런 주장에는 기술 결정론에 빠질 위험이 따른다. 레이먼드 윌리엄스의 말처럼 기술 결정론에서는 기술이 사회 바깥에 있는 무엇, 사회와 별개이지만 직접 영향을 미치는 무엇으로 해석된다. 하지만 기술과 사회는 얽혀 있어서, 서로에게 구성요소이고, 이런 현상은 중국에서 인터넷이 작동하는 방식이, 이를테면 미국에서 인터넷이 작동하는 방식과 어떻게 다른지를 볼 때 뚜렷해진다. 웨이보의 인터페이스가 트위터의 인터페이스와 같지 않은 데다 둘 다 끊임없이 진화하므로, 상호작용과 공유 방식도 달라진다. 그러므로 우리는 마치 인터넷 플랫폼이 사회와 별개인 힘으로 작동하는 양 말하는 "웨이보가 중국의 민주주의에 변화가 일도록 촉진할 것이다"와 같은 주장을 경계한다. 우리는 비슷한 이유로 반대 주장과도 거리를 두어, 웨이보를 오롯이 사회 과정이 낳은 기술 산물로 읽는다. 우리는 레이먼드 윌리엄스, 그리고 그를 뒷받침하여 기술 접근 방식을 사회적으로 구성한 비버 바이커와 행위자(연결망 이론을 제시한 브뤼노 라투르 같은 이론가들)과 궤를 같이하여, 기술과 사회를 상호 구성 요소로 해석한다. 이들은 모두 뚜렷하게 다르고 때로 상충하는 각도에서 접근하지만, 우리와 마찬가지로 기술 결정론을 깊이 불신한다.

우리는 사회에 의해 형성되었을 뿐 아니라 사회를 바꾸는 힘이기도 한 신기술의 행동 유도성이 사람들을 더 강하게 통제하는 만큼이나 정치적 계기를 허용한다고 강력히 주장한다. 우리가 이 담론에 '젊은 이'라는 말을 더할 때, 문학에서도 인터넷 중독과 온라인 게임 중독을 다룬 강한 병리화 담론의 흔적을 찾아볼 수 있다. 인터넷이 젊은 이들에게 어떤 영향을 미치는지 묻는 대신, 우리는 이 물음을 더 꼬아서 젊은이와 새 매체가 일상 관행에서 어떻게 얽혀 있는가, 라는 물음을 던지고 싶다. 지난 10년 동안 젊은이들이 인터넷 및 게임과 맺는 관계는 순식간에 바뀌어왔다. 2000년대 초반에 전자게시판(BBS, bulletin board system)을 기반으로 시작해, 블로그로 옮겨갔다가, 오늘날에는 웨이보와 위챗 문화로 이어진 중국의 디지털 분야는 다른 분야의 문화가 그렇듯이 엄청나게 바뀌었다. 중국에서 인터넷은 아주 철저하게 검열된다. 이를테면 '우마오당'이라는 말도 검열되는데, 우마오당이 공산당 쪽에 좋은 댓글을 다는 대가로 당에서 돈을 받는 이들을 가리키기 때문이다. 네티즌들은 이 댓글 부대를 가리키고자 우마오를 합쳐 자기들만의 말과 글자 '와오'까지 만들었다. 정부의 댓글 부대는 그리 효과가 없었다. 한 논문에서는 "친정부 글이 너무 기계적으로 되풀이되어 인터넷 사용자들이 단박에 알아챈다"고 지적한다. 페이스북과 트위터를 비롯한 여러 사이트가 막혀 있지만, 이런 사회 관계망의 중국판이 나와 있다. 이를테면 페이스북 대신 위챗의 모멘트 기능이, 트위터 대신에 웨이보가 있다. 하지만 이런 플랫폼도 면밀히 감시되므로, 감시도구로 바뀌기는 마찬가지이다. 기술 지식이 뛰어난 젊은 이들은 VPN 계정을 만들어 방화장성이라 불리는 장애물을 피해간다. 때로 시스템이 VPN 계정을 막기도 하므로, VPN 계정을 하나 이상 만드는 사람이 많다.

우리가 경험한 바로는 중국에서 인터넷 속도가 느려지면 검열이 가장 힘차게 작동하고 있다고 봐도 무리가 없다. 내려받기든 공유든 모두 끈덕지게 기다려야 한다. 정보통신 업체 아카마이 테크놀로지스가 내놓은 순위에 따르면, 중국의 인터넷 연결 평균 속도는 2015년 기준으로 3.7MB인 반면, 영국은 13, 홍콩은 15.8, 그리고 1위인 한국은 20.5였다. 2008년에 도시 젊은이를 조사한 결과, 접속할 수 없는 웹사이트가 있다는 것에 불만이거나 매우 불만인 응답자가 52.4퍼센트였고, 이해할 만한 조치라고 여긴다는 응답자가 24.5퍼센트, 상관없다고 주장한 응답자가 18.9퍼센트였다. 따라서 검열이 골칫거리이기는 하지만, 일상에서 현실이 되어버리기도 했다. 권력 당국은 검열을 괜찮은 것으로 꾸미기도 한다. 미적 감각을 더한 인터넷 검열관은 공공장소에서 볼 수 있는 인물과 비슷하다. 온라인으로 대화를 나누는 사이에 인터넷 경찰이 화면으로 걸어 들어와 지켜보는 눈이 있다는 것을 보여주는 일이 일어날 수 있다. 인터넷 경찰을 보여주고자 쓴 이미지는 일본 만화영화에 나오는 인물과 매우 비슷하다. 눈을 커다랗게 그린 인터넷 경찰 캐릭터는 감시보다는 귀여움을 담아내므로, 감시 체제에 악의가 없는 듯이 보이게 한다. 따라서 세계로 퍼진 일본 만화영화를 중국 권력 당국이 매우 특이하게 차용하여 자신들의 미적 감각을 한 수 높이고, 검열을 귀여운 일로 바꿔놓는다.

중국에서 검열은 창조력이기도 하다. 첫째 더 철학적인 각도에서 보자면, 검열은 사람들이 이미 분명히 말하지 않을 길이 없으면서도 입에 올리지 말아야 할 단어와 사안을 나타냄으로써, 정부가 입 다물게 하려는 것이 무엇인지를 사실상 드러낸다. 따라서 6월 4일 톈안먼 '사태'나 류샤오보의 노벨 평화상 수상을 민감한 사안이라 여김으로써, 당국은 사실상 두 사건에 곧장 이목이 쏠리게 한다(주디스 버틀러의 『혐오 발언』 참고). 둘째 창조력으로서 검열은 검열 체제를 회피하게 도와주는 온갖 전술이 늘어나게 한다. 이를테면, 구금된 탓에 류사오보가 오슬로에서 열린 시상식에 참석하지 못했기 때문에, 빈 의자는 류샤오보의 상징으로 쓰여 그가 구금된 사실을 가리켰다.

밈도 검열을 갖고 노는 영역이다. 따라서 밈은 중국 네티즌들에게는 표현하면 안 되는 것을 표현할 수 있는 즐거운 놀이터가 되었다. 중국말로는 어가오, 즉 온라인 패러디라 불리는 밈은 헨리 젠킨스가

'참여 문화'라 이름 붙인 것에 포함된다. 참여 문화에서는 사람들이 함께 콘텐츠를 생산하고, 결합하고, 유통하여, 여기저기 흩어진 미디어 콘텐츠를 연결한다. "이런 복잡한 웹에서 핵심은 콘텐츠를 패러디, 매시업(다양한 콘텐츠를 결합해 하나로 만드는 방식-옮긴이주), 리믹스를 비롯한 다른 파생 형식으로 재구성하여 공개적으로 보여주는 행위이다." 밈에서는 소비자가 생산자로 바뀌고, 대중문화는 디지털 기술의 도움을 받아 사용되고, 재차용되고, 새로운 콘텐츠로 바뀌면서 원재료가 된다.

중국에서 생산한 밈 사례는 끝도 없이 많다. 가장 눈에 띄는 사례는 '만두 이야기'와 '백 돔 보이즈' 밈이다. 만두 이야기는 천카이거 감독이 2005년에 내놓은 영화 〈무극〉을 겨냥한 매시업이었다. 서른한 살이던 음향 엔지니어 후거는 〈만두 하나 때문에 일어난 살인 사건〉이라는 제목의 20분짜리 풍자극을 만들어, 판타지 이야기를 범죄 이야기로 바꾸었다. 이 풍자는 빠르게 입소문을 탔다. 만두 이야기에서 후거는 〈무극〉이 셀프 오리엔탈리즘에 빠져 그린 미학을 웃음거리로 삼고, 그래서 천카이거를 웃음거리로 삼는다. 그뿐 아니라 CCTV의 판에 박은 듯한 보도 방식을 조롱하고, 극심한 상업화 등 중국에 나타난 사회 문제를 다룬다. 멍빙춘이 쓴 대로 "매우 상업화된 시대극의 영상을 국영 뉴스 매체의 전형적인 산만한 진행과 뒤섞고, 동시에 오늘날의 사회 문제를 끊임없이 언급함으로써, 후거는 웃음을 안기면서도 기득권층을 비웃는 체제 전복적인 논제를 기막히게 만들어

냈다."'백 돔 보이즈'는 백스트리트 보이즈를 흉내 낸 뒤로 중국 전역
에서 유명해졌고, 외국에도 어느 정도 이름을 알렸다. 이 밈에서 우
리는 두 남학생이 학생 기숙사에서 백스트리트 보이즈를 립싱크하고,
그 사이 한 남학생이 컴퓨터 모니터 앞에 앉아 있는 모습을 본다. 이
비디오가 성공한 뒤로, 이들은 더 많은 밴드를 흉내 내기 시작했고,
예컨대 2006년 월드컵 기간에는 독일 밴드 트리오의 1980년대 명곡
〈다 다 다〉를 립싱크했다. 백 돔 보이즈는 인터넷이 사용자 자신만의
스타를 만들어낼 수 있는 공간이자, 비극적이고 엄숙하기보다 유쾌하
고 평범한 새로운 감성의 진정성을 확보할 수 있는 공간이 될 가능성
을 증명한다. 하지만 이 잠재력을 찬양하기에는 조심할 부분이 있다.
연구에 따르면 겨우 손에 꼽을 만한 사용자만이 콘텐츠를 만들 뿐
나머지 대다수는 사용자로 남는 데다, 중국이라고 해서 사정이 다르
리라고 생각할 까닭이 거의 없기 때문이다.

　정치적 함의가 담긴 두 사례를 꼽자면, 차오니마(알파카) 밈과 허
셰(민물게) 밈이 있다. 두 밈 모두 중국이 인터넷 통제를 바짝 조이던
2009년에 입소문을 탔다. 알파카를 뜻하는 차오니마는 '네 어미랑
붙어먹다'를 뜻하는 '操你妈'와 동음이의어이다. 온라인에 올라온 비
디오 〈차오니마의 노래(草泥馬之歌)〉에서는 아이들 목소리로 신나는 노
래가 흘러나오고, 화면에는 풀밭에서 귀여운 표정으로 우리를 바라보
는 알파카가 보인다. 크리스토퍼 레이에 따르면 "겉보기에 악의가 없
어 보이는 어린아이 같고 목가적인 구성요소는 네티즌의 주장을 절

묘하게 보여주는 솜씨라서, 시청자들은 잔뜩 덧붙인 지저분한 말장난과 자기들만의 정치 농담을 쉽사리 이해하면서도 체제 전복적 탈선에 참여한다는 느낌을 받는다." 가사에서 몇 구절만 보자면, "드넓고 아름다운 진흙 사막 마러에 알파카 한 무리가 있네"라는 가사는 "네 어미의 드넓고 아름다운 보지에서 한 무리가 네 어미랑 붙어먹네"로도 들린다. "민물게가 풀을 뜯어먹지 못하도록, 알파카가 민물게를 물리쳤다네"는 "붙어먹고 먹히지 않으려고, 화해사회(和諧社会, 2004년 중국 공산당이 제시한 사회 발전 목표이다-옮긴이주)의 검열을 물리쳤다네"를 뜻한다.

시청자들은 그렇게 숨겨진 뜻을 풀어내는 데에서 짜릿한 즐거움을 느낀다. 따라서 순식간에 알파카 곧 차오지마가 모든 인터넷 영역뿐 아니라 오프라인, 이를테면 랩, 시, 영상 예술, 일러스트, 티셔츠 등 갖가지 상품에 모습을 드러냈다. 민물게는 사람들이 많이 입에 올렸던 다른 상징을 가리킨다. 민물게를 뜻하는 '河蟹'는 발음이 허셰로, '和諧(화해)'와 동음이의어이다. 한때 중국의 사회발전 정책이었던 화해사회는 시진핑 주석이 들어서며 중국의 꿈에 자리를 내줬지만, 지금도 검열 정책을 정당화하는 데 쓰인다. 그런 까닭으로 인터넷에는 수많은 민물게가 나돌고 있고, 더러는 뇌물 상납 관행을 상징하는 비싼 금시계를 두르고 있다. 이런 예가 보여주는 것은 중국 젊은이들이 재미있는 잘라 붙이기 놀이에 어떻게 참여하고 있느냐이다. 이들은 이 놀이에서 중국 것이든 해외 것이든 다른 문화 자료를 빌려와 새로운 의미를 구성한다. 크리스토퍼 레이에 따르면 "다가오는 '진부한 세계시민주의(banal cosmopolitanism, 울리히 벡이 주장한 용어이다-옮긴이주)' 즉 세계화된 일상 경험을 당연하게 여기는 마음가짐을 달리 표현한 것으로도 볼 수 있다. 사회학자들은 세계적인 미디어 원본에 소비자가 어떤 반응을 보일지 결정하는 데에는 국가별 차이보다 진부한 세계시민주의가 더 뚜렷한 영향을 미치리라고 증명한 바 있다." 레이가 보기에 중국의 참여 문화 사례를 서구의 것과 다르게 만드는 요인은 언어, 담론, 물질, 정치이다.

지금까지 다룬 사례는 밈 및 다른 형식으로 공산당을 패러디한 익살스러운 세상을 드러낸다. 양궈빈이 인터넷에 올리는 정치 논쟁의 개요를 읽어보면, 행동주의가 젊은이만의 특권이 아님을 알 수 있다. 양궈빈은 과거와 홍위병의 혁명 열기까지 족보를 따져 올라가, 이렇게 적는다. "온라인 행동주의는 중국에서 오늘날까지 펼쳐지고 있는 기나긴 혁명, 즉 문화 변화, 사회 변화, 정치 변화를 뒤섞은 혁명을 상징한다. 이런 변모를 알리는 주요 징후는 문화적 창의성, 시민 참여 및 시민의 조직화, 시민의 비공식 민주주의이다." 이런 해석에 힘입어 양궈빈은 매우 낙관적인 결론을 내놓는다. "중국에 나타난 새로운 시민 행동주의의 일환으로서 온라인에서 논쟁이 들끓는 것은 중국 사회에 혁명 욕구가 피부에 와 닿을 만큼 다시 일어난다는 징후이다. 인터넷의 힘은 이런 욕구를 드러내 공정하고 민주적인 사회를 바라는 열망을 어느 때보다 강렬하게 보여주는 데 있다."

인터넷이 중국을 깊숙이 바꿔놓았다는 데는 양궈빈의 주장에 동의하지만, 그의 낙관적인 해석에는 그리 확신이 서지 않는다. 첫째, 클라크(2012)와 마찬가지로 양궈빈도 중국의 과거와 인터넷을 연결짓지만, 여기에는 인터넷을 중국만의 특성이 있는 플랫폼으로 바꿔볼 위험이 있다. 이런 주장은 문화 본질주의의 냄새가 날 뿐더러, 기술 발전, 콘텐츠, 사용자 같은 다른 차원에서 전 세계가 깊숙이 얽혀 있는 사이라는 현실을 무시하기 십상이다. 둘째, 양궈빈의 모형은 기술이 작용하는 현실을 거의 반영하지도 않는다. 즉 어떤 동력도 기술이 작용한 덕에서 나왔다고 보지 않는다. 셋째, 양궈빈은 인터넷 사용이 대개 당과 융합하고, 더 나아가 온라인에서 민족주의 운동이 인기를 얻으며 떠오르는 데서 보듯이 당을 확장시키기까지 한다고 정확히 주장하지만, 디지털 기술의 이런 쓰임새를 반영하지도 않고, 더 나아가 통제력과 감시력을 쥐고 있는 현실도 반영하지 않으려 한다. 예를 들어 2000년부터 온라인에서 인기를 끈 젊은이들의 민족주의는 일본이나 미국을 겨냥한 여러 가지 저항으로 표출되었고, 그래서 '인터넷 민족주의'라는 용어까지 생겼다.

분명 온라인 문화를 다룬 여러 공개 토론은 중국에서 매우 인기 있는 소셜 미디어 사이트인 웨이신과 시나 웨이보에서 집중적으로 일어난다. 2014년에 텐센트가 발표한 수치에 따르면, 두 사이트의 사용자는 각각 3억 5,500만 명과 1억 2,900만 명에 이른다. 위챗으로도 알려진 웨이신은 웨이보의 영역을 차지하며 빠르게 인기를 얻고 있다. 젊은 층의 온라인 소비를 보여주는 아주 볼 만한 장면은 거의 모든 대학과 주택가에서 관찰할 수 있다. 베이징, 상하이, 광저우를 비롯한 모든 대도시에서 주요 대학의 정문이나 주택 단지를 나서면, 순펑택배, 위안퉁택배, 중퉁택배의 소형 밴이 주차해 있고, 직원들이 소포 꾸러미를 내리는 모습이 보인다. 소포는 보행자 도로에 줄지어 쌓이고, 대학과 주거지에서 나온 학생과 젊은이들이 온갖 쇼핑 사이트에서 온라인으로 주문한 자기 소포를 찾아간다. 이런 택배 제도와 온라인 쇼핑 사이트가 어우러져, 젊은이들이 그들의 소비 풍속을 통해 전 세계와 연결되는 바탕을 형성한다.

해외 웹사이트 및 외국 정보를 전달하는 중국 내 포털에 접속하는데 더해, 온라인 쇼핑 사이트를 이용할 수 있으므로, '세계적 젊은이 문화'가 형성되게 하고 그 속도를 촉진한다. 하지만 중국의 판매 사이트는 중국에서 만든 짝퉁 서구 상품이나 다른 외부 상품을 흉내 낸 중국 상품 등 서구 상품을 이것저것 뒤섞은 물건을 파는 곳이 많다. 이런 현상을 가장 잘 보여주는 예가 중국 최대 온라인 장터인 타오바오이다. 빠르게 성장하는 온라인 쇼핑 소비에 힘입어 개인 사업자인 거티(个体)부터 체인점까지 모든 업체가 중국에서 생겨난 새로운 돈줄기를 찾아 뛰어든다. 이렇게 하여 타오바오는 이 시대에 소비자 중심주의로 나타난 근대성의 여러 양상을 모아놓은 창고가 된다. 젊은 소비자들은 한국, 일본, 서구에서 생산된 최신 유행 상품을 찾기 마련이다. 상점마다 시장 점유율을 차지하려고 달려드는 과정에서, 여러 온라인 업체가 국제적이고 세계시민다운 느낌을 주려고 안간힘을 기울였다. 타오바오는 마치 욕망하는 기계처럼 작동하여, 세계 시장경제와 사회주의적 민족국가라는 기이한 조합에서 시대에 뒤떨어지게 뽑아낸 진부한 세계시민주의적 소비문화라 부를 만한 것의 일부를 이룬다.

인터넷 덕분에 중국 젊은이들이 온라인에서 새로운 정체성, 새로운 연대, 새로운 소비 습관, 새로운 정치 형태를 실험하지만, 동시에 이들의 온라인 활동이 상업적인 목적으로만 조사되지는 않을 것이다. 권력 당국이 훨씬 손쉽게 이들의 활동을 추적할 수도 있다는 뜻이다. 인터넷의 상업화를 두고 온 세계가 우려하는 가운데, 트위터, 유튜브, 페이스북 같은 인터넷 플랫폼과 사생활 침해 뒤에 있는 정치경제학이 중국이 처한 맥락에서는 훨씬 더 시급할지도 모른다. 중국의 젊은이와 새로운 매체를 연구할 때, 검열 문제에만 집중하기보다, 이렇게 폭넓은 형태로 나타나는 디지털 착취, 조작, 감시에 집중하는 것이 더 시급해지고 있다. 양궈빈도 자기 책의 끄트머리에서 이 문제를 적으며 "국가의 인터넷 통치 전략이 갈수록 정교해지고, 상업 관계자의 영향력이 더 곳곳에 미치고 있다"고 지적한다.

디지털 문화에서 우리가 아직 다루지 않은 한 측면은 주류 매체가 작용하지 않는 영역에서 이 문화가 대중을 만들어내는 능력과 누군가를 유명하게 만드는 능력이다. 왕샤오펑, 마이클 안티, 졸라, 푸룽제제 같은 블로거는 중국에서 따르는 사람이 많은 여론 형성자이다.

이런 인터넷 유명인을 가리키는 말도 생겼다. 사람들은 이들을 다브이(大V)라 부른다. 여기서 V는 VIP를 가리키는 것으로, 이들은 때로 자신의 힘을 이용해 사람들을 움직였다. 예를 들어 저우수광은 푸젠성 샤먼에서 화학 공장에 맞선 거리 투쟁이 일어나도록 불씨를 당겼다. 명성이 인터넷의 힘과 곧장 이어지는 사람을 가장 뚜렷이 보여주는 예는 아마도 한한일 것이다. 자동차 경주 운전자, 블로거, 작가, 문화 기업가이기도 한 한한은 빼어난 외모 때문에 명성을 얻었지만 인터넷의 영향도 컸다. 한한의 블로그는 책으로도 출판되었고(중국에서는 흔한 관행이다), 여러 언어로도 번역되었다. 쒀샤오쮜줘처럼 한한도 말해도 되는 것과 말해서는 안 되는 것 사이에서 기막히게 균형을 잘 잡고 줄타기를 한다. 고등학교를 자퇴한 한한은 고등학생이 받는 시험 압박을 다룬 소설로 유명해졌다. 클라크의 말대로 "2008년 무렵에 한한의 인기는 대단해서, 공적 담론과 상대적으로 민감한 정치 사안을 비꼬는 논평을 블로그에 올릴 수 있으면서도 당국에서 크게 비난받지는 않았다. 명성과 팬들 덕분에 한한은 어느 정도 법 위에 자리 매김하였고, 이런 힘은 오로지 인터넷에만 있다." 한한이 2011년에 혁명, 민주주의, 자유를 다룬 글 세 편을 올렸을 때, 독자들은 그가 보인 보수적 태도에 실망하였다. 이런 실망은 곧 스캔들로 바뀌었다. 유명한 인터넷 사용자 마이티안은 한한의 블로그에 있는 글의 일부는 한한이 아니라 어떤 '집단'이 쓴 것이라고 주장했다. 그리고 그 원인으로 상업 논리를 의심하였다. 상업 논리에 따르면 한한이 여러 분야에

차이나 유스 컬처

서 그토록 엄청나게 많은 일을 하는 이유가 설명되기 때문이었다. 이런 전개는 인터넷에 명성을 만들기도 하고 무너뜨릴 수도 있는 잠재력이 있다는 것을 증명한다. 아무튼 한한은 마침내 어찌어찌하여 명성을 지켰고, 지금도 중국에서 추종자가 많기로 손꼽히는 문화 기업가로 남아 있다.

나가며

이 장에서는 세계화에 따라 중국에서 균질한 문화가 생긴다는 주장이 틀렸음을 밝혔다. 패션 양식, 음악 양식, 디지털 양식을 분석함으로써, 중국 젊은이들이 여러 가지 정체성, 생활 방식, 체현을 실험하는 데 세 가지 양식이 모두 중요한 영역으로 작용하는 것을 보였다. 패션, 음악, 디지털이 정치에 민감하게 영향받을 수는 있어도, 만약 이런 양식들이 펼쳐진다면, 그것은 대개 특정한 곳, 특정한 계기에서 비롯된다. 폴 클라크가 정확히 언급했듯이 중국의 젊은이 문화는 "바둑판처럼 단순한 이분법에 맞춰 중국과 서구, 중국 현지와 세계, 전통과 현대로 현상을 연결지어서는 이해되지 못한다. 중국 문화의 전개는 더 복잡한 데다, 자발적이고, 지배되지 않고, 한결같지 않고, 예측하기 어렵기까지 하다." 무엇보다도 중국 문화는 뒤엉켜 전개되어왔다. 디지털과 비디지털, 즉 온라인과 오프라인이 서로 그물망처럼 얽혀 있듯이, 마찬가지로 전 세계가 이미 늘 중국 깊숙이 들어와 있다.

중국 젊은이가 여러 스타일을 실험해볼 기회는 지난 20년 동안 기하급수적으로 늘어났다. 그렇다고 이런 현상이 반드시 더 많은 자유를 수반하지는 않는다. 우리가 살펴봤듯이 오히려 반대로 인터넷 때문에 더 밀접한 감시 방식이 가능하기도 하고, 인터넷이 심한 상업 논리에 지배되기도 한다. 중국의 역설은 개방이 가파르게 진행되고, 경제가 놀랍도록 성장하고, '중국의 꿈'이 생겨났는데도, 통제 관행이 줄어들기는커녕 늘어난 것으로 보이는 데 있을 것이다. 국가와 문화산업이 결합해 나온 이런 권력 강화는 갈수록 푸코가 말한 생체권력 방식처럼 작동한다. 생체권력은 몸속 깊숙이 파고들어 작동 방식으로서 개별성을 만들어낸다. 따라서 우리는 중국의 젊은이 문화에 다양성이 늘어나는 것을 한 목소리로 축하하지 않는다. 다양성이 이렇게 스타일과 소비로 표현되어 생산되는 데에는 상업 논리가 뒷받침을 할 뿐더러, 지배 논리도 뒷받침하기 때문이다. 다양성은 특이한 시민을 만들어냈다. 이들은 젊은 시민, 하고 싶은 대로 해도 되는 시민, 재미있는 밈을 만들어도 되는 시민, 6월 4일 톈안먼 학생 저항 운동을 은유적으로 가리키는 카식 카스의 공격적인 노래 〈중난하이(中南海)〉에 맞춰 춤춰도 되는 시민, 최신 일본식 옷차림뿐 아니라 전통 중국 복장에서도 영감을 얻은 펑키 스타일로 차려입은 시민, 그러면서도 이런 차이를 나타내는 표지, 구별을 나타내는 표지의 힘을 빌려 억제되고, 드러나고, 통제되는 시민이다.

★

제 3 장

아시아권 문화의
현지화

....

이 장에서는 중국이 아시아권의 문화 흐름을 중국에 맞춰 현
지화하고 그 콘텐츠를 젊은이들이 문화적으로 소비하는 데
비쳐진 중국 젊은이의 욕망을 다룬다. 이렇게 외부에서 들어
온 어떤 것에 목말라하는 개인의 욕망은 계급의식, 소비지상
주의, 자유주의 숭상, 민주주의, 그리고 당연하게도 지역적
가치관과 세계적 가치관이 모두 뒤섞인 가치관과 명백하게
연결된다.

★

어찌하여 젊음을 아끼지 아니하는가,
즐거움은 바랄 바가 아니거늘.

-문천상

들어가며

문천상은 남송 말기에 쿠빌라이 칸이 이끄는 몽골군의 침략에 맞선 몇 안 되는 충성스러운 학자 겸 장수 가운데 한 명이었다. 그는 항복하여 남송을 배신하느니 차라리 죽는 쪽을 택했다. 문천상이 남긴 말은 중국 역사에서 올바름을 구성하는 한 대목으로서, 젊음이라는 값진 시기에 덮어놓고 즐거움을 좇는 것은 중요한 인물이 바랄 바가 아니라는 뜻을 내비친다. 표면상으로 그가 추구한 이상은 오늘날 중국이 걷는 사회주의 시장경제와 충돌한다. 사회주의 시장경제는 이윤, 소비, 욕망에 크게 좌우되기 때문이다. 중국은 자본주의 체제의 영향 아래, 주요 소비국 가운데 하나가 되었다. 중국인은 자국에서뿐 아니라 세계 어디를 가든 좋은 뜻에서든 나쁜 뜻에서든 소비 규모가 어마어마하기로 유명하다. 파리에 있는 루이비통 가게 앞에는 대다수가 중국인인 손님이 자기 차례가 오기를 기다리며 길게 줄을 늘어선다. 홍콩에 있는 돌체앤가바나 상점은 오로지 중국인 관광객에게만 물건을 판다고 하여 전 세계에 뉴스거리가 되었다. 젊은 층의 소비 성향치고는 특이하게도, 중국 젊은이들은 유명 상표들이 전략적으로 겨냥하는 고객이다. 물질 소비로는 아이폰과 삼성 같은 휴대전화, 맥 컴퓨터나 아이패드 같은 컴퓨터, 아베크롬비앤피치나 갭 같은 옷가지, 코카콜라, 스타벅스, 맥도날드 같은 먹거리가 손에 꼽히고, 문화 소비로는 영화, 미국 TV 드라마, 서구 음악, K팝 음악, 게임 등이 있다. 세계 자본주의라 불리는 욕망하는 기계의 영향으로, 즐거움의 중요성이 상품과 가치관의 끊임없는 흐름을 거치며 커지고 자본화되었다.

이 장에서는 중국이 아시아권의 문화 흐름을 중국에 맞춰 현지화하고 그 콘텐츠를 젊은이들이 문화적으로 소비하는 데 비춰진 중국 젊은이의 욕망을 다룬다. 이렇게 외부에서 들어온 어떤 것에 목말라하는 개인의 욕망은 계급의식, 소비지상주의, 자유주의 숭상, 민주주의, 그리고 당연하게도 지역적 가치관과 세계적 가치관이 모두 뒤섞인 가치관과 명백하게 연결된다. 여기에서는 이런 소비가 어떤 결과를 낳을지 예측하지도 않고, 이런 소비 때문에 구체적으로 어떤 효과가 일어났다고 밝히지도 않는다. 우리는 중국 젊은이들이 중국적이지 않은 아시아권 콘텐츠의 소비를 열망하는 것이 이들이 이 시대 중국을 바라보는 가치관과 믿음을 가리킨다고 주장한다.

그래도 우리 주장에 설명을 더 보태자면, 중국 젊은이들이 현지화한 아시아권 콘텐츠를 문화로 소비하는 현상이 반드시 외부에서 들어온 가치관을 찬양하는 일로 이어지지는 않는다. 즉 원 지역의 가치관과 현지화한 콘텐츠에서 변형된 가치관 사이에는 늘 괴리가 있다. 2장에서도 설명했듯이, 중국에 나타나는 세계 문화나 세계화는 매우 괴리된 세계화여서 특정 문화 요소만이 중국으로 수입되어 방송되고 유통될 수 있다. 이 장에서 우리는 이 주장을 한층 더 깊이 설명한다. 2장에서는 수입된 세계적 문화 상품이 엄격한 차단 및 여과 절차를 포함하는 것으로 보이는 검열을 거친 뒤 중국 땅에서 어떤 문화 효과를 일으키는지를 집중적으로 다뤘다. 이제 3장에서는 아시아 지역 내부에서 발생한 세계적 문화 형태를 중국이 어떻게 재생산하고, 복제하고, 현지화하는지를 중요하게 다룬다. 달리 말해 중국은 문화적 번역을 한 겹 더 보탠다. 중국 본토에서 시청이 허용된 현지화 콘텐츠는 세계 문화만이 아니다. 바람직하게 현지화된 아시아권 문화도 있다. 그러니 우리가 다루는 물음은 중국 젊은이들이 아시아권의 가치관을 공유하는지, 공유한다면 얼마나 공유하는지가 아니다. 우리가 지적으로 더 끌린 물음은 다른 것들이다. 이런 가치관들이 어떻게 현지화되는가? 현지화를 누가 이끄는가? 중국 내부의 젊은이에게 문화를 팔 전략을 어떤 중국 기업이 익혀 모방했는가? 이런 물음으로 우리는 이 시대 중국 젊은이에 대해 무엇을 알아낼 수 있는가?

문화 연구에서 핵심 관심사는 중국에 맞춰 현지화한 아시아권 문화를 젊은이들이 일부라도 거부할 수 있는가에 있지만, 우리는 이 대목에 관심을 두지 않는다. 1~2장에서 이미 주장했듯이, 우리는 단순하게 소비를 나쁜 것으로, 즐거움을 하찮은 것으로 판정하고 싶지 않다. 3장에서 우리는 2장에서 다룬 논의를 확장하여 아시아권 문화, 특히 일본과 한국의 대중가요 문화가 어떻게 현지화를 거치고 중국에 스며들어, 마침내는 젊은이들이 자기들만의 공간을 재창조할 수 있는 각본을 만들어냈는지를 살펴본다.

　서론부터 2장까지 걸쳐 다뤘듯이, 중국 사회에서 부패, 불균등한 발전, 사회 불평등에 따른 결과로서 커지는 반대 의견 아래 깔린 잠재력을 의식하여, 국가가 국제 자본과 힘을 합쳐 국가 의제에 모순되지 않는 방식으로 대중문화를 형성한다는 주장이 있다. 이 장에서 우리는 중국에 맞춰 현지화한 아시아권 대중문화를 꽤 집중적으로 다룬다. 이때 문화를 재생산하는 곳은 국가가 아니다. 국가에서 상대적으로 독립된, 하지만 결코 완전히 독립되지는 않은 자본과 시장이다. 공식적이고 합법적으로 진행되는 현지화도 있지만, 어떤 나라의 문화 형태에 대해 그 원천을 명확히 밝히지 않은 채 베끼는 문화 모방도 있다. 문화를 이렇게 표출하고, 재현하고, 생산하는 일은 세계 문화와 자원을 침해하기도 할 뿐더러, 일본과 한국을 포함한 외부 문화를 중국 안에서 국가가 구상하고, 차용하고, 제한한 대로 변형한 바탕에서 이뤄진다. 정치, 가정, 교육처럼 국가가 쥐락펴락하는 영역이나 자국에서 생산하는 문화 영역과 달리, 비교적 자율적으로 현지화된 아시아권 문화는 한편으로는 타협하고 조정할 폭이 더 넓기도 하

사진 4. 2016년 할리우드 영화를 보려고 영화관에 모여든 젊은이
© 앤서니 펑

고, 한편으로는 중국이 여태껏 겪어보지 못한 새로운 문화 형태를 만들어낼 수도 있다.

　하지만 아시아권의 이런 문화 형태가 중국 젊은이에게 어떻게 번역되고 광고될까? 현지 공간이나 대안 공간이 전반적으로 모자란데, 현지화한 이런 문화가 중국에서 어떻게 영향력을 발휘할 수 있을까? 앞선 장들에서 내놓은 주장을 바탕으로, 이번 장에서 우리는 아시아권 문화를 복제했지만 이렇게 번역하거나 중국에 맞춰 개량하여 생겨났고, 젊은이들이 자기만의 작은 개인 공간을 갖도록 도와준 문화 형태를 설명한다. 이렇게 현지화한 새 대중문화는 형식, 작용, 구성 면에서 국가가 이전에 경험하지 못한 새로운 대중문화의 탄생을 알린다. 따라서 적어도 이 문화가 성장하고 퍼지는 초기 단계에는 국가가 이를 금지하거나 검열할 마땅한 어휘를 찾아내기 어렵다. 곧이어 우리는 먼저 국영 CCTV가 세계적 TV 포맷을 채택했을 때, 그리고 아시아권 TV 드라마 〈꽃보다 남자〉의 중국판 〈일기래간유성우(一起来看流星雨)〉에서 계급을 탈바꿈시킬 때 어떻게 가치관을 관리했는지를 간략히 다룬다. 다음으로 〈런닝맨〉 같은 아시아권 방송 포맷이 갈수록 많이 수입되는 현상과 이런 현상이 열어젖힌 문화 공간을 살펴본다. 마무리에서는 대중가요를 설명하면서, 아시아권 문화에 영향을 받아 SNH48 같은 걸 그룹과 TFBoys 같은 보이 그룹이 새롭게 생겨나는 현상, 이 그룹들의 열성팬이 보여주는 풍속, 정치적 중요성을 다루려 한다. 그렇게 함으로써 우리는 중국의 인기 가수 가운데 나이 든 세대, 이를테면 저우제룬과 리위춘 같은 가수들이 국가와 시장의 결합체에 협력하여 일하기 일쑤인 맥락에 맞선다.

외부에서 들어온 TV 포맷의 현지화

이렇게 새롭게 발생한 문화 형식 가운데 일부는 국가가 사용하는 사상 장치와 아직까지도 연결된다. 1990년대 중반에 여러 지역 방송국이 외국 방송을 고스란히 베끼기 시작했다는 뜻에서 텔레비전의 상업화는 중국에서 TV 프로그램 편성이 세계화하는 속도를 서서히 높였다. 2000년 뒤로는 중국의 텔레비전 방송국에서 판권을 사들인 합법적인 TV 포맷이 더 많이 나타났다. 방송 포맷 판권 계약은 TV 포맷에서 나타나는 세계적 흐름 가운데 하나이다. 포맷 판매는 포맷에 덧붙여 규칙과 규정을 적은 이른바 '포맷 바이블'이라는 제작 지침서를 교환하고, 외국에서 생겨난 텔레비전 제작 아이디어를 현지에 맞춰 설계하고 포장하는 현지화까지 포함한다.

초기 사례 가운데 하나가 프랑스의 운동경기 쇼 〈앵테르빌Intervilles〉을 CCTV가 다시 제작해 1998년 10월에 처음 선보인 〈청스즈젠(城市之间·도시대항전)〉이다. 정정당당한 경쟁 정신을 강조하는 이 프로그램은 도시를 홍보하는 길일 뿐 아니라, CCTV에 흐르는 모든 엄숙한 사상 선전 사이에서 오락 프로그램의 빈자리를 채우기도 한다. CCTV는 같은 해에 400만 위안을 들여 영국 게임쇼 〈고빙고Go Bingo〉를 현지화한 〈싱윈52(幸运52·행운52)〉를 제작했고, 뒤이어 2000년에는 영국의 〈퀴즈쇼 밀리어네어Who Wants to be a Millionaire〉를 현지화한 〈카이신 츠디엔(开心辞典·행복한 사전)〉을 내놓았다. 제작자와 인터뷰한 바에 따르면, 현지화한 방송은 시청자의 기대에 신경을 써야 하고, 한편으로 전통적 가족 가치에 걸맞은 이야기를 내놓아야 한다. 전통적 가족 가치 수호는 국영 텔레비전의 핵심 임무이다. 프로그램의 원래 포맷이 인기를 얻은 요인인 상금 100만 파운드(약 14억 6천만 원)는 당연하게도 중국에서는 지나치게 많은 액수이다. 따라서 중국판에서는 승자가 상금 대신에 값어치가 훨씬 적은 전기용품을 받는다. 이렇듯 세계적인 텔레비전 방송 포맷을 처음 받아들이던 때에는, 현지화가 국가가 내세우는 사상에 아주 정확히 발맞췄으므로 상상력이나 타협이 끼어들 틈이 거의 없었다. CCTV가 길을 개척한 뒤를 따라, 중국에는 곧장 TV 방송 포맷 수입이 넘쳐났다.

CCTV의 사례에서는 당국이 앞장서 세계적인 방송 상품을 중국으로 들여오는 역할을 해왔다. 하지만 이 사례는 이런 세계화 과정이 국가의 감시와 감독 아래 이뤄졌음을 내비치기도 한다. 중개자 역할을 통해, 중국의 권력 당국은 해외에서 들여온 TV 방송 포맷을 수정함으로써 정치적 이상을 상업 문화 형식으로 포장할 수 있다. 중국의 국영 방송국은 세계적 문화 상품과 문화 자본의 영향력과 유입을 직접 억누르기보다, 자유, 민주주의, 그리고 앞의 사례에서 보듯 손쉽게 돈을 번다는 가치관을 옹호하는 콘텐츠를 검열하는 거름망 구실을 했다. 가치관 옹호 '임무'가 성 및 시의 지방 방송국으로 넘어가고, 수입된 텔레비전 방송 포맷의 경제 논리와 결합하면서, 외국 방송 수용의 본질이 바뀌었다.

지적 재산권 보호 개념이 중국에서 강하지 않은 현실을 고려할 때,

중국이 받아들인 TV 포맷 대다수는 외국의 텔레비전 프로그램을 베낀 것이다. 중국에서 가장 널리 베낀 TV 포맷은 스웨덴의 〈로빈슨 탐험대Expedition Robinson〉 시리즈를 바탕으로 미국에서 매우 큰 인기를 누린 리얼리티 쇼 〈서바이버Survivor〉일 것이다. 중국판 서바이버로 알려진 프로그램으로는 광둥 TV의 〈생존 도전(生存大挑战)〉(2000), 구이저우 TV의 〈협곡생존캠프(峽谷生存营)〉(2002), 베이징V핸드문화전파사가 제작한 케이블 TV 프로그램 〈샹그릴라에 가기(走入香格里拉)〉(2001)가 있다. 〈서바이버〉가 젊은 세대를 겨냥했기에 전통적 가족 가치보다는 경쟁 행태인 개인주의를 크게 강조한 반면, 중국판 방송은 당의 노선을 고스란히 따랐다.

초기의 이런 복제 프로그램은 참가자 사이에 벌어지는 냉혹한 경쟁에 눈길을 주기보다, 인간이 주위 환경과 벌이는 경쟁에 초점을 맞춤으로써 프로그램이 미칠 '충격'을 줄이려 한다. 동시에 프로그램의 특정 요소가 중화인민공화국의 국가 가치관을 미묘한 방식으로 되풀이하고 구체화한다. 예컨대 원래 포맷에 있던 투표 장치를 없앴다. 동시에 〈협곡생존캠프〉는 개인의 이득보다 공동의 노력과 공적 가치를 소중히 여기는 까닭에 프로그램 곳곳에 연민과 통솔력이 넘쳐난다. 요약하자면, 중국 방송국이 국제적 방송 포맷을 중국에 더 들여오기는 했지만, 프로그램의 핵심 가치관은 가위질 된 다른 콘텐츠에서 크게 벗어나지 않는다. 이런 현실은 우리가 앞서 제기한 주장, 즉 젊은이와 관련한 '세계화' 과정이 어쩌면 예상과 사뭇 다른 결과를 낳을지도 모른다는 주장으로 돌아간다. 세계 곳곳의 텔레비전 방송 체계에서 프로그램 포맷을 각색하는 일은 방송국이 흔히 활용하는 미디어 전략이 되었지만 중국에서 국가 및 국가의 사상 장치가 하는 일은 외부 포맷을 국가의 입맛에 맞게 바꿔 수용하는 것이다.

아시아권 TV 포맷과 계층 이미지 재창조

그런데 TV 포맷을 구매한 지 10년이 지나자, 텔레비전 프로그램의 현지화에 놀라운 변화가 일어났다. 첫째, 초기 프로그램들이 가족 및 일반 시청자를 겨냥한 것과 달리, 요즈음 TV 프로그램은 젊은이들의 눈에 드는 데 목적을 둔 문화 현지화가 날로 늘어난다. 둘째, 흔히 서구의 TV 포맷을 수용하던 관행에서 벗어나, 젊은 시청자를 적극적으로 사로잡으려는 방송국이 한국과 일본의 방송 포맷이나 아이돌 가수 선발 포맷을 베끼고, 유통하고, 판권을 사들이는 일이 훨씬 더 두드러졌다. 중국 문화가 한국과 일본의 것과 비슷하기도 하지만, 아시아권에서 두 나라의 문화가 폭넓게 인기를 누리는 현상도 중국이 왜 이들 지역에서 나온 문화 형태를 차용하는지를 설명한다. 한국에서 방송 포맷을 들여오는 데는 문화 상품 수출이 소프트 파워를 키우므로 한국이 포맷 수출을 힘차게 추진하는 까닭도 있다. 이런 현상은 대개 아시아 내부의 문화 흐름을 가리키므로, 이 장에서는 수입-수출 측면이 아니라 이런 흐름을 집중적으로 다루고, 또 이런 아시아 문화가 중국에서 어떻게 현지화되는지에 초점을 맞추려 한다.

첫 사례인 〈일기래간유성우〉는 카미오 요코가 쓰고 그린 일본 만화 『꽃보다 남자』가 원작이다. 이야기의 구성은 부잣집 출신인 네 소년과 가난한 집안 출신이지만 어쩌다 보니 소년들이 다니는 명문 고등학교에서 공부하게 된 한 소녀 사이에 벌어지는 사랑 이야기이다. 만화는 그 뒤로 대만, 일본, 한국, 중국에서 차례로 TV 드라마로 각색되었다. 가장 먼저 제작된 것은 2001년에 대만에서 만든 아이돌 드라마 〈유성화원〉이었다. 이 드라마는 상업적으로 엄청난 성공을 거둬, 아시아 전역에서 적어도 5억 명이 시청하였다. 드라마 속 네 소년 F4도 인기를 얻어 대만에서 '어린 소년 아이돌' 그룹이라는 유행을 만들어냈고, 이 유행은 곧이어 아시아 곳곳으로 퍼져나갔다. 당시 F4는 중국에서 어마어마한 인기를 누려, 네 명이 모두 세계적으로 유명한 상표의 중국 홍보를 맡았다.

같은 TV 포맷이 뒤이어 〈꽃보다 남자〉라는 제목으로 한국에서, 마찬가지로 〈꽃보다 남자〉로 일본에서, 마지막으로 중국에서 〈일기래간유성우〉로 각색되었다. 매체 조사기관 AGB 닐슨이 발표한 바에 따르면, 〈꽃보다 남자〉의 시청자는 주로 15~22살인 여성이다. 후난 TV가 2009년~2010년에 내보낸 중국판 드라마 〈일기래간유성우〉는 방송을 내보낸 지 한 주 만에 시청률 1위를 차지했다. 드라마가 제작된 네 나라 모두 해당 드라마가 젊은이를 겨냥한 시장에서 높은 시청률과 경제적 성공을 거머쥐었다.

〈일기래간유성우〉가 초기에 중국의 젊은 세대를 겨냥해 대본을 현지화한 드라마라는 사실에 비추어볼 때, 현지화 방식이 초기의 전략과 크게 다르지 않았다. 한국과 중국에서 방송된 드라마 원고가 각각 어떤 TV 포맷을 받아들였는지를 비교하면, 중국 젊은이들이 TV 포맷에서 무엇을 얻을 수 있고, 무엇을 얻지 못하는지를 들여다볼 수 있다.

　이 드라마의 특징이 명문 사립학교를 배경으로 펼쳐지는 가난한 소녀와 부자인 소년의 사랑 이야기이므로, 한국과 중국의 대본 구성에서 나타난 차이가 중국의 TV 방송국이 어떤 계층 관계를 묵인했는지, '계층 갈등'이 방송 화면에 등장해야 할 때 제작사는 어떻게 대처했는지를 전면에 드러낸다. 어쨌든, 아마도 긴장이 감돌았을 계층 관계를 풀고자 나온 해법에서 중국의 젊은 시청자들이 얼마나 통제된 환경에 놓여 있는지를 볼 수도 있지만, 동시에 외부에서 받아들인 TV 포맷이 없었다면 젊은이들이 이해하지 못했을 모순 관계를 젊은 시청자들이 어떻게 이해할 수 있는지도 볼 수 있다. 달리 말해 사회경제적 지위가 다른 젊은 연인을 대표하는 주인공들은 젊은 시청자들이 자신의 문제를 탐구할 마음을 품게 한다. 이제껏 중국에서 보지 못한 아주 새로운 현상이다.

　중국판 드라마 〈일기래간유성우〉에서는 노동자 계층 가정에서 자란 여학생 추위쉰이 우수한 성적 덕분에 명문 사립대학교인 앨리스톤 경영대에 들어간다. 그런데 돈을 모아 비싼 등록금을 내준 사람은 추위쉰의 외삼촌이었다. 무룽윈하이, 뒤안무레이, 상관루이첸, 예쉬는 부잣집 남학생들로, 부모가 앨리스톤대학교의 재정 후원자이다. 장난기와 지루함, 치기 어린 반항에 젖어, 네 남학생은 추위쉰을 놀리고 골탕 먹인다. 하지만 결국은 추위쉰의 독립성과 솔직함에 네 남학생의 마음이 움직이고, 뒤이어 무룽윈하이와 추위쉰이 사랑에 빠진다. 마침내 H4(원작의 F4를 변형한 이름)는 삶의 목표를 찾고 책임감과 성실함을 갖춘 어른으로 성장한다. 분명 한국판보다 더 바람직한 결과이다.

한국판 대본과 중국판 대본을 비교해보면, 중국판에서 계층 문제가 훨씬 희석되었음이 드러난다. 논리는 단순하다. 빈곤선을 연평균 수입 2,300위안(약 40만 원)으로 잡을 때, 2011년 기준으로 중국인 1억 2,800명이 빈곤선에 미치지 못한 채 살아가는 것으로 추정되었다. 한 나라의 소득 분배 불평등 정도를 나타내는 수치인 지니 계수를 보면, 2016년 중국은 수치가 47로 나타났는데, 이는 45인 미국과는 비슷하지만 일본(38), 네덜란드(25), 영국(32)과 비교할 때는 높다.

이른바 사회주의 국가인 중국에서, 더구나 사회 혼란, 의견 대립, 저항을 막아보고자 '조화'를 가장 중요하게 여기는 나라에서, 국영 매체는 날로 심해지는 사회 불평등 탓에 사회에 퍼지는 감정을 최선을 다해 억눌러야 한다. 중국판 드라마에서는 추위신의 성적이 뛰어나다는 이유로 외삼촌이 기꺼이 대학 등록금을 댄다. 따라서 TV 드라마에서는 하층민에게 부족한 재원이 다른 요인으로 상쇄되고, 그럼으로써 노동자 계층에서 나오는 저항을 축소해 다룬다.

중국판 〈일기래간유성우〉에서 H4의 우두머리인 무룽원하이의 부유한 어머니는 꽤 '합리적'인 갑부를 전형적으로 보여준다. 한국판에서 같은 인물이 노동자 계층에게 보이는 적의나 편견은 중국판에서 한결 수그러든다. 무엇보다도 무룽원하이의 어머니는 경외심을 불러일으키는 인물로 그려진다. 아들과 딸들에게는 가정교육을 매우 엄하게 하면서도, 아랫사람들을 존중한다. 이와 달리 한국판에서 이 인물은 냉담하고 인정머리 없는 사람으로 그려진다. 그야말로 아무런 감정을 보이지 않아, 얼굴에서 이렇다 할 감정 표현을 찾아보기가 어렵다. 사업과 가정을 손아귀에 완전히 틀어쥐는 탓에, 한국판에서 사람들은 이 인물을 '늙은 마녀', '악마'라 부른다. 하지만 중국판에서는 '엄마'에게 경멸이 섞인 그런 딱지를 붙이지 않는다. 주목할 만한 점은 한국판과 중국판이 모두 갈등을 줄이거나 키우는 주요 기법으로 딱지 붙이기를 수단으로 썼다는 것이다. 하지만 중국판에서는 이런 딱지 붙이기가 사회적 지위의 차이를 거의 드러내지 않는 방식으로 쓰였다.

〈일기래간유성우〉에서는 노동자 계층의 가난을 가리고, 아울러 중국에 나타난 벼락부자가 그리 탐욕스럽지 않은 듯 다룬다. 여주인공 추위신의 가족도 사뭇 다르게 구성된다. 중국판에서 여주인공 추위신은 어머니, 그리고 막내 외삼촌과 함께 산다. 추위신의 어머니는 정직하고, 겸손하고, 열심히 일하는 전통적인 중국 어머니로 표현되어, 딸의 인생에 아주 소박한 기대를 품는다. 추위신이 명문대에서 큰 압박을 느낄 때마다, "그렇게 진이 빠진다면, 그냥 그만둬버려"라고 말하곤 한다. 추위신과 무룽윈하이가 사귄다는 소문이 돌았을 때, 관습에 사로잡힌 이 어머니는 "왜 너를 소중히 여기지 않았니? 나는 네가 부자와 결혼하기를 한 번도 바란 적이 없어. 네가 그저 공부 잘 하고 믿음직한 사람이 되었으면 좋겠다"고 한다. 어머니와 달리 외삼촌은 추위신이 상류층 출신인 부자와 결혼하면 좋겠다는 강한 열망을 품지만, 한국판에서처럼 강하지는 않다.

추위신의 어머니는 무룽윈하이의 어머니 선한평과 정면으로 부딪힌다. 추위신이 찻집을 새로 열었을 때, 선한평이 찾아와 추위신을 모욕하면서 자기 아들이 돈을 대줘 찻집을 열었다고 무턱대고 트집을 잡는다. 추위신의 어머니는 이렇게 되받는다. "만약 그게 사실이라면, 가게를 닫을 거예요!"

막바지에 이르러, 상류층과 노동자 계층의 충돌이 나타났다 사라지는 과정에서 보이지 않던 불평등이 분명하게 모습을 드러낸다. 중국판에서는 노동자 계층의 이익을 분명하게 대변하는 인물을 한 명도 꼽을 수 없다. 여주인공인 추위신조차도 그런 인물이 아니다. 따라서 두 젊은이의 사랑은 부유한 사람과 가난한 사람의 경계선을 허무는 상상 속 관념을 나타내는 틀이다. 우리가 강조하고 싶은 것은 불평등 해소에 사랑이 곧장 효과를 보이지 않는다는 것이다. 불평등 해소는 문화 자본을 거쳐 효과가 나타나야 한다. 문화 자본으로 불평등이 해소되는 과정에서는 상류층과 노동자 계층 사이에 어떤 '교환'이 일어나기 때문이다. 성공적인 인간관계의 전제 조건에는 노동자 계층(중국 판에서는 추위신)이 명문대학교에서 교육받은 자질로 문화 자본을 축적 해야 한다는 뜻이 담겨 있다. 이 드라마의 이야기에는 추위신의 두드 러지는 성적과 야망이 무릉원하이네 집안에 어울리는 뛰어난 능력이 라는 뜻이 숨어 있다. 예컨대 무릉원하이의 아버지는 추위신이 무릉 원하이의 공부를 도와 열심히 일하도록 이끌 것이라 생각해, 두 사람 의 관계를 강력하게 지지한다. 두 사람의 관계가 한층 무르익는 22화 에서는 추위신이 무릉원하이의 과제와 공부를 도운 결과가 얼마나 바람직하게 나타나는지를 묘사한다. 달리 말해 사랑이 사회의 계층 체계를 없애지는 않지만, 젊은 연인이 사랑이 넘치는 사이일 때, 노동 자 계층인 한쪽은 상류층인 상대방에 걸맞은 수준으로 어느 정도 문 화 자본을 쌓으라고 강요당할 것이다.

요약하자면, 이 시기 즉 2010년 이전에는 줄거리를 고쳐 쓰고 이 야기를 비틀어 현지화한 TV 포맷 〈일기래간유성우〉가 여전히 국가의 사상 장치로 기능해 젊은 세대를 겨냥한다. 이 시기에는 국가가 아주 성공적으로 수입 문화를 관리해 국가의 사상 강령에 들어맞는 대중 문화를 젊은이에 맞춰 생산한 듯 보인다. 예를 들어 〈꽃보다 남자〉를 각색한 예에는 계층 문제가 들어 있다. 달리 말해 거슬리는 부분을 없애 한쪽에 치우친 메시지를 생산함으로써 달리 해석할 틈을 거의 없앨 것이다. 중국 젊은이들이 이토록 크게 변경된 콘텐츠에 예민하 게 굴지도 가늠하기 어렵다. 하지만 아이돌 드라마는 젊은이들을 명백한 포섭 대상으로 삼는 새로운 시대를 열어젖혔다. 얄궂게도, 국가가 젊은이와 젊은 아이돌을 포섭 대상으로 지명할 때, 국가는 젊은이의 민낯을 드러내야 한다. 즉 젊은이의 물질적 욕망, 가정과 일을 바라보는 자유로운 시각, 미학(그래도 정치학은 빠졌다)은 현지화에 맞춰 생산되고 복제된 문화 콘텐츠에 동기화되어야 한다.

런닝맨: 게임화 전환

지금까지 우리는 세계적인 TV 포맷과 아시아권 TV 포맷의 현지화를 당국이 시시콜콜 감독하고, 문화가 현지화할수록 국가 기구는 더 무력해지는 문화 전개와 관련하여 사례를 들어 입증해보였다. 이런 전개는 동아시아의 젊은이 문화가 갈수록 엄청나게 다양해지고 문화 콘텐츠가 다원화하는 상황과 매우 딴판이다. 그럼에도 2010년 이후로 중국에서 아시아권의 TV 포맷, 특히 리얼리티 TV 프로그램을 복제하는 데 중요한 변화가 일어났다. 리얼리티 프로그램이 국가 의제와 그리 맞물리지 않기 때문이다. 한 가지 결정적 요인은 중국의 문화 세계화에서 이 시기 동안 현지화한 TV 포맷이 주로 한국의 리얼리티 게임쇼라는 것이다.

한류의 영향을 깊이 곱씹지 않더라도, 2010년 이후로 한국의 대중문화, 그중에서도 리얼리티 게임쇼가 중국 곳곳에서 유행한다고 말해도 과장이 아니다. 이런 TV 프로그램이 한국에서 제작되어 방송

되자마자, 중국 팬들이 온라인에 올리므로 누구나 손쉽게 프로그램을 찾아볼 수 있다. 이 가운데에서도 유명한 리얼리티 프로그램 두 가지, SBS가 제작한 〈런닝맨〉과 MBC가 제작한 〈아빠 어디가〉가 각각 2010년과 2013년에 엄청난 인기를 누렸다.

이런 리얼리티 TV 게임쇼의 본질을 생각해보면, 유명인들이 미리 짜인 대본 없이 대결을 펼치는 것이 방송의 주요 내용이므로, 방송국이 끼어들어 결과물을 좌지우지하거나 왜곡하거나 규정할 틈이 없고, 그래서 국가가 끼어들 틈도 없다. TV 드라마는 미리 짜놓은 구성에 맞춰 대본이 나오므로 국가의 입맛에 맞춰 꼼꼼하게 하나하나 조정할 수 있지만, 오락 프로그램에서는 출연자들이 대개 계획 없이 즉석에서 행동하기 때문이다. 중국 시청자들이 한결 자연스럽고 검열되지 않은 이런 오락물에 푹 빠졌지만, 국가로서는 이런 프로그램을 금지하거나 검열할 합리적인 근거를 찾기가 쉽지 않다. 방송 내용이 대개 운동 경기이거나 숨바꼭질이므로, 한눈에 봐도 정치와 관련이 없기 때문이다.

한국의 〈런닝맨〉은 고정 출연자와 초대 손님이 두 편으로 나뉘어 여러 장소에서 시합을 벌이고 주어진 과제를 완수함으로써 우승을 놓고 경쟁하는 리얼리티 게임쇼이다. 이 포맷이 일반 시청자에게도 분명 매력 있겠지만, 중국에서 현지화한 〈달려라 형제(奔跑吧兄弟)〉가 주로 젊은 시청자의 마음을 사로잡는 까닭은 두 가지이다. 첫째, 안젤라 베이비와 황샤오밍을 포함해 유명한 젊은 연예인이 여럿 출연한다. 둘째, 젊은 네티즌이 원작인 〈런닝맨〉을 이미 많이 봤으므로, 시청자 사이에서 담론과 흥미를 생성한다. 저장위성 TV는 프로그램의 전략으로서, 프로그램이 여러 장소에서 촬영될 때 출연자와 의견을 주고받을 '젊은 지원자'를 모집한다는 공개 광고도 내걸었다.

2014년에 중국의 저장위성 TV는 중국판 〈런닝맨〉 즉 〈달려라 형제〉를 SBS와 공동 제작했다. 중국에서 리얼리티 포맷을 수용하는 일이 가파르게 늘고 있으므로 그런 현지화는 중국 시청자에게 조금도 놀랍지 않았을 것이다. 보도에 따르면, 2015년 한 해에만 200여 개에 이르는 리얼리티 프로그램이 발표되었고, 대다수가 포맷을 그대로 복제한 프로그램이었다.

흥미를 끄는 질문은 현지화가 어떻게 발생하느냐와 현지화가 어떻게 젊은이 문화를 형성하게 하느냐이다. 우리가 내세우는 주장과 관련하는 물음은 중국판 〈달려라 형제〉에 생긴 특정 변화이다. 원작 〈런닝맨〉은 실내외를 가리지 않고 다양한 장소에서 벌어지는 게임쇼이다. 현지화한 〈달려라 형제〉는 게임 대다수가 실내를 배경으로 벌어지고, 따라서 프로그램이 중국 공동체가 실제로 처한 상황과 맥락을 이어가지 못한 채, 중국 내부의 허울뿐인 세계시민주의를 얼떨결에 만들어냈다. 원작인 한국판 〈런닝맨〉에서는 대결의 약 3분의 1이 실외에서 벌어지지만, 중국판 〈달려라 형제〉는 대개 실내 촬영장에서 제작되었다. 한 시즌에서는 30회 가운데 달랑 2회만 실제 시골 지역이나 마을에서 촬영되었고, 나머지는 인공적으로 꾸민 영화 촬영장에서 제작되었다. 시즌 2의 1회에서는 농사짓기를 주제로 게임을 펼치면서, 높이 솟은 아파트와 붐비는 차량에 둘러싸인 도시 지역의 스튜디오에 시골을 흉내 낸 가짜 농장을 만들었다. 그리고 시청자에게 현대화된 도시라는 느낌을 주고자 파노라마로 찍은 장면을 일부러 집어넣었다. 여기에는 현대화의 힘에 눌려 시골이 잊혔을 뿐 아니라 사라졌으므로, 다시 일으켜 세워야 한다는 뜻이 담겨 있다(중국판 〈달려라 형제〉의 자료와 분석, 그리고 원작 〈런닝맨〉과 비교한 내용은 두 프로그램을 포괄 비교한 제니 라우가 제공한 것이다).

〈달려라 형제〉는 대결이 대개 인위적인 장소에서 촬영되므로, 출연자와 일반인 사이에 교류가 거의 없다. 세 시즌 동안 시즌마다 겨우 5회 분량에서만 그런 교류가 나타나, 전체 방송 횟수 가운데 16.7퍼센트를 차지했을 뿐이다. 시즌 3의 3회는 심지어 도심지에서 흔히 보는 편의점이 배경인데도, 가짜 편의점을 제작했다. 우리는 2011년 10월에 저장위성 TV를 방문해 텔레비전 제작자와 편하게 이야기를 나눴다. 비록 이 방송국이 〈런닝맨〉을 현지화한 때는 우리가 방문을 마친 뒤이지만, 우리가 파악한 전반적인 답은 TV 방송국이 정치적 위험을 피하려는 의도로 본질상 정치와 관련이 없는 오락 프로그램을 제작하는 경향이 있다는 것이었다. 따라서 〈달려라 형제〉를 중국 사회라는 맥락에서 벗어나 제작하는 관행은 방송국이 정치를 회피하는 일관된 전략으로 볼 수 있다. 그렇지만 2015년 막바지에 시즌 3가 중국 전역에 걸친 공공 담론에서 뜨거운 논란이 되자, 중국의 국가신문출판광전총국(国家新闻出版广电总局, SARFT)은 어쩔 도리 없이 모든 리얼리티 프로그램이 일반인의 참여를 늘려야 한다고 경고를 내보냈다. 아마도 중국 정부가 리얼리티 쇼에 광고량이 지나치게 많은 것을 알아채기에 이르러, 과도하게 상업화한 프로그램이 사회와 더 연결되도록 방향을 되돌려야겠다고 여겼을 것이다. 그렇다 해도 〈달려라 형제〉는 당국을 거스를 만한 사회적 맥락을 다 걷어내 정치적 잠재 위험을 깨끗이 없앤 프로그램으로 남아 있다.

  역설적이게도 리얼리티 쇼를 이렇게 현지화하는 과정에서 농촌, 불평등한 사회 발전, 정책 집행과 관련한 사회 문제와 동떨어진 도시를 무대로 젊은 연예인과 팬이 즐거움에 젖어들어, 현실이 게임화되었다. 우리가 주장하고 싶은 대로, 현지화는 중국이 후진성이나 가난, 사회 불평등 같은 문제가 더 이상 존재하지 않는 현대화 도시로 들어선 듯한 비현실적 이미지를 간접적으로 생성한다. 이런 이미지 생성은 한편으로 보면 조화 담론을 늘 강조하는 국가의 이해관계와 결을 같이한다. 또 한편으로 젊은 시청자의 관점에서 보면 텔레비전 게임쇼는 국가가 제시하는 정치적 의미나 사상 선전을 모두 없앤 프로그램이므로, 젊은 시청자들이 늘 보던 중국 내부의 공적이고, 교조적인 TV 프로그램과 다르다. 여기에서도 마찬가지로, 게임쇼가 크게 보아 순수한 오락거리, 즉 게임화한 형식을 띠어 젊은 시청자에게 일상 담론이나 온라인 토론에서 자신의 즐거움을 표현할 기회를 뜻하지 않게 안기기 때문이다.

오늘날 중화인민공화국이 조금이라도 정치적 일탈로 이어질 가치관인 문화 세계화를 바짝 경계해야 한다면, 게임화한 리얼리티 쇼 〈달려라 형제〉를 두고 젊은이들이 펼치는 담론은 국가가 신경 쓰지 않을 예외적 문화 공간이 될 것이다. 게임쇼의 바로 이런 본질 때문에 또는 한국 리얼리티 쇼의 본질이 재미이므로, 국가가 보기에는 게임쇼가 따질 것도 없이 비정치적이다. 따라서 한국의 게임쇼를 현지화한 〈달려라 형제〉를 놓고 토론을 벌이는 팬들은(아마도 해적판을 손에 넣을 수 있는 온라인으로 다양한 K팝, 한국 드라마, 영화를 접한 팬들과 함께 토론을 벌일 것이다) 정보보다 감정을, 관행보다 놀이를 우위에 두는 게임쇼라는 미디어 콘텐츠에서 즐거움을 얻고 상상을 키운다. 이런 현상은 윌리엄 스티븐슨이 주장한 놀이이론(1988)과 일치한다. 즉 한국 대중문화의 자유로운 놀이나 가벼운 토론 속에 중국 젊은이들이 가끔씩 곱씹어 생각해보는 중국 사회의 변화가 담겨 있다. 토론이라는 이 새로운 문화 공간은 만약 한국의 방송 포맷을 중국의 TV 프로그램에 맞춰 인위적으로 갖다 맞추지 않았다면 일어나지 않았을 것이다. 〈런닝맨〉의 뒤를 이어 비슷하게 복제된 한국의 게임쇼, 그 가운데에서도 특히 〈아빠 어디가〉는 게임화 효과를 크게 높였다. 중국 정부가 보기에는 이렇게 건전하게 현지화한 프로그램이 거슬리지 않으므로, 우리는 한국 또는 다른 아시아권에서 받아들인 리얼리티 쇼가 앞으로 여러 해 동안 중국에 모습을 보일 것으로 예상한다.

대중음악과 열성팬

텔레비전 리얼리티 쇼 말고도, 중국말을 쓰는 홍콩과 대만을 비롯해 다른 아시아 국가에서 들어온 외국의 대중음악은 2장에서도 보았듯이 중국에서 젊은이 문화를 형성하는 주요 역할을 한다. 텔레비전 방송과 비교할 때, 대중음악은 팬들 스스로 온라인과 오프라인에서 커뮤니티를 이루므로, 젊은이 문화가 형성되는 데 더 강력한 힘을 발휘하는 듯하다. 이런 팬들이 자신들의 신념과 가치관을 위해 조직을 갖추고 집결할 가능성은 국가가 신경 쓰는 문제이다. 앞에서 중국 정부가 음악축제를 금지했던 일을 다룰 때처럼, 국가는 때로 이 문제에 정말로 불안을 느껴 억압 조치를 취해왔다.

요즈음 중국 팬들은 대부분 인터넷으로 자기가 숭배하는 연예인을 알아간다. 스타를 보도하는 매체는 대개 중국 정치를 다루지 않으므로, 비교적 덜 엄격하게 통제받는다. 매체, 그 가운데에서도 인터넷은 열성팬을 형성하는 데 중요한 통로가 되었다. 따라서 국가에 가장 엄청난 위협은 숭배받는 연예인을 보도하는 일 자체가 아니라, 팬으로서 젊은이들이 온라인과 오프라인에서 집단으로 집결하는 일이다. 이런 집결은 특히 대중 예술인에게 영향을 받아 일어나고 효과를 낸다. 대중 예술인의 음악이 선율, 리듬, 박자, 화음, 가사만 다루는 게 아니라, 이 모든 요소가 음악을 보고 듣는 사람들에게 공동체라는 느낌을 불러일으켜 가상의 정체성을 형성할 수 있는 의미의 기호학 안에 들어 있기 때문이다. 그렇게 탄생한 열성팬은 뒤이어 젊은이들에게 수

많은 의미와 공간을 열어준다. 이런 열성팬을 부모를 비롯한 어른들은 대개 어리석고, 하찮고, 순진해 빠졌고, 쓸데없다며 눈살을 찌푸리거나 우습게 여기지만, 젊은이들 자신은 자기가 속한 팬 무리를 진지하게 받아들여 팬 공동체에서 현실의 규약과 강한 일체감을 느끼는 계기를 되찾는다.

이런 시각으로 볼 때, 초기에는 국가가 검열과 포섭을 수단 삼아 열성팬의 형성을 훨씬 더 억누르고 조정했다는 사실이 그다지 놀랍지 않다. 처음에 TV 포맷을 세계화할 때 현재 상황을 유지하는 쪽으로 진행했던 것과 비슷하게도, 이를테면 2000년대 초기에 수입한 저우제룬의 대만 음악은 중국 젊은이가 어떻게 행동해야 하는지를 규정한다. 이미지 측면에서 저우제룬은 멋진 외모를 갖고 있으며 중국다움을 자아내려 중국풍 선율, 주제, 리듬을 쓸 줄 아는 데다 R&B를 포함한 여러 '서구' 음악 형식도 아우를 줄 안다. 크게 인기를 얻은 〈둥펑포(東風破)〉(2003), 〈솽제권(双截棍 · 쌍절곤)〉(2001)은 이런 특징을 제대로 드러낸다. 두 노래에서는 중국풍 음악 장르와 무예를 동원해 중국다움의 상징을 완벽하게 보여준다. 사상 측면에서는 〈워뉴(蜗牛 · 달팽이)〉(2001)에서 읽을 수 있듯이 개인주의를 부추길 때가 많다. 기본적으로 자신의 성공담을 읊는 이 노래는 젊은이 각자가 혁명을 수행하기보다 달팽이처럼 천천히 참을성 있게 사회 계층이라는 사다리를 올라가야 한다고 말한다. 이야기로 보면, 대만의 TV 드라마 〈유성화원〉에 나오는 가난한 소녀를 떠올리게 한다. 상하이에서 저우제룬의 노래를 고등학생 '교육에 유익한' 자료로 올린 일은, 정부가 국가에 맞서지 않아 안전한 이런 젊은이 문화를 공식 중국 문화로 껴안으려 한 공개적 몸짓이었다.

뒤이어 2005년에 리위춘이 허용 범위를 더 밀어붙였다. 리위춘은 2005년 여름에 여가수 선발 리얼리티 쇼인 〈차오지뉘성〉에서 우승하였다. 이 방송을 기획한 곳은 후난 위성 텔레비전으로, 앞서 분석한 〈일기래간유성우〉도 이곳에서 방송하였다. 〈차오지뉘성〉은 이미 증명된 TV 포맷인 영국 ITV의 〈팝 아이돌〉과 미국 폭스 네트워크 그룹의 〈아메리칸 아이돌〉, 시청자가 쌍방향으로 참여해 일반인이 단문 문자 SMS로 투표하여 자신이 좋아하는 후보를 고를 수 있는 포맷인 BBC의 〈페임 아카데미〉를 혼합한 프로그램이었다. 이런 형식은 누구에게나 투표권을 주는 것과 마찬가지여서, 시민을 상상하는 불씨를 지피고, 쇼가 잠재적으로 민주주의와 관련한다는 뜻을 내비친다. 이런 의미에서 리위춘은 중국에서 보편적 국민 투표, 민주주의, 심의의 결과로 뽑힌 우상이라고도 볼 수 있다. 우리가 보기에는 이런 주장이 미심쩍다. 달리 말해 멍빙춘의 말을 빌리자면 "중국이 시민 참여와 정치 참여를 위해 제도화된 통로를 계속해서 바짝 통제하는 한, 민주주의가 내포된 〈차오지뉘성〉에 다소 엉뚱하게 쏟아진 열광은 중국이 민주주의에 얼마나 가까이 다가갔는가가 아니라 얼마나 동떨어져 있는가를 가리킨다."

〈차오지뉘성〉이 진행되는 동안 투표에 참여하는 열성팬이 생각지 않게 형성되자, 국가는 통제를 바짝 조여 경연 참가자에게 공개 투표하는 방식을 전면 금지하였다. 〈차오지뉘성〉의 제작자는 2016년 3월에 우리와 나눈 인터뷰에서 인기투표가 실제로 논쟁을 불러일으키는 사안이 된 까닭에 당국이 더는 허용하지 않는다고 설명했다. 국가는 이제 세계 문화를 수입하여 나타나는 결과에도 촉각을 세운다. 팬들이 음악이나 음악 양식뿐 아니라 페르소나까지 차용한다면 더 깊은 영향과 함의를 낳을 것이기 때문이다. 팬들이 세계적 가수나 유명인을 중심으로 중국에 해로운 원거리 팬층을 형성할 터이므로, 2016년 3월에 중화인민공화국은 외국에서 들어오는 모든 온라인 콘텐츠를 공식적으로 금지했다. 따라서 최근에는 열성팬 형성이 중국 내에만 한정되므로, 공연이 벌어지고 스타가 탄생하더라도 훨씬 안전하게 정치적 위험이 사라질 것이다.

하지만 이 장에서 우리는 중국에서 부수적으로 서서히 형성된 다른 새로운 열성팬에 주목하고 싶다. 주류 방송국이 만들어낸 열성팬이 아닌 이들은 한눈에 봐도 정치, 주류, 사상과 관련이 없다. 아마도 초등학생 또는 그보다 어릴 이 열성팬들은 특정 가수 한 사람이 아닌 두 음악 그룹에서 생겨났다. 그 음악 그룹은 바로 SNH48과 TFboys이다. 두 그룹은 각각 일본과 한국의 음악 그룹에서 파생하였다. 두 그룹 모두 중국이 여태껏 겪어보지 못했고 심지어 중국 문화에 존재하는 어떤 영역과도 겹치지 않는 새 담론을 만들어낼 문화 공간을 젊은이들에게 제공한다. 아주 얄궂게도 젊은이들의 담론은 개인주의를 추구하는 쪽에서 귀여운 집단을 추구하는 쪽으로, 심의를 찾는 쪽에서 대안을 찾는 쪽으로, 중국다움에서 중국답지 않는 쪽으로 후퇴한다. 이 담론이 젊은이 문화의 발전에 미칠 영향은 더할 나위 없이 중요하다.

중국판 AKB48: 정치와 관련 없는

상하이를 기반으로 활동하는 SNH48은 일본의 아이돌 그룹 AKB48의 중국판 자매 그룹이다. AKB48은 지금 일본에서 가장 인기가 높은 여성 밴드라 할 만하고, 아시아 지역으로 손꼽히게 수출이 많이 된 걸 그룹이다. 중국 기업 상해시바문화미디어주식회사는 2012년에 AKB48의 기획사인 AKS와 협업하여 중국에서는 처음으로 걸 그룹 SNH48을 선보였다. 중국에도 여성 아이돌이 있기는 하지만, SNH48에는 뚜렷이 다른 점이 있다. 이들은 잘 팔리도록 AKB48을 본보기로 고스란히 갖다 썼고, 더 중요하게는 이 그룹의 영업 공식인 '만나 볼 수 있는 아이돌'이 오늘날 세계의 젊은이 문화가 보이는 특성인 쌍방향성, 즉각적인 주목, 직접 소통과 일치한다.

SNH48에는 분명 '외국 느낌'이 있었다. 첫째로 AKB48이 부른 노래, 이를테면 〈할로윈 나이트〉, 〈포니테일과 슈슈〉, 〈기브 미 파이브!〉를 중국어로 번안하여 공연한다. 더 나아가 편곡까지도 일본어 원곡과 다르지 않았다. 가사는 중국말로 옮겼지만, 나머지 구성은 그대로

였다. SNH48은 앞에서 예로 든 세 곡의 뮤직 비디오에서도 AKB48
이 원작 비디오에서 쓴 구상, 몸짓, 의상을 기본 본보기로 삼았다. 예
를 들어 SNH48는 〈기브 미 파이브!〉 뮤직 비디오에서 일부 멤버가
어느 노인의 말에 귀 기울이고 있는 짧은 삽입부를 빼고는, 남자 교
복 같은 검은색 옷을 엇비슷하게 입은 멤버들이 악기를 연주하며 노
래한다. 흥미롭게도 이렇게 일본 문화의 겉모습을 들여와 흉내 내는
것이 중국의 주류 젊은이 문화와 아주 뚜렷한 차별성을 띤 까닭에 권
력 당국이 보기에는 SNH48이 상당히 안전한 주변부 문화를 상징하
는 그룹으로 비쳤다.

한편으로 우리가 2016년 2월에 베이징에서 시나 뮤직과 유니버설
뮤직의 관계자와 격의 없이 이야기를 나눴을 때, SNH48을 조금이라
도 중요하게 여기는 사람이 아무도 없었다. 대개 SNH48이 중국 문화
의 영역 바깥에서 성적 욕망을 자극하는 젊은 상징으로 여겨지기 때
문이다. 한편으로 이 그룹은 탄탄한 팬층을 다지는 데 성공한 것으
로 보인다. 인기가 많은 멤버인 리위통은 2016년 3월 기준으로 위챗
팔로어가 72만 명에 이른다. 또 SNH48은 데뷔한 첫해에 광저우에서
관중 만 명과 함께 콘서트를 열 수 있었으므로, 중국의 여러 유명 가
수에 견줄 만하다.

가장 놀라운 장면은 〈포니테일과 슈슈〉의 뮤직 비디오이다. 여기서
SNH48은 흰모래와 푸른 바다가 펼쳐지는 바닷가에서 비눗방울 놀
이를 하면서, 관습을 더 벗어나 비키니를 입고 춤을 춘다. 십대 여성

이 비키니를 입는 이런 장면은 중국의 대중 매체 어느 곳에서도 찾아보기가 어렵다. 그런데도 SNH48은 중국 시청자나 권력 당국 어느 쪽도 언짢게 하지 않은 듯하다. 적어도 밑바탕에 깔린 성 개방성을 보수적으로 비난하는 말이 어느 공식 방송사에서도 나오지 않는다. 이유는 분명하다. 중국의 권력 당국이 보기에, SNH48은 여자아이에게 어울리는 하위문화 가운데 하나일 따름이다. 달리 말해 SNH48은 중국의 현 상황을 위협하지 않는 대수롭지 않은 그룹이고, 무엇보다도 정치와 전혀 관련이 없는 데다 문화적으로 중국과 아주 동떨어져 있다. 〈차오지뉘성〉의 투표 방식을 국가신문출판광전총국이 끝내 방송 금지하였던 일과 견주어보면, SNH48이 중국과 문화적 거리가 있고 외양도 크게 문제가 되지 않아 보이는 덕분에 공개 총선거가 그대로 안전하게 유지된다. 이들은 투표를 공개적으로 논의하고 홍보할 수 있는 데다, 도심에 자리한 상하이 메르세데스 벤츠 아레나에서 총선거를 연다. SNH48의 공식 웹사이트는 선거 결과를 축제처럼 공개하여, 7만 표 이상을 얻은 멤버의 점수를 두드러지게 표시한다. 우리는 이 그룹의 비정치성과 무의미함이야말로 잠시나마 감시를 벗어날 공간을 만들어내고, 그 안에서 젊은이들이 서로 소통하고 교류하면서 자기 견해를 명확히 입 밖으로 표현하여 감정과 기운을 쏟아낼 수 있다고 주장하고 싶다.

매체 노출로 보면, SNH48은 대체로 비주류이다. 적어도 결성한 첫해와 그다음 해까지는 그랬다. 멤버들은 주로 온라인 방송에서 방영

되는 단편 영화, 이를테면 〈기념품(紀念品)〉(2016)이나, 영화관에서 상영되는 저예산 영화, 이를테면 〈바라라 요정들: 마술화살 공주(巴啦啦小魔仙之魔箭公主)〉(2015)에 출연했다. 또 소후, 유쿠, 투더우, 망고 TV가 온라인에서 내보내는 드라마에도 출연했다. 어떤 멤버들은 중국에서 더 대안문화인 연극 공연에도 올랐다. 이런 비주류 전략은 이 그룹을 소녀, 십대, 주변부, 대안으로 옮겨가며 자리매김하게 하였다. 이 모든 전략은 이 그룹이 주류로 들어서는 길을 국가가 크게 가로막는다기보다, 그들 스스로 선택한 자리매김임을 보여준다. 그 결과 젊은이들과 SNH48 멤버들은 아슬아슬한 곡예비행을 펼칠 틈을 더 많이 얻는다.

AKB48이 2016년 2월에 아키하바라에 있는 전용 공연장에서 공연을 펼쳤을 때, 매체 보도 및 우리가 관찰한 바에 따르면 공연에 참석한 팬 대다수가 남성이었고, 무대에 있는 AKB48 멤버와 객석 사이에 상호작용이 매우 강렬하게 일어났다. 팬들은 자기 자리에서 웃고, 몸짓을 하고, 소리 질러 공연에 빠르게 반응하였다. SNH48도 중국에서 똑같은 모형을 흉내 내, 라이브 공연에서 늘 팬과 교류한다. 다만 남성 팬과 여성 팬의 분포가 대략 같다는 점만은 다르다. AKB48이 그렇듯, SNH48이 팬과 교류하는 방식은 정기 콘서트, 연간 시상, 방문 공연, 전용극장 공연, '총선거'로 이어지는 과정으로 구성된다. 이 가운데 '총선거'는 아주 세밀하게 논의해볼 만한 가치가 있다. 총선거는 팀을 이끌 멤버를 뽑는 아주 복잡한 제도이다. 멤버를 모집하고 승격시키는 전체 체계는 중국의 일반 정규 교육 및 여느 예술 교육에서 흔히 보는 관료 제도와 상당히 일치한다. 즉 가수가 되고 싶은 열망을 품은 사람은 누구든 오디션에 참가할 수 있고, 그룹의 멤버로 이름이 오른 뒤에는 다른 멤버보다 더 뛰어나야 한다.

SNH48에는 다섯 팀이 있고, 팀마다 인기도에 따라 뽑히는 리더가 있다. 또 선거에서 상위권에 오른 가수들이 다음 싱글 앨범에서 자리를 차지한다. 지금까지 통틀어 115명인 멤버들은 본질적으로 여러 모습을 띠는 스타 이미지에 반영되는데, 관객들은 저마다의 희망과 열망을 이 소녀들 가운데 누구에게나 부여할 수 있다. 간단히 말해 SNH48의 총선거 제도는 중국 젊은이들이 날마다 삶에서 겪는 학교 제도와 시험 제도 같은 것을 반복한다. 동시에 정식 교육 문화에서라면 필요했을 타고난 사회 경제 자본이나 꾼시 없이도 평범하기 짝이 없는 소녀가 경쟁에 뛰어들어 이길 수 있는 조금 더 나은 제도를 보여준다. QQ에서 바이두까지 다양한 소셜 미디어와 웹사이트에서 온라인으로 벌어지는 열린 토론과 투명성은 민주주의적 참여까지는 아니더라도 열린 참여 행태를 보여준다.

열성팬을 다룬 대다수 연구에서처럼, 창조된 창의 공간은 SNH48이라는 문화 형태에만 한정되지 않는다. 팬이 멤버들과 직접 만나는 장소는 젊은이들이 자신을 깨닫고 표현할 수 있는 차원이 다른 공간을 제공한다. 이렇게 팬들이 직접 참여하여 자기들의 문화가 SNH48의 문화와 동시에 발생한다는 사실을 인지하는 것 자체가 권력 당국이 전혀 파악하지 못한 새로운 공간이다. 당국은 이 공간이 하찮고,

무의미하고, 위협이 되지 않는다고 생각할 것이다. 하지만 젊은이들에게 이 공간은 자율을 즐기고, 자기만의 담론을 펼치고, 자신들의 말과 몸짓을 이해하는 곳이다.

SNH48 멤버와 팬의 문화가 동기화한 결과, 관습을 벗어난 무엇을 만들어낸다. 멤버들과 팬의 관계는 우리가 2장에서 문화적 세계화를 다룰 때처럼 문화 관행, 가치관, 페르소나, 이미지를 차용하는 수준과는 조금 거리가 있다. SNH48의 가수는 귀엽고 평범한 소녀이고 팬도 마찬가지다. AKB48처럼 SNH48의 본질과 팬층은 정치는커녕 문화정치학과도 관련이 그리 없다. 오히려 일본의 '가와이' 즉 귀여움과 관련 있다. 〈차오지뉘성〉이 낳은 우상 리위춘을 일부 대중이 여성 동성애자 사회를 대표하는 상징으로 바꿔놓은 것과 달리, SNH48의 여성 이미지는 조금도 논란을 일으키지 않는다. 멤버들은 더 여성스럽거나 한 발 더 나아가 '슈퍼걸'다운 이미지를 대표한다. 늘 레이스가 들어간 짧은 치마에 분홍, 파랑, 또는 체크무늬 교복을 입거나, 아니면 수영복을 입으므로, 중국의 어떤 여성 이미지보다 한층 더 전형적이다. 음악 스타일과 내용으로 보면, 이들은 십대 소녀의 일상을 이야기한다. 2013년에 내놓은 첫 EP 앨범 〈헤비 로테이션(無盡旋轉)〉부터 2015년에 내놓은 열 번째 EP 앨범 〈새해의 종소리(新年的钟声)〉까지, 노래는 주로 사랑의 느낌, 약속, 그리고 계절과 날씨를 바꿔가며 나누었던 데이트, 축제, 할로윈 밤, 새해를 이야기하는 낭만적인 풋사랑 노래이다.

이렇게 하여 마지막 물음, 현지화에 다다른다. 본질로 보아 SNH48의 이미지, 운영 방식, 열성팬이 매우 일본적이라면, 이는 실제로 무엇을 의미할까? 2장에서는 중국이 문화 세계화를 겪는 시기를 그렸지만, SNH48을 통해 중국 젊은이, 특히 아주 어린 청소년들은 의도적으로 중국에 맞게 현지화한 느낌이 거의 없고, 더욱이 걸러지지도 않은 아시아권의 문화 콘텐츠를 추구하는 듯하다. 젊은이들의 이런 행동을 보면, 마치 이들이 현지화가 곧 검열, 권력, 통제를 뜻한다는 사실을 직감으로든 아니든 알아채는 것 같다.

　　따라서 걸 그룹이나 걸 그룹이 내놓는 문화 상품에서 중국의 색채를 조금도 찾아보기 어려운 것도 우연이 아니다. 표준 중국어인 보통화를 쓴다는 것만 빼면, SNH48의 춤, 차림새, '가와이'한 모습, 해변에서 찍은 사진 등은 일본의 AKB48과 조금도 다를 바가 없다. 이런 융합은 한 발 더 나아간다. AKB48의 현 멤버인 스즈키 마리야와 AKB48의 일본 내 자매 그룹인 SKE48의 현 멤버인 미야자와 사가 중국 정부의 공식 승인 아래 2013년에 SNH48에 합류했고, 그해 10월에 소속 팀의 리더가 되었다. 중일 외교 관계가 이전 5년 동안 덜컹거렸던 것은 맞지만, 걸 그룹들의 이런 결합 형태는 당국에 가장 무해하고 위협을 끼치지 않는 문화 교류이다. 바로 이 자그마한 틈바구니에서 다음 세대를 이끌 중국 젊은이들이 마음 놓고 숨 쉴만한 지대를 찾아낸다.

TFBoys와 한국의 창의력

아시아권역의 젊은이 문화를 이렇게 최소한으로 현지화하여 곧장 받아들인 비슷한 예가 바로 TFBoys이다. TFBoys는 여성 그룹인 SNH48과 쌍을 이루는 남성 그룹이지만, 일본이 아닌 한국의 대중문화에서 비롯하였다. TFBoys는 왕쥔카이, 왕위안, 이양첸시 이렇게 세 명으로 구성된 소년 그룹이다. 왕쥔카이가 1999년생이고, 나머지 두 명은 2000년생이므로, 이들과 같은 시대를 살아가는 10대 청소년을 겨냥한 그룹이다.

중국의 연예 기획사인 TF문화예술발전사는 세 소년이 춤과 노래에 재능이 있는 것을 알아채고서 2013년에 이들을 한데 모았다. 이 기획사가 한국의 어느 보이 그룹을 참조했는지는 명확하지 않다. K팝에서 선두에 선 보이 그룹은 인원이 대개 다섯 명에서 열두 명 사이이기 때문이다. 동방신기는 예외로, 구성원이 두 명뿐이다.

TFBoys의 이미지는 구성원의 나이가 스무 살가량이던 SNH48보다 훨씬 어리다. 무대에서 이들이 춤출 때는 엠블랙, 2PM, 비스트 같은 K팝 남성 그룹과 조금도 달라 보이지 않는다. TFBoys가 대중에 비치는 이미지나 뮤직 비디오에 드러난 이미지로만 본다면, 옷과 머리 모양, 화장을 한국식으로 꾸민 '평범한 소년'처럼 보인다.

TFBoys의 성공담은 SNH48과 비슷하다. 기획사는 2011년 9월에 멤버를 모집할 기반으로 TF 가족을 만들었고, 지원자는 멤버가 되고자 다양한 '시험'을 거쳐야 했다. TFBoys도 초기에는 인터넷을 거치며 성과를 거두었다. 왕쿼카이가 부른 리메이크곡 〈추냐오(囚鸟·간힌 새)〉가 전국에 퍼졌고, 뒤이어 왕쿼카이와 왕위안이 함께 부른 〈한 사람은 여름 같고, 한 사람은 가을 같아(一個像夏天一個像秋天)〉가 웨이보에서 인기를 얻었다. 2013년에서 2015년 사이에 발매한 보통화 앨범 〈Heart꿈·출발(Heart夢·出發)〉, 〈청춘수련설명서(青春修煉手冊)〉, 〈대단한 몽상가(大梦想家)〉가 인기를 끌었고, 어떤 곡은 엄청난 성공을 거뒀다. 웨이보에서는 공식 팬이 474만 명에 이른다. 2016년 3월 기준으로 바이두 티에바에서는 100만 명, QQ 팔로어는 1,200만 명에 이른다. 이들이 CCTV와 후난 위성 TV에서 공연할 때 보듯이, 팬 대다수는 여성이다.

크게 보아 TFBoys의 멤버 세 명은 깍듯한 태도에 복장도 적절하여, 평범하고 예쁘장하게 생긴 어린 남자아이 느낌을 풍긴다. 화면에서 이들은 대개 평범한 티셔츠를 입는다. 무대에 설 때는 검정색과 흰색이 섞이거나, 화려한 색이 어우러진 유니폼이나 몸에 꼭 맞는 양복을 입는다. 기본적으로 흔히들 한국식이라고 여기는 옷차림이다.

한국 대중문화를 다룬 책을 쓴 저자 가운데 한 명이 2015년 11월에 베이징에서 강연을 한 뒤에, 여대생 몇 명을 모아 TFBoys를 어떻게 인지하는지 물어보았다. 학생들은 모두 TFBoys에 열광했지만, 자신들이 나이가 너무 많은 편일 것이라는 말도 내비쳐, TFBoys의 팬층이 훨씬 어리다는 사실을 보여줬다. 이 여대생들이 가치를 둔 것은 어린 소년들의 순수함, 그리고 친근하다는 느낌이었다. 학생들은 또 이 아이돌 그룹과 팬들이 비슷하다는 말도 보탰다.

우상과 팬의 이런 새로운 관계 방식은 마케팅 전략으로 이해할 수도 있지만, 계층 차이가 거의 없는 다른 형태의 의사소통과 상호작용을 내비치기도 한다. TFBoys의 경우, 선거는 전혀 없지만 팬들과 얼굴을 마주하는 모임이 흔하다. 2015년에 TF문화예술발전사는 TF 팬 모임의 밤을 베이징에 있는 음악 공연 및 스포츠 생태 센터와 베이징 수도체육관에서 열었다.

토론을 벌이려고 만든 온라인 공간은 어마어마하다. 이를테면 바이두 티에바에 어떤 게시물을 올릴지, 어떤 조건에 해당하는 게시물이 반드시 지워져야 할지를 결정하는 규칙이 있지만, 팬들은 TFBoys에게 찬사와 비평을 보내는 과정에서 자유로운 표현과 토론을 펼칠 가능성을 미리 연습하고 경험한다.

우리는 팬들의 이런 관행을 낭만적으로만 그리지 않고, 이런 관행에 젊은이들을 위한 새로운 문화 공간을 구축하고, 젊은이들의 문화 관행을 정상 범주로 끌어들일 기반을 제공할 잠재성이 있다고 강력히 주장하고 싶다. 이런 지역적 세계화 형식은 변화를 향한 세계적 추진보다는 지역적 친밀감, 그리고 변화 가능성 따라 하기를 보여준다. 세 소년이 풍기는 건전하고 순진한 인상 덕분에, 국가는 젊은이 문화에 잠재된 이런 가능성을 거의 경계하지 않게 된다. 적어도 지금 당장은 이들이 현실 정치에 아무런 위협을 주지 않기 때문이다.

나가며

이 장에서 우리는 젊은이들의 공간이 생겨나는 모습을 그렸다. 이 공간은 아시아권역 안에서 일어나는 문화 흐름이 주요 특성을 이루는 까닭에, 국가가 세계 문화의 유입에 더 민감하게 신경을 곤두세우느라 아직 알아채지 못한 곳이다. 세계 문화의 유입은 국가가 엄격하게 감독하고 규제하여, 문화 저항이 일어날 가능성이 최소화되었지만, 세계 문화의 지역화는 국가가 여전히 알아채지 못하는 무언가를 만들어냈다. 엄밀히 말하자면 흔히 있기 마련인 정치 유사성을 그 문화가 품지 않기 때문이다.

우리는 중국에서 드라마 〈일기래간유성우〉가 각색되어 제작되는 과정이 왜 계층 불평등이라는 사안을 희석하려는 시도인지를 보였다. 그렇지만 앞에서도 대략 다뤘듯이, 우리는 한국의 텔레비전 게임쇼를 현지화하는 과정에서, 현실을 중국의 사회적 맥락과 완전히 분리하여 게임화하는 과정에 있는 안내자를 볼 수 있다. 이런 게임쇼는 중국 제작자에게 매우 비정치적이고 안전한 아시아권 문화, 즉 공식 기관의 간섭에서 멀찍이 벗어날 편리한 방송 포맷을 제공한다. 하지만 엄밀히 말해, 이렇게 사회적 맥락을 무시한 오락물이라는 쇼의 본질 덕분에 젊은 팬들이 온라인과 오프라인에서 날마다 토론을 벌이는 문화가 형성되고, 이렇게 토론하는 과정에서 팬들은 자유롭게 서로 교류하고 즐길 수 있다. 엄격하고 뚜렷한 의미에서 정치와 관련한 이야기를 나눈다는 낌새를 조금도 보이지 않음으로써, 바로 이런 자유로운 토론은 '조화'니 '중국의 꿈'이니 하는 국가 담론에 거의 방해받지도 지배되지도 않는 문화 공간을 구성한다.

일본의 여성 댄스 그룹과 한국의 남성 댄스 그룹을 모방하는 것도 비슷한 효과를 낸다. 중국 당국이 전통적으로 써온 전략은 늘 중국의 문화 풍경을 세계화함으로써 경제를 발전시키는 것이다. 그런 발전이 사회 안정에 해롭지 않고 그래서 현재 상황을 뒤흔들지 않는다면 말이다. SNH48과 TFBoys처럼 이렇게 현지화한 문화 상품이 위협이 되지 않는 한낱 사소한 재밋거리로만 보이는 한, 이들은 내키는 대로 활동할 수 있다.

동시에 열성팬이 그렇게 새로운 형태로 형성되는 현상은 초기에 팬들이 자기 우상과 교류하던 방식과 다르므로 주목해볼 만하다. 이전 세대의 우상들, 이를테면 저우제룬과 리위춘은 중국다움이라는 문화와 스타, 젊은 팬들의 마음을 움직일 국가주의적 감성 가운데 적어도 하나를 제공하고, 일부로든 아니든 국가의 문화 관리에 편승한다. 하지만 이제는 일본에서든 한국에서든 아시아권역 안에서 들어온 문화 흐름이 팬과 우상 사이에 균형을 맞추는 데, 즉 동기화하는 데 가장 두드러진 구실을 하고, 그래서 젊은이들에게 뚜렷한 학습 경로가 눈에 띄게 없어지게 한다.

그렇게 하여 중국 젊은이들은 문화 곡예를 펼칠 공간을 더 확보하고자 싸울 필요가 없다. 오락물, 즉 소년답거나 소녀다운 문화는 국가가 감독하지 않는 문화 영역이기 때문이다. 국가는 이미 주변부에 자리 잡은 하위문화에 어떤 조치를 취하지도 않고 감독할 마음도 없다. 국가는 다채롭지만 대수롭지 않은 이런 젊은이 문화에 접근하여 무력화하는 데 관심조차 없다. 따라서 상대적으로 자율적인 이 공간에서 젊은이들은 자기가 속한 팬층을 통해 좋아하는 그룹을 중심으로 뭉쳐, 대중문화의 콘텐츠를 자유롭게 토론하고, 자기 우상을 드러내 놓고 옹호하는 데 익숙하다. 이런 현상은 겉보기에는 정치와 관련이 없다. 하지만 길게 볼 때 불확실한 것이 있다. 젊은이들이 자라나 지배층의 일부가 될 때, 이들의 습관, 태도, 관습이 다양한 정치 절차에 판을 뒤흔들 전환을 안길지는 아무도 모른다는 것이다.

이 장에서 꼭 짚고 넘어갈 중요한 말이 있다. 우리는 중국 젊은이들의 관행을 그저 소비문화와 물질주의적 욕구라는 관점의 틀로만 보고자 하는 유혹을 떨쳐내야 한다. 우리는 문화 흐름이 열어젖힌 공간으로 넘어가 이 공간을 샅샅이 살펴봐야 한다. 무엇보다도 우리가 다뤘듯이 아시아권역 안에서 일어난 문화 흐름으로 생겨나, 당, 가정, 직장, 교육의 지원과 개입 바깥에서 주로 작동하는 공간을 살펴봐야 한다. 젊음의 본질적 가치를 생각하고 그 가치를 아시아와 세계의 여느 젊은이들과 같은 방식으로 보존하고 즐길 전략을 고민해본다면, 새로 생겨난 공간이 눈에 띄지 않은 덕분에 성장한, 중국 젊은이들의 놀이 이론과 다양한 문화 관행은 그들의 능력으로 얻어낸 정치 행위이다.

우리는 또 새로운 문화 공간이 중국 젊은이들에게 말하고 교류하고 자기 자신으로 존재할 자유의 의미를 제공할 때, 앞으로 어떤 정치적 가능성이 있을지도 궁금하다. 지금은 그런 공간과 관행이 주로 온라인에서 전개되고, 이런 공간과 관행이 다시 변형되어 현재 존재하는 다른 기관들과 매체, 디지털 기술로 스며든다. 이런 젊은이 문화를 국가가 언제쯤 알아채고 가로막을지는 아무도 모른다. 무슨 일이 일어날지 아무도 모른다면, 어떤 미래든 상상해볼 만하다.

★

제 4 장

중국의
이성애 규범성과
이에 따른 불만

중국 안에서든 밖에서든, 성생활을 둘러싼 우려는 흔히 젊은
이들에게 투사된다. 하지만 1978년에 중국이 문호를 개방하
면서, 많은 일들이 바뀌었고, 사랑, 성역할, 성생활 영역에도
변화가 일었다. 이 장은 중국에서 이 시대에 나타난 남자다움
과 여자다움의 유형, 사랑과 연애 문화, 성생활과 동성애자 문
화를 다룬다.

★

젊은 세대는 새로운 사회 행동주의와 운동이라는
드넓은 물줄기에 발을 디딤으로써 자신을 헌신한다.
따라서 지금은 젊은이들에게 고된 시기이다.
지금의 정치 상황에서는 새로운 전략과 방법이 필요할 것이다.
-웨이팅팅

들어가며

베이징에서 밤에 공원을 거닐다 보면(사실 밤에만 볼 수 있었다) 서로 손을
잡거나 입맞춤을 나누는 젊은 연인들이 자주 눈에 띄었다. 도시의 다
른 공간과 가정에는 사적 공간이 상대적으로 드문 까닭에 젊은 연인
들은 우리가 공개 사생활이라 부르고 싶은 곳을 찾아 밖으로 내몰린
다. 하지만 오늘날 우리가 살아가는 시대에는 데이트 앱이 공원을 대
신하는 일이 잦아, 많은 젊은이들이 데이트 앱 모모에서 파트너가 될
만한 사람을 손가락으로 쓱 긁어 수락한다. 남성 동성애자들은 휴대
전화에서 블루드, 장크, 알로하를 이용해 사람을 찾고, 여성 동성애자
는 레즈파크를 이용한다. 〈상은(上瘾)〉처럼 온라인에서 방송된 게이 드
라마는 남성 동성애자뿐 아니라 젊은 여성 팬이라는 큰 시청자를 사
로잡았다. 우리가 이 장에서 다루듯이, 〈상은〉의 이런 현상에 어느 정

도 불안을 느낀 당국은 방송을 금지했다. 그럼에도 극의 주제곡은 웨이보에서 입소문을 탔다. 동시에 웨이신(위챗)의 단체 대화방에서는 성역할, 사랑, 성생활과 관련한 사안의 최신 정보를 나눈다.

이런 관행이 내비치는 개방성에 페미니스트 활동가 웨이팅팅이 물음을 던진다. 웨이팅팅이 보기에는 시진핑이 이끄는 중국이 '휴지 기간'을 마주하고 있으므로, 자신들은 "현재 시점에서도 눈에 띄지 않도록 숨어서 무슨 일이 벌어질지를 지켜봐야 한다." 2015년 3월에 당국은 웨이팅팅을 비롯해 중국의 다른 곳에 있던 페미니스트 활동가 네 명을 구금하였다. 이들이 대중교통에서 일어나는 성추행에 맞서 경계심을 일깨우는 캠페인을 계획했기 때문이다. 스물일곱 살이던 웨이팅팅은 이전에 우한에서 〈버자이너 모놀로그Vagina Monologues〉 공연에도 참여했다. 활동가들은 구금된 지 한 달 만에 풀려났지만, 구금은 성역할 및 성생활과 관련한 사안이 중국에서 얼마나 폭넓은 논쟁을 불러일으키는지를 보여준다.

중국 안에서든 밖에서든, 성생활을 둘러싼 우려는 흔히 젊은이들에게 투사된다. 하지만 1978년에 중국이 문호를 개방하면서, 많은 일들이 바뀌었고, 사랑, 성역할, 성생활 영역에도 변화가 일었다. 이 장은 중국에서 이 시대에 나타난 남자다움과 여자다움의 유형, 사랑과 연애 문화, 성생활과 동성애자 문화를 다룬다. 우리는 푸코가 제시한 통치성을 렌즈 삼아 이 분야들을 샅샅이 살핌으로써, 이 영역들이 중국 특유의 과거 내력을 매우 세계화된 상상으로 어떻게 헤쳐나가는지를 보일 것이다. 우리는 이 과정을 다섯 단계에 걸쳐 보이려 한다. 첫째로 이성애 규범성이라는 담론과 이 담론이 중국에서 표현되는 방식을 다루려 한다. 이어서 둘째로 중국의 젊은이와 성역할, 성생활을 다룬 연구를 여러 매체에서 재현하는 모습, 상하이의 결혼 시장 같은 문화 관행과 연결하여 분석할 것이다. 이성애 규범적 담론이 이렇게 뚜렷이 드러나는 데는 논란이 있으므로, 이어지는 절에서는 이성애 규범성을 극복하는 세 영역을 집중적으로 다룬다. 첫째, 중국에서 매우 인기 있는 로맨틱 코미디가 역설적이게도 어떻게 사랑을 비웃는지를 꼭 들어맞는 사례인 영화 〈실연 33일〉로 명확히 설명한다. 둘째, 중국에 퍼진 동성애 문화는 이성애 중심인 규범을 뒤흔들지만, 비록 이성애 규범을 인정하지는 않더라도 정략결혼에서처럼 때로 용인하기도 한다. 마지막으로 셋째, 널리 퍼진 사회적 성역할과 생물학적 성역할에 섹스와 페미니즘이 도전장을 던지기도 한다.

아직 합의가 이뤄지지 않은 로맨틱 코미디, 동성애 문화, 성과 페미니즘 담론들은 모두 성역할 및 성생활과 관련한 인식의 틀이 바뀔 조짐을 보여주지만, 우리는 이런 담론을 해방적 대안으로 받아들이기를 무척 경계한다. 젊은이들의 성별 성향, 성적 행동, 남자답거나 여자다운 자기표현이 쉼 없이 진화하므로, 현대화, 개방, 해방, 자유를 목적론에 따라 좋게만 이야기한다면, 단순하기 짝이 없는 해석이라, 젊은이들이 보이는 모순과 복잡함을 단조롭게 만든다. 중국에서는 사회적 성역할과 생물학적 성역할에 불평등이 지긋지긋하게 나타난다. 예를 들어 독신은 제도 차원에서는 1장에서 설명한 대로 가족에게 인정받지 못하는 과도기 상태로 그려지고, 개인 차원에서는 남자보다 여자에게 짐으로 여겨진다. 마찬가지로 동성애 문화는 수입이 꽤 많은 젊은 도시인의 특권으로 생각된다. 이와 같이 이 책을 관통하는 주요 주제, 즉 부모와 국가와 학교의 역할, 온라인과 오프라인에서 매체의 역할, 세계화와 현지화 관련 과정, 상업화 문화와 소비문화, 감시 아래에 놓여 있으면서도 실험이 용인되는 새롭고 젊은 주체성의 출현으로 연결되는 주제가 모두 이 장에 등장한다.

중국인에게 성역할이란?

공산주의의 깃발 아래, 마오쩌둥은 여성이 하늘의 절반을 떠받친다는 유명한 주장을 펼쳤다. 인민과 노동자에 집중한다면 성 평등이 늘어날 것이고, 또 그렇게 주장되었다. 하지만 이런 집중은 여성성만 없애버릴 뿐이라, 성평등을 불러오기는커녕 남성다움만을 인정하는 꼴이었다. 1949년에 마오쩌둥이 중화인민공화국을 세운 뒤로, 노동자의 모습은 남자 같은 여성이 본보기로 제시되었다. 이를테면 홍위병 복장에 초록색 모자를 눌러쓴 단발머리 소녀가 모범상이었다. 현대의 중국 인민 해방군도 마찬가지다. 여성 인민 해방군은 여러 색의 제복을 걸치고 때로 치마도 입지만 머리는 짧다. 그리고 넥타이를 매고 총을 듦으로써 '힘을 얻는다'. 1950년대에 중화인민공화국이 새로 통과

시킨 혼인법은 결혼 상대를 고를 자유를 보장하여, 이전의 가부장적 결혼 절차와 전통이 급격히 바뀌었음을 상징한다. 그렇다 해도 가정과 공동체와 제도가 남성과 여성이 서로 접촉하지 못하게 가로막았으므로 마오쩌둥이 집권한 시기 대부분 동안 실제로는 연애가 제약되었다. 1980년에 추가 개정된 혼인법은 한 가정 한 아이 정책, 이혼 합법화를 도입한 것 말고도 한층 더 개혁되었고, 1983년에 추가 수정되면서 국제결혼을 허용하였다. 이런 법 개정은 사랑, 애정, 그리고 아마도 성적 즐거움을 현대의 결혼 영역으로 생각하는 신세대의 기준을 반영한다. 2003년에 추가 수정된 법은 결혼한 사람이 제3자와 동거하는 것을 불법으로 규정하였다. 이는 '서구식 성 자유'의 영향으로 1949년 이전에 흔했던 축첩 풍습이 도시에서 다시 생겨나자, 그 영향을 줄이려고 국가가 신중하게 시도한 개정이었다.

늘 그렇듯이 혼인법 개정에는 대도시에서 발생하는 성역할과 성생활 관련 쟁점을 해결하려는 목적이 숨어 있다. 해리엇 에반스가 보여주듯이, 성생활은 중요한 화제로 남아 있다. 해리엇 에반스에 따르면 "마오쩌둥 시대 전체에 걸쳐, 그리고 뒤이은 1990년대까지도 성교육과 의료 책자, 여성 및 청소년 대상 출판물에 실리는 기사, 중화전국부녀연합회의 발표가 성생활에 대한 지배 담론에 기여하였는데, 이 담론은 여성 주체를 대체로 생식과 관련하여 정의하였다." 1990년대 이후로 성역할과 성생활의 기능이 급증하였다. 여기에서 영감을 얻은 제임스 패러는 상하이 젊은이의 성 문화를 다룬 자신의 책에 『개방Opening Up』

이라는 제목을 붙였다. 또 카트리엔 제이콥스는 자신의 책『인민의 포르노그래피People's Pornography』에서 "중국의 네티즌 문화 안에 일어난 성 반란"을 언급했다.

하지만 눈에 더 많이 띈다는 것이 자유가 늘어났다는 신호일까? 무엇보다도 푸코가 한때 단호히 주장했듯이 "눈에 띈다는 것이 곧 덫이다." 해리엇 에반스도 비슷한 경고를 뚜렷이 밝혀 이렇게 적었다. "이 시대에 이야기와 시각, 공간, 육체 형태로 성적 특징을 부여한 몸이 생산되는 현상은 꽤 다르게 해석해볼 수 있다. 성 묘사는 규범이 된 성역할 관행과 이에 따른 기대치의 타당성을 재확인할 수도 있고, 무너뜨릴 수도 있다. 다양한 성 관행을 폭넓게 용인하는 것만으로는 성별 차이를 보는 개념이 다양해진다는 뜻과 일치하지 않는다."

그렇다면 늘어난 가시성과 다양성과 해방 사이에 감도는 이런 긴장을 어떻게 분석해야 할까? 해방이라는 말에서는 자기 자신이 금지와 억압에서 자유로워져야 한다는 발전 담론의 기미가 엿보인다. 사회 과학에서 생물학적 성인 섹스sex는 대개 생식의 자율성을 가리키고, 사회학적 성인 젠더gender는 해부학적 성에서 비롯한 역할을 가리킨다. 젠더의 정의는 한 사람이 사회적 성역할을 형성하고 수행할 가능성에 대한 담론을 열어젖혔다. 이런 담론은 시몬 드 보부아르의 "사람은 여자로 태어나지 않는다"는 주장부터 주디스 버틀러의 성역할 연기 연구까지 다양하다. 버틀러에 따르면, 이성애는 성역할 생산에 없어서는 안 될 요인으로, 여기에서 나온 이성애 규범적 담론이 일상 곳곳에

구석구석 스며든다. 이 담론에서는 해부학적 성이 성역할을 결정하고, 이에 따라 이성애를 바라는 욕망을 낳는다. 동성애자 주체성이 이렇게 서로 꼬리를 무는 인과관계만 해치는 게 아니다. 성전환증처럼 형태가 다른 성역할 연기도 이성애의 기반을 뒤흔들기는 마찬가지이다.

중국에서 나타난 한 사례는 이런 복잡함을 보여준다. 2010년에 쓰촨음악대학교 출신인 청년 류주가 후난 텔레비전의 오디션 프로그램인 〈콰이러난성(快樂男聲·Super Boy)〉에 참가했다. 스타킹에 하이힐, 긴 머리를 한 류주가 방송에서 공연을 하자 심사위원들이 웅성거렸고, 류주가 정말로 남자인지 묻다가 마침내는 성별을 증명할 신분증을 보여달라고까지 요구했다. 심사위원들의 무례한 심문은 중국 인터넷에서 꽤나 논란을 일으켰고, 류주는 실제로 다음 경선에 올라갔지만, 결국은 탈락했다. 그의 공연은 생물학적 성과 성역할 사이에 존재하는 관습적 인과관계를 뒤집었다. 류주의 트랜스젠더 연기는 명확히 말해 동성애와 같은 유형은 아니다. 류주에 따르면 그런 차림새는 그저 그가 좋아하는 취향일 뿐이다. 이런 취향을 웨이냥(僞娘)이라 하는데, 웨이냥은 글자 그대로 가짜 여자, 즉 남자가 여자처럼 옷을 입는 코스프레(코스튬 플레이^{costume play}에서 나온 말로, 참가자가 특정 인물을 대표하는 옷을 입는다) 행위이다. 이보다 몇 해 전에 방송된 여성판 TV 경연 〈차오지뉘성〉의 우승자 리위춘도 성역할 연기를 드러내 중국 여자는 이러이러한 모습이어야 한다는 규범에 도전했다. 3장에서 이미 다뤘듯이, 리위춘은 예쁘장한 사내 같은 외모 덕분에 중국의 게이 및 레즈비언 사회에서 우상으로 떠올랐다.

상당한 볼거리인 이런 성역할 연기는 그럼에도 성생활을 둘러싼 담론이 갈수록 널리 확산된다는 표시로 읽을 수 있다. 이는 푸코가 『성의 역사 1: 지식의 의지』에서 주장한 바이다. 그는 억압 가설에서 성생활을 둘러싼 담론이 널리 확산되도록 허용한 것이 바로 억압 주장이라고 강조한다. 푸코에 따르면 "현대 사회에서 기이한 것은 사실, 성을 그림자 같은 존재로 자리매김하는 것이 아니라, 성을 가장 은밀한 비밀로 착취하면서도 온힘을 다해 끝도 없이 성을 이야기한다는 것이다." 성생활, 그리고 성생활에 영향을 받는 몸은 서구에서 19세기 동안 생체권력이 작용하는 곳으로 바뀌었다. 따라서 몸은 자신의 진실을 말할 수 있는 장소로 구축되었다. 하지만 푸코가 다른 저서에서도 경고했듯이 "아마도 오늘날 우리의 목표는 우리가 어떤 존재인가를 알아내는 것이 아니라 우리라는 존재를 거부하는 것일지도 모른다. … 우리는 수백 년 동안 우리에게 짐을 지운 이런 개체이기를 거부함으로써, 새로운 형태의 주체성을 널리 알려야 한다."

이런 철학적 사색 덕에 우리는 해방, 현대화, 산업화 이야기와 이런 이야기가 성역할 및 성생활과 복잡하게 얽혀 있다는 데 의문을 품는다. 중국에 다시 돌아온 신유교주의, 이 유교주의가 떠받치는 가부장제와 위계질서, 한 가정 한 아이 정책, 가오카오를 비롯한 공공 시험제도, 소비주의의 힘이 모두 성생활과 성역할을 추가로 규제하는 훈육 담론을 이룬다. 통치 논리는 남녀와 사랑의 관계, 성역할과 성생활의 관계를 설정하여, 사랑하고 사랑받을 가능성, 자신의 성역할을 드러내거나 숨길 가능성, 자신의 성적 욕망을 탐구하거나 무시(하려) 할 가능성이 생길 상황을 생성한다.

이성애 규범성이 중국에만 있는 것은 결코 아니지만, 중국에서는 특별하게 표현된다. 이런 표현에서는 1장에서 보았듯이 특히 신유교주의 담론과 한 가정 한 아이 정책이 중요한 역할을 맡는다. 우리는 이 장에서 이런 이성애 규범적 담론을 뒤흔들 관행을 샅샅이 살피고 싶지만, 책의 주요 취지도 따라야 하고 가시성이 해방으로 이어진다는 이야기를 받아들이기도 망설여진다. 따라서 우리는 이런 뒤흔들기가 틀림없이 새로운 방식의 통치성, 새로운 통제 형식으로도 이어지겠지만, 반대의 대상으로 보이는 것에 힘을 실어줄지도 모른다는 것을 인정한다. 우선 국가, 학교, 가정의 통치 논리에서 핵심을 차지하는 이성애 규범성이라는 담론이 어떻게 표현되는지를 탐구하는 데서부터 시작해보자.

이성애 규범에 깔린 열망 Ⅰ: 연구 결과

우리가 중국에서 이성애 규범을 논하는 담론이 어떻게 표현되는지를 탐구한 장소는 예상을 꽤 벗어난 곳, 바로 숫자와 통계이다. 이런 수치에서 우리는 최근에 나타난 견해와 태도를 상당히 꿰뚫어볼 수 있을 뿐더러, 이런 견해와 태도를 메타 수준에서, 즉 '건강한 성생활'과 '적합한 성역할'을 둘러싼 담론의 표현으로 해석할 수 있다.

　중국의 성생활 연구는 이를테면 사람들이 결혼하는 나이에 집중함으로써, 결혼한다는 개념에 덧붙여진 중요성을 강화한다. 연구들은 결혼 연령이 얼마나 올라갔는지를 보여준다. 예컨대 1990년에 남자는 23.6세, 여자는 22세이던 결혼 연령이 2010년에는 각각 25.9세와 23.9세로 높아졌다. 도시에서는 평균 23.6세이던 결혼 연령이 26세로 올라갔고, 시골에서는 22.5세이던 연령이 23.7세로 올라갔다. 첫 섹스를 경험하는 평균 나이는 예상되다시피 매우 낮다. 베이징대학교의 중국사회과학연구소가 발표한 〈2015년 중국인 결혼현황 조사 보고서〉는 중국인의 첫 성경험 나이가 내려간 사실을 밝힌다. 이 보고서에 따르면, 예컨대 각각 1980년, 1985년, 1990년, 1995년 이후에 태어난 중국인이 처음으로 성을 경험한 나이는 22.1세, 21.3세, 19.8세, 17.7세였지만, 1980년 이전에 태어난 사람은 22.7세였다. 중국 젊은이들은 이전보다 빨리 성을 경험하지만, 결혼은 더 늦게 한다. 그리고 이런 현상은 도시에서 더 두드러진다. 이런 연구 결과는 젊은이들이 사랑과 성생활을 이전보다 더 많이 실험한다는 것을 암시한다. 1980년대 이후로 태어난 젊은 중국인 163명을 온라인으로 연구한 결과가 이를 확인해준다. 여성 응답자 가운데 55.2퍼센트, 남성 응답자 가운데 45.7퍼센트가 한 사람 이상과 잠자리를 나눴다. 사람들은 다양한 출처에서 성 지식을 얻지만, 성교육은 여기에서 특별히 두드러지게 포함되지 않는다. 2007년부터 대학생들을 상대로 진행한 연구에서는 응답자 가운데 67.3퍼센트가 성교육을 받지 않은 사실이 드러났다. 두 연구는 성생활과 관련한 지식을 얻는 가장 중요한 정보원이 책이라고 밝혔다. 한 연구에서는 책 다음으로 친구, 동급생, 매체, 학교가 꼽혔고, 마지막이 가족이었다. 다른 연구에서는 인터넷이 둘째로 중요한 정보원으로 꼽혔고, 다음이 동성 친구, 영화와 드라마, 학교이고, 마지막은 부모였다. 두 연구가 입증하는 것은 성과 사랑을 알려주는 정보에 있어서 학교와 부모가 크게 중요한 역할을 하지 못하고, 책, 매체, 친구가 상대적으로 중요한 역할을 한다는 사실이다. 모든 연구는 결론에서 중국이 성교육을 반드시 개선하여, '건강한 성'이라는 개념을 널리 알려야 한다고 주장한다. 이 주장은 데이 웡Day Wong이 중국 위생부가 발간하는 〈중국성과학지(中国性科学)〉의 임무를 요약한 내용과 일치한다. 이 잡지가 강조하는 세 가지 임무는 성 과학을 널리 알리고, 성 건강을 증진하고, 성의 조화를 이루는 것이다.

2010년에 황잉잉(黃盈盈)과 판쑤이밍(潘绥铭)이 중국 전역에 있는 도시 123곳과 시골 37곳에서 열네 살부터 열일곱 살 사이인 청소년 1,593명을 임의로 표본 조사한 연구는 이들이 사랑과 성생활에 어떤 가치관을 품는지를 보여준다(도표 4.1 참조). 이 도표에 따르면 응답자 대다수가 자신의 성 가치관이 상대적으로 또는 매우 열려 있다고 주장하지만, 아직도 표본의 절반 가까이 되는 청소년이 혼전 성관계를 지지하지 않는다. 같은 표본 집단에서 자위행위가 바람직하지 않다고 답한 응답자는 놀랍게도 남자 청소년 가운데 71.2퍼센트, 여자 청소

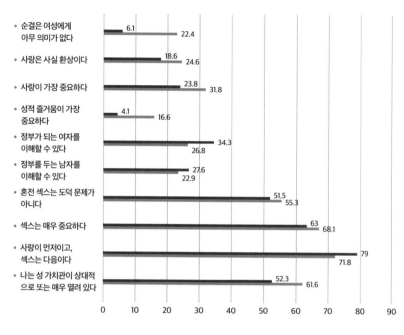

■ 여자　■ 남자

- 순결은 여성에게 아무 의미가 없다 — 6.1 / 22.4
- 사랑은 사실 환상이다 — 18.6 / 24.6
- 사랑이 가장 중요하다 — 23.8 / 31.8
- 성적 즐거움이 가장 중요하다 — 4.1 / 16.6
- 정부가 되는 여자를 이해할 수 있다 — 34.3 / 26.8
- 정부를 두는 남자를 이해할 수 있다 — 27.6 / 22.9
- 혼전 섹스는 도덕 문제가 아니다 — 51.5 / 55.3
- 섹스는 매우 중요하다 — 63 / 68.1
- 사랑이 먼저이고, 섹스는 다음이다 — 79 / 71.8
- 나는 성 가치관이 상대적으로 또는 매우 열려 있다 — 52.3 / 61.6

출처: Huang and Pan 2012

년 가운데 76.7퍼센트였다. 다른 정성적 연구에서는 저자들이 스물세 살 여성의 말을 인용한다.

> 내가 혼전 성관계를 인정할 수 있는 경우는 두 사람이 서로 사랑하고, 둘 다 성인이고, 옳고 그름을 가릴 줄 알고, 자신의 행동을 책임질 줄 알 때 뿐이에요. 청소년이 성관계를 맺는 것은 받아들이기 어려워요.

이와 달리 스물두 살 남성은 혼전 성관계를 결혼생활 동안 실망할
일을 피하려는 현명한 선택으로 보았다.

> : 혼전 성관계는 아주 중요합니다. 사랑이 깊어질 때는 자연스레 성관계를
> 맺잖아요. 혼전 성관계를 막는 건 정말 바람직하지 않아요. 결혼 전에 성관
> 계를 맺지 않는다면, 결혼 뒤에 섹스 때문에 문제가 생길지도 모르잖아요.
> 내가 어떤 사람인지를 상대방이 모두 알게 하는 건 정상입니다.

주링허우 세대를 다룬 한 연구는 이 세대 안에서도 나이가 많은
응답자일수록 더 어린 응답자보다 결혼에 더 현실적이라는 현실을 보
여준다. 오로지 사랑만을 바탕으로 빈손으로 하는 결혼을 가리키는
'뤄훈(裸婚)'을 받아들인다는 응답자는 달랑 8퍼센트뿐이었다. 연구를
실시한 저자들은 주링허우 세대가 진지하지 않다는 고정관념에 맞서
이렇게 적는다.

> : 결혼이 가까워질수록 주링허우 세대는 더 불안해진다. 이들에게는 불확
> 실한 미래를 마주할 용기가 없다. 현실을 직시해야 하는 시기에는 현실적
> 인 사랑이 필요하다. 도대체 누가 이를 진지하지 않은 태도라 할 수 있겠는
> 가? 꿈이 깨진 뒤에 서로 헐뜯느니, 차라리 결혼 전에 자신의 선택이 옳은
> 지 깊이 생각해보는 편이 낫다.

이런 연구들은 나라의 개방과 함께 성과 관련한 가치관이 '개방'되었다지만, 성 혁명이 일어났다거나 일어나고 있다고 선언하는 데 신중해야 한다고 주장한다. 연구 수치는 중국 젊은이들이 결혼하기 전에 더 많은 실험을 하는 현실을 가리켜, 성교육에 매체가 얼마나 중요한지를 내비친다. 앞에 언급한 연구에서 사랑이 가장 중요하다고 밝힌 응답자는 3분의 1에 미치지 못했지만, 사랑이 환상이라고 여기는 응답자는 거의 4분의 1에 가까웠다. 이런 사랑의 수사야말로 노래든 텔레비전 드라마든 책이든 영화든 대중문화에 가장 두드러지게 스며들어 있다. 우리가 앞에서도 주장했듯이, 중국 젊은이들이 정보를 얻는 모든 출처(가장 두드러지는 원천은 책, 매체, 친구이다)뿐 아니라, 우리가 앞에서 인용한 연구들도 젊은이들의 성생활과 생각을 측정하고, 저울질하고, 감독하는 통치 논리의 일부이다.

이성애 규범에 깔린 열망 II: 매체에 재현된 모습

수치에서 재현으로 넘어가 보자. 최근 중국에서 리얼리티 TV 프로그램과 짝짓기 쇼가 물밀 듯이 늘어나는 현상은 이성애 규범적 담론의 회복 탄력성을 더 깊이 파악하는 데 도움이 된다. 중국은 한 가정 한 아이 정책으로 성비가 한쪽으로 치우쳐 여자아이보다 남자아이를 더 많이 낳는다(2010년 중국 국가 통계에 따르면 중국 국민 가운데 남성이 51.27퍼센트, 여성이 48.73퍼센트이다). 이 때문에 연애를 둘러싼 우려가 중국이 직면

한 사회 의제에서 현재 높은 자리를 차지한다. 장쑤 위성 텔리비전이 기획하여 2010년부터 전국에 방영하는 짝짓기 쇼 〈페이청우라오(非诚勿扰)〉가 성공을 거둔 까닭도 틀림없이 이 때문일 것이다. 이 쇼는 사랑과 결혼을 둘러싼 가치관과 도덕성을 놓고 열띤 토론과 논쟁을 불러 일으켰다. 이 프로그램은 한 줄로 늘어선 여성 초대자 스물네 명에게 미혼 남성 다섯 명이 소개되는 구성이다. 남성들은 한 번에 한 명씩 소개된다. 남성들은 스튜디오에서 직접 여성과 마주하기도 하지만, 한 남성마다 짧은 동영상 세 편으로도 자신을 소개한다. 첫째 동영상은 생활 배경을 알리고, 둘째 동영상은 여성에게 바라는 점을 설명하고, 셋째 동영상에서는 남성의 친구들이 남자가 어떤 사람인지를 말한다. 이 과정에서 해당 남성과 데이트를 할 마음이 들지 않는 여성은 불을 끌 수 있다. 셋째 동영상이 끝난 뒤 여전히 불이 켜져 있는 여성은 남성에게 관심이 있다는 뜻이고, 남성은 이들 가운데 한 명을 고를 수 있다. 또 남성이 불을 끈 여성 가운데 한 명을 골라 자신을 거절하지 말아달라고 부탁할 수도 있다. 앞서 3장에서 다룬 〈차오지뉘성〉의 구성과 비슷하게, 이 쇼도 중국의 미디어 제작에서 오락물의 가치를 증명한다. 중국의 시청률 조사기관인 CSM 미디어 리서치에 따르면 〈페이청우라오〉의 시청자 수는 2013년 3월 기준으로 중국 시청자의 2.77퍼센트, 3,600만 명에 이르러, 경쟁 프로그램보다 수치가 훨씬 높았다.

우리는 난징에 있는 방송국의 실제 촬영 장소로 가 이 프로그램의 녹화 과정을 관찰하였다. 직접 보니 이 TV 쇼가 기본적으로는 중국 사회에 전통으로 내려오던 중매 풍습 '샹친(相亲)'의 현대판이라는 인상을 받았다. 다만, 이제는 더 젊고 익살스러운 '중매쟁이'인 프로그램 사회자가 결혼이라는 선택과 관련한 개인 문제를 공개하는 참가자에게 놀리고 비꼬는 질문을 던지므로, 중매가 볼 만한 재밋거리로 탈바꿈하였다. 프로그램이 도시를 맥락 삼아 제작되었으므로, 결혼을 다루는 이야기가 사랑, 섹스, 돈을 말하는 주제로 바뀌었다. 당국자들은 바람직하지 않다는 눈초리로 프로그램을 지켜보기 시작했고, 뒤이어 프로그램이 적절치 않게 '나쁜 가치관'을 퍼트린다고 판정하였다. 마침내 국가신문출판광전총국은 리얼리티 프로그램에 묘사된 '천박함'을 멈추라고 중재하였다. 특히 마녀라는 여성은 자전거 뒷자리에서 웃느니 BMW 안에서 울겠노라고 선언하여 엄청난 논란을 불러 일으켰다. 그때부터 〈페이청우라오〉는 자주 튀어나오는 재산과 섹스 이야기를 자제하라는 명령을 받았고, 대화의 흐름을 바로잡고자 사회자 한 명을 더 투입하였다.

주링허우 세대의 생활양식을 집중적으로 다룬 책 『우리, 주링허우!(我们, 90后!)』에서 저자들은 〈페이청우라오〉에 일어난 이 사건에 세대별로 어떤 반응을 보이는지 비교한다. 저자들은 마흔아홉 살인 응답자의 말을 이렇게 인용한다.

: 그 여자애는 겨우 스무 살이잖아요. 버릇없는 태도로 보아 도덕성이나 능

력도 없고, 예쁘지도 않아요. 자기가 아주 잘났다고 높게 평가하고요. 그런데도 사회자는 그 애를 감싸고돌더군요. 그러니 장쑤 TV가 이 대목에서 실수를 한 거죠. 생각해봐요. 그렇게 못된 사람이나 당신네가 그 애를 TV에 나오게 한다면, 앞으로 셀 수 없이 많은 젊은이들의 미래에 영향을 미치지 않겠어요? 젊은이 대다수가 학생인데, 도대체 이 여자애는 TV에서 뭘 보여주는 거죠?

주링허우 세대인 어떤 이의 대답은 놀라울 만큼 다르다.

: 저는 정말로 마뉘의 요구가 아주 정상이라고 느껴요. 달랑 BMW와 집이잖아요. 솔직히 BMW에서 운다는 건 굉장히 적은 요구예요. 제 친구 한 명은 "내가 보기에는 마뉘가 너무 적게 요구해. 나라면 페라리에 올라 자지러지게 웃어젖히겠어"라고 했어요. 제 생각에 마뉘에겐 요구에 걸맞은 자산이 있어요. 얼굴도 예쁘고, 몸매도 섹시하고, 거기다 솔직하니까. 그렇게 많이 요구하는 게 아니죠. 지금은 BMW 한 대를 사는 데 30만 위안도 안 들잖아요. 설사 30만 위안이 없다 해도, 왜 착한 여자와 결혼해야 하죠? 요즘 여자들은 물질적인 게 아니라, 현실적인 거예요.

이 연구에서 세대간 비교는 의심할 바 없이 지나치게 확대되었다. 견해란 폭넓게 다르기 마련이고, 주링허우 세대 안에서도 마찬가지다. 하지만 도덕성을 강조하고 매체의 해로운 영향을 걱정하는 더 나이든 세대와 사랑과 돈이 복잡하게 뒤엉켜 있다는 데 더 공감하는 세대의 분열은 세대를 내려가며 가치관이 바뀌는 현상을 말해준다.

이 프로그램은 중국 젊은이들이 사랑 및 연애와 관련한 사안을 토론할 공간을 열어젖힌다. 트래비스 S. K. 콩이 주장한 대로, 이 프로그램은 "이 세대가 세계화하는 사회에서 자기를 표상하고 표현함으로써 자신들의 '생활양식 정치'를 명확히 밝히는 데 이용할 수 있는 기반"을 제공한다. 연구에서 트래비스 콩은 〈페이청우라오〉가 사회와 관련한 여러 주제, 이를테면 환경 문제, 외국인과 사귀기, 경력 선택과 관련한 사안과 어떻게 맞물리는지를 보여준다. 따라서 프로그램은 1980년 이후 태어난 세대 사이에 있는 다양한 의견을 보여준다. 결국 이렇게 서로 맞서는 목소리는 정체성과 사회적 책임이라는 중요한 측면에서 어떤 생활양식을 선택할지를 둘러싼 공개 담론으로 이어진다. 하지만 TV 리얼리티 프로그램은 정부의 대응과 더불어 남을 좌절시키고 부정하면서 특정 주체성을 장려하므로, 여기에도 통치성의 전술이 깊이 내포되어 있다. 쑨완닝(孫皖宁)은 공산주의 치하 중국에서는 삶의 이야기를 국가와 사회가 대부분 규정했지만, 오늘날에는 그 짐이 개인에게 더 많이 옮겨갔으므로, 개인은 확신이 서지 않아 상처받고 불안한 감정을 견뎌야 한다고 주장한다. 짝짓기 쇼를 비롯한 다양한 미디어 포맷은 집단이 품는 이런 우려를 이용한다.

앞의 분석에 더해, 〈페이청우라오〉는 최근 떠오른 범주, 성뉘(剩女)를 소개하기도 한다. 성뉘는 '남은 여자'라는 뜻으로, 20대 후반을 넘겨 혼자 살아가는 도시의 전문직 여성을 설명하는 데 폭넓게 쓰이는 경멸을 담은 용어이다. 역설적이게도, 여자보다 남자가 더 많은 나라에서 독신을 둘러싼 불안이 아직도 여성이라는 집단으로만 연결되는 현상이 관찰된다. 대체로 성뉘라는 말에는 외모에서든 인성에서든 어딘가 모자란 구석이 있다는 의심이 담겨 있다. 따라서 이 리얼리티 쇼에서 남겨진 여성들은 교훈을 하나 배운다. 남자의 마음을 사려면, 매력 있는 여자가 되는 법을 배우고 훈련해야 한다. 이런 프로그램의 인기는 결혼 적령기를 넘겨 20대 후반이나 30대 초반에 이른 여성에게 결혼하기에 꼭 맞는 남자를 찾을 가능성을 둘러싼 일반적인 불안을 안긴다.

뤄웨이Luo Wei와 쑨전Sun Zhen은 〈페이청우라오〉가 성뉘를 어떻게 그리는지 분석하면서, 전문가의 역할을 꼬집는다. 이들은 유명한 애정소설 작가 정쯔항의 말을 인용한다.

: (이상적) 여성이란 남들 앞에서는 (성공하고, 능력 있고, 남 보기에 외모도 봐줄 만한) '대단한 여자'로 보여야 하지만, 가정에서는 (고분고분하고, 상냥하고, 천진난만한) '아이 같은 여자'가 되어야 마땅하다. 낮에는 '백골마녀(중국 고전 설화 「서유기」에 나오는 유명한 인물로, 아름답고, 영리하고, 사악하고, 강인한 여성상을 담아내고, 무엇보다도 아주 힘센 남성인 손오공에 맞서 싸울 수 있다)'처럼 행동해야 하지만, 밤에는 남편을 위해 (짓궂게 사람을 홀리는 젊은) '백여우'로 바뀌어야 마땅하다.

분명하게도 성공, 사랑, 내조의 짐을 지는 사람은 여성이다. 뤄웨이와 쑨전의 주장에 따르면 그렇게 함으로써 〈페이청우라오〉는 패권에 따른 성역할과 더불어 남성의 특권을 다시금 인정한다. 일상에 개입하는 데서 멀찍이 떨어져 보면, 성뉘라는 낙인을 없애려고 서둘러 결혼에 뛰어들 때 여기에는 심각한 실질적 함의가 있음을 알 수 있다. 리타 홍 핀처Leta Hong Fincher에 따르면 "독신 전문직 여성이 딱하고 외로울 것이라는 고정관념과 달리, 현실은 사뭇 다르다는 사실을 보여주겠다. 난관에 빠지기 쉬운 사람은 바로 서둘러 결혼하는 어린 여성이다." 그녀는 성 불평등이 사회주의 이후 중국에서 다시 모습을 드러내고 있다고 주장하고, 부동산 시장이라는 프리즘으로 이 현상을 분석했다. 부동산 시장에서 여성은 "집을 사느라 평생 모은 돈을 쏟아 부었을 때마저도, 어마어마하게 비싼 집의 소유권을 남자친구나 남편에게 기꺼이 넘기려 한다." 성뉘가 지닌 경제력은 부동산 활황을 일으킨 중요한 요인인데도, 이득은 대부분 남자들이 챙겼다. 집을 사는 데 여성이 기여하는 비율은 70퍼센트인데도 부동산 소유주로 이름을 올린 경우는 겨우 30퍼센트에 그친다. 그러므로 핀처가 보기에 성뉘는 "정부가 결혼을 장려하고, 계획대로 인구를 늘리고, 사회 안정을 유지하려는 인구학적 목표를 이루려고 꾸며낸 여성 범주"이다.

텔레비전 연속극 〈워쥐(蝸居 · 달팽이집)〉는 집을 사는 데 드는 부담을 불평등하게 지는 현상을 주제로 다룬다. 2009년 여름부터 가을에 걸쳐 방영된 이 드라마는 인터넷 작가 류류의 소설을 각색한 것이다. 이야기는 두 자매를 중심으로 돌아간다. 언니는 고향으로 돌아가는 대신 남자친구와 함께 상하이에 남고 싶어 한다. 두 사람은 아파트를 살 목표를 세우지만, 집값이 들썩이고 평균 수입은 모자란 탓에 집을 사기란 불가능한 일로 드러난다. 이때 여동생이 나서서 도움을 준다. 시장 비서의 정부인 동생은 남자에게 온갖 비싼 선물을 받는데, 여기에는 아파트도 들어간다. 언니의 말에 따르면 돈이야말로 진정한 사랑의 맹세이다. 그녀는 이렇게 주장한다.

> 남자가 사랑에 빠질 때 … 여자에게 주어야 하는 한 가지를 꼽자면, 그것은 마음도 아니고 몸도 아니다. 남자가 여자에게 주어야 할 것은 무엇보다도 … 돈뭉치이다. 그다음은 부동산 한 채이다.

해리엇 쥐른도르퍼Harriet Zurndorfer가 쓴 대로, 드라마의 성공은 "주택 융자금의 노예, 부패, 그리고 중국의 경제 활황에 도사린 위험이라는 주제가 원인일 것이다." 쥐른도르퍼가 보기에 〈워쥐〉는 중국에 성 경제가 새로 나타났음을 내비친다. 이 성 경제는 "돈 많고 정치적으로 영향력이 있는 남성이 지배하고, 이들은 여성다움과 관능성을 소비한다. 여기에 대한 대가로 여성은 물질적 안락과 재정적 안정을 받는다. 하지만 이는 공평한 교환이 아니다." 상업화와 소비가 커다랗게 자리를 차지한 나라에서 사랑과 성역할은 성 경제에 깊이 잠식되었다. 남성다움은 성공한 사업가와 같은 모습과 결합하지만, 여성은 "자기 몸을 소득과 안정을 얻고자 맞바꿀 만한 가치가 있는 상품으로 바라본다." 따라서 성역할이 강화되어 남성이 특혜를 누리는 위치를 장악하고, 여성은 물건 취급을 받고 당연히 복종해야 하는 대상으로 여겨지는 불평등을 낳는다. 이 때문에 쥐른도르퍼가 관찰한 바에 따르면, "젊은 중국 여성들은 결코 이길 가망이 없는 상황에 놓여 있다. 이들이 자신을 발전시켜 자기 힘으로 살만큼 많은 돈을 번다면, 야망이 지나치다고 비난받는다. 반대로 성공한 남자를 찾으면, '고루하다'는 딱지가 붙는다." 뒤에서도 예를 들겠지만, 중국에서는 이 밖에도 어찌 보면 더 희망 어린 다른 성 경제가 퍼져나가고 있다.

2015년 11월, 안개 낀 어느 금요일 밤에 애정 전문가 자오윈쥬(趙永久)가 여는 세미나에 참석하려고 베이징에 있는 '러브 클럽'을 방문했을 때 우리는 20대 초반부터 50대까지, 나이도 다양하고 지위도 다른 사람들이 모인 것을 보고 놀랐다. 연인끼리 온 사람도 있고, 혼자 온 사람도 있었다. 자오윈쥬는 애정 안내서를 여러 권 쓴 작가이다. 그는 존경 어린 눈빛으로 자신을 바라보는 청중에게 부드러운 목소리로 사랑과 관계에 대한 자신의 견해를 나지막이 이야기하였다. 세미나가 진행되는 동안, 우리는 청중이 몹시 솔직한 질문을 던지는 데 깊은 인상을 받았다. 한 여성은 오랫동안 사모해온 남자에게 어떻게 사랑을 표현해야 할지 모르겠다고 말했다. 한 여성은 자신과 배우자가 사랑 때문에 어떤 곤란을 겪는지를 설명했다. 피천잉은 상하이에 있는 '러브 클럽'을 다룬 연구에서 세 달에 4,500위안인 훈련 과정이 어떻게 여성들을 자극해 '대담하고 욕망하는 자아'를 만들어내는지 보여준다. 훈련을 마친 여성들은 부모의 의견에 더 거리를 두고, 성을 실험해보고, 미래를 위한 명확한 목표를 세운다. 피천잉(皮晨瑩)이 적은 대로 "독립성, 정서성, 사교 기술이 자산이 되므로, 이런 자질을 갈고 닦아야 한다. 여성은 더 적극적인 역할을 맡을 능력이 있을 뿐더러, 더 중요하게는 마땅히 그래야 한다. 즉 적극적으로 자신을 탈바꿈시켜야 한다." 중국의 도시에서 러브 클럽이 생겨나고, 관련 자기계발서가 인기를 얻는 현상은 중국에 치유 문화가 생겨난다는 것을 보여준다. 이는 결국 치유 문화가 전 세계에 퍼지는 현상을 뒷받침하는 것이라며 에바 일루즈가 이름 붙인 '감정 자본주의'와 연결될 수 있다.

이성 결혼의 중요성을 보여주는 마지막 사례는 상하이에 있는 한 공원을 찾았을 때 얻었다. 일요일에 상하이인민공원에 가본다면, 마음이 느긋해지기만 하지는 않을 것이다. 부모나 조부모 수백 명이 종이판을 들고서 대개는 딸인 자녀나 손주를 알리는 모습과 마주칠 것이다. 종이판에는 나이, 학력, 키가 적혀 있고, 때로 띠, 소득, 품성도 적혀 있다. 주말마다 열리는 '결혼 시장'은 1장에서 언급한 가족주의의 중요성뿐 아니라 결혼을 둘러싼 통치성도 가리켜, 배우자를 선택할 자유와 중매결혼이 나란히 맞서 펼쳐지는 흥미로운 장면을 보여준다. 어쩌다 보니 이 시장이 배우자 선택의 자유와 중매결혼을 하나로 묶기 때문이다. 공원의 구석마다 다른 장이 선다. 예를 들어 한쪽 구석에서는 특히 외국에서 공부하는 남녀가 중심을 이룬다. 나라마다 국기가 구역을 정리하여 보러 온 사람이 찾기 쉽게 한다. 이런 결혼 시장이 효과가 있는지 없는지, 또 부모와 조부모에게 실제로 어느 정도나 사교 공간 역할을 하는지는 말하기 어렵다. 하지만 결혼한다는 것, 그것도 되도록 서른을 넘기기 전에 결혼한다는 데에 덧붙여진 중요성을 충실히 입증하고, 무엇보다도 제대로 된 성역할 수행과 성생활 수행을 둘러싼 통치성의 권력을 증명한다.

우리는 지금까지 통계를 활용한 연구부터 텔레비전 짝짓기 쇼까지, 러브 클럽부터 공원의 결혼 시장까지 이성애 규범적 담론을 유지하고 지속시키는, 결이 다채로운 문화 관행을 제시하였다. 이 장의 나머지에서는 이런 담론을 뒤흔들게 도와줄 영역 세 가지를 살펴보려 한다. 바로 로맨틱 코미디, 동성애 문화, 성 문화이다.

이성애 규범성 뒤흔들기 I: 로맨틱 코미디

최근 여러 해 동안 중국 영화계에서는 수많은 로맨틱 코미디가 폭넓게 인기를 끌었다. 그중 하나가 2011년 개봉한 〈실연 33일〉로, 베이징 영화대학교를 1995년에 졸업한 텅화타오가 감독을 맡았다. 텅화타오는 젊은 도시 생활자의 삶과 사랑을 그리는 텔레비전 드라마로 널리 알려져 있다. 이런 인기 영화가 이성애의 규범적 담론을 홍보한다는 사실을 우리도 알지만, 그렇다 해도 무언가 다른 틈이 있다는 것도 보이고 싶다. 이 영화가 이성애에 기울어 있지도 않고 그렇다고 동성애에 기울어 있지도 않기 때문이다.

영화는 바오징징이 쓴 온라인 소설을 바탕으로 삼는다. 바오징징은 젊은이들과 나눈 인터뷰를 활용해 소설을 썼다고 주장한다. 개봉한 지 한 주가 겨우 지났을 때, 제작비로 900만 위안(약 15억 원)이 든 〈실연 33일〉이 영화관 매출로 벌어들인 금액은 2억 위안(약 341억 원)이었다. 영화는 중국에서 독신자의 날을 일컫는 광군절, 11월 11일에 맞춰 2011년 11월 8일에 개봉하였다. 영화는 스물일곱 살인 여주인공 황샤오셴이 가장 친한 친구와 자신의 남자친구가 다정하게 쇼핑하는 모습을 보고 헤어진 뒤에 이어지는 33일(11+11+11도 33이다) 동안의 삶을 그린다. 이 시기에 몹시 게이처럼 그려지는 동료 왕이양이 황샤오셴에게 더할 나위 없이 든든한 버팀목이 되어준다.

한 영화 비평은 영화가 "광군절을 축하하는 모든 개인의 마음을 어루만지고 따스함을 느끼게 하려 애쓴다"고 주장한다. 흠잡을 데 없이 깨끗한 베이징을 배경으로, 주인공들이 반질반질 윤기가 돌도록 아름답게 꾸며진 아파트에 살면서 고급 결혼식 대행업체에서 일하는 설정인 영화는 황샤오셴이 이별에서 '회복'하는 과정을 그린다. 이야기는 특히 그녀가 재치 넘치고, 빈정대면서도 힘이 되어주는 왕이양과 소통하는 과정을 따라 전개된다. 어느 비평이 주장하듯이 "왕이양의 성 정체성을 대놓고 언급한 적은 없지만, 영화는 기본적으로 여성의 삶에 자신을 위협하지 않는 남성이 있는 것이 얼마나 중요한지를 다룬다. 이것만으로도 〈실연 33일〉은 여느 로맨틱 코미디와 달리 신선한 변화를 안긴다." 따라서 영화는 우정에 부치는 시로 읽을 수도 있다. 우정은 어쩌면 애정 어린 사랑보다 인생에 더 오래 영향을 미칠지도 모르고, 그렇게 함으로써 이성애 규범에 기대 부부생활을 찬양하는 관습에 도전한다.

따라서 영화는 이 시대 중국의 도시에서 소비문화와 더불어 살아가는 부부생활과 특히 연관성이 있다. 첫 장면은 남녀가 헤어지는 여러 방식을 다르지만 비슷한 공간인 오늘날의 베이징을 배경으로 보여준다. 오늘날 베이징에는 번쩍이는 높은 건물, 멋진 술집, 예술 거리, 호화로운 현대식 아파트가 즐비하다. 이렇게 새롭게 '정화된' 현대의 베이징에서는 사람들이 부를 뽐내려 팡리쥔처럼 인기 높은 예술가연 음식점에서 호사스러운 음식을 먹고 유명 상품을 사들인다. 남자 친구 루란이 다른 여자와 향수를 고르는 모습을 황샤오셴이 우연히 목격한 곳도 어느 호화로운 쇼핑몰이다. 얄궂게도 이 이별 장면은 자본주의 사회가 이를테면 발렌타인데이에 선물을 사주라고 우리를 부추기지만, 소비 행위가 어쩌면 관계를 틀어지게 할지도 모른다는 것을 암시하는 듯하다. 바로 이때부터 혼자가 된 황샤오셴은 절망과 상실에 빠져, 남자 동료인 왕이양의 도움이 없으면 안 되는 상태가 된다.

이성애 규범성과 소비주의가 함께 구축되는 이런 양면성이 영화 내내 펼쳐진다. 두 주인공에게 중국의 신흥 부자를 상징하는 슈퍼리치인 예비부부 웨이이란과 리커가 결혼식을 준비해달라고 요청했을 때, 두 사람은 오후 느지막이 예비부부와 만나 차를 마신다. 신부 리커는 두 사람에게 약혼반지를 보여주며 "반지가 예쁘지 않나요?"라고 묻는다. 황샤오셴은 "아주 예쁘네요. 틀림없이 무지 비싸겠어요"라고 답한다. 리커는 "티파니 거예요"라고 대꾸한다. 그 뒤에 두 사람은 예비부부의 희망사항을 모두 들어주기는 어렵다는 사실을 깨닫고 일을 맡지 않기로 한다. 그런데 황샤오셴이 웨이이란을 계속 만난다. 어느 공원에서 그녀는 웨이이란이 배우자를 선택하는 방식에 정면으로 맞선다. 이 장면은 소비주의에 대한 비판을 몹시 직설적으로 표현한다. 황샤오셴은 웨이이란에게 이렇게 묻는다.

"잘 나간다는 남자들은 대개 루이비통과 프라다 이야기를 달고 사는 여자들과 사귀어요. 그런 여자에게 사랑의 본질이 무엇인지를 이야기한다면, 그 여자는 십중팔구 자기 신용카드의 한도를 당신이 얼마로 정하느냐가 당신이 그녀를 얼마나 사랑하는지를 알려주는 본질이라고 말할 거예요. 왜죠? 왜 그런 남녀가 서로 사귀는 거죠?"

웨이이란은 이렇게 답한다.

"간단합니다. 골칫거리를 피하려는 거죠. 우리는 사랑이 식더라도 옆에 붙어 있을 아내를 찾고 싶거든요. 당신이라면 그렇게 할 수 있겠어요? 리커는 그럴 수 있습니다. 리커에게 사랑은 사치품이지만, 루이비통은 필수품이죠. 당신 같은 여자에게는 루이비통이 사치품이고, 사랑이 필수품이고요. 루이비통 그룹이 어느 날 갑자기 망할 일은 없겠지만, 사랑은 눈 깜빡할 사이에도 끝날 수 있잖아요. 내가 인연을 쌓고 싶다면, 그 인연이 이어지도록 내가 끝없이 자원을 댈 수 있는지 확신해야 해요. 그런 관점에서 보면, 나는 아주 믿음직한 남자고요."

영화는 한편으로는 거슬리는 부분을 멀끔하게 치워버린 도시에서 중상류층 젊은이들이 돈을 펑펑 써대는 모습을 보여주지만, 한편으로는 이성애를 따르는 연인 관계가 바로 그렇게 지나친 소비주의와 상업화로 흐르는 것을 문제 삼는다.

미리 말을 보태자면, 〈실연 33일〉이 꼬집은 소비주의 비판은 매우 역설로 남아 있다. 먼저, 영화에 나오는 모든 환경과 소비문화를 본 관객으로서는 영화가 비판한 과시 소비를 모두 아주 심각하게 받아들이기가 어렵다. 게다가 영화는 도시의 이면을 보여주지 않는다. 영화에 나오는 모든 멋진 쇼핑몰들을 지어 올리는 데 기여한 이주 노동자가 한 명도 보이지 않고, 공장과 차에서 뿜어져 나오는 매연도 없고, 광산에서 날아온 석탄 가루도 나오지 않는다.

마지막으로 영화는 결혼과 사랑이 얼마나 오래가는가, 라는 근본적인 질문을 던진다. 영화가 알리고 싶은 의미는 이렇다. 꿈같은 결혼식은 결국 꿈결 같지 않을 것이고, 사랑은 끝이 날 것이다. 영화의 마지막에서는 독신 여성인 황샤오셴과 게이 같은 남성인 왕이양 사이에 우정이 계속 꽃피어, 사랑보다 우정이 더 오래간다는 뜻을 내비친다. 현실에서도 있음직하지 않은 이런 남녀 사이는 영화가 보이는 이성애 규범의 틀을 근본적으로는 무너뜨리지 않을 것이다. 결국 이성애적 관계는 규범, 곧 이상으로 남는다. 하지만 우리가 영화를 조금 더 밀어붙여 본다면, 영화는 이렇게 이성애 규범을 뒤흔들 가능성이 있는 우정의 정치학을 선전한다. 마지막 장면에서 황샤오셴은 베이징에서 가장 화려한 쇼핑 지역, 싼리툰 빌리지 가까이에 자리 잡은 멋진 사무실에서 창밖을 지긋이 바라본다. 그녀는 고장 난 듯한 네온 불빛을 쳐다본다. 불쑥 휴대전화가 울린다. 이양이다. 이양은 샤오시안에게 네온 불빛을 더 가까이 들여다보라고 한다. 그러자 불빛에 '믿음'이라는 글자가 나타난다. 이때 이양은 말한다. "무슨 일이 있든, 내가 곁에 있을 거야." 이 말은 우리가 남녀 사이의 사랑에 온갖 실망을 느낄 때 우리 삶에 우정이 얼마나 중요한지를 마지막으로 확인하는 장면이다.

이성애 규범성 뒤흔들기 II: 동성애 중국

〈실연 33일〉에서 동성애자처럼 보이는 인물 왕이양은 대개는 독신인 여성이 가까운 게이 친구를 가리키는 말, 게이미(Gay蜜)를 판에 박은 듯이 보여준다. 왕이양이라는 인물이 중국의 주류 매체에 동성애 문화가 등장하는 일이 잦아지는 현상을 입증하지만, 영화에서 그를 동성애자로 못 박지 않은 것은 말하는 바가 많다. 왕이양은 중국 영화가 동성애 묘사에서 타협점을 찾는 오랜 전통과도 잘 어울린다. 이런 영화에서는 어떤 이의 성 취향을 뚜렷하게 선언하지 않고 성역할과 성생활로 유희를 벌인다. 1990년대부터 중국, 대만, 홍콩에 동성애 영화 배급이 꾸준히 늘어났다. 하지만 중국 영화는 성 정체성을 뚜렷이 밝히는 전략을 쓰기보다 정체성이 덜 드러나는 다른 길을 찾을 때가 많았다. 대개 이런 영화는 '일상 구석구석에서 유통되는, 한 귀로 듣고 흐릿하게 기억되는' 동성애 이야기이다. 헬렌 르엉Helen Leung의 말을 빌리자면 이런 이야기는 '하층류'를 이룬다. 하층류는 '동성애' 정치학을 분명히 표현하기에 가장 적합하고 기억하기도 쉽다. 이런 담론과 영화에 담긴 재현은 예를 들어 차이밍량 감독의 영화에서처럼 정체성을 드러내는 쪽보다 멀어지는 쪽으로 가는 움직임을 보이고, 이런 움직임이 성적 자기라는 발상에 깊이 뿌리를 둔 이성애 규범적 담론을 뒤흔든다.

중국의 동성애 역사는 왕조 시대까지 거슬러 갈 수 있다. 기록에 따르면 그때에도 동성애 행위가 오랫동안 성행했다. 동성애의 형성을 이해하려면 타고난 본질적 성, 곧 성 정체성을 중심으로 보지 말고, 오히려 행동, 성향, 기호를 중심으로 봐야 한다. 지난 수십 년 동안 동성애 담론은 빠른 속도로 바뀌어, 동성애를 가리키는 여러 용어를 내놓았다. 중국어로 더 공식적인 용어는 글자 그대로 같은 성별끼리 사랑한다는 퉁싱롄(同性恋·동성연)이지만, 다른 용어도 수없이 퍼져나갔다. 그 가운데 하나인 퉁즈(同志·동지)는 공산주의국가인 중국에서 당원들이 상대를 부를 때 성별과 상관없이 쓴 혁명 용어이다. 퉁즈가 동성애 용어로 처음 쓰인 때는 1970년대로, 홍콩의 문화 비평가 마이클 람이 쓰면서부터이고, 1989년에는 홍콩 문화계의 유명인인 에드워드 람이 홍콩 동성애 영화제에 공식적으로 퉁즈를 갖다 써 홍콩퉁

즈영화제라 불렀다. 이때부터 여성 동성애자를 뜻하는 뉘퉁즈(女同志)와 남성 동성애자를 뜻하는 난퉁즈(男同志)가 생겨나 지금까지 널리 쓰이고 있다. 퉁즈는 맞서지 않는 동성애자를 나타내는 말도 되었다. 그렇게 하는 데서 중요한 것은 성 취향을 분명히 밝히지 않는 대가로 사회적 역할을 보호하는 것이다. 이는 성 정체성을 밝히라고 강요하는 정체성 정치의 대안으로 읽을 수 있고, 그렇게 함으로써 동성애자로 살아가는 중국식 방법이라고 환영받기도 했다. 루세타 입 로 캄(金曄路)은 이런 비대립적 대안을 "공적 올바름의 정치학" 즉 "개혁 시대 동안 퉁즈가 마주한 억압과 기회가 바뀌는 데 대응하여 개발된 것으로, 사회와 가정에서 인정받고자 퉁즈가 '건강'하고 '적합'하다는 인상을 알리려 하는 정상화 논리"라고 말한다. 루세타 캄은 퉁즈라는 말이 개인의 삶에 미치는 잠재적 폭력을 정확히 지적한다. 이 말이 동성애자인 주체의 발언 위치를 없애기 때문이다.

엘리사베트 L. 엥에브레트센Elisabeth L. Engebretsen이 중국의 여성 동성애자를 다룬 논문에서 설명한 대로, 퉁즈라는 용어는 성 중립적인 말인데도 여성 동성애자보다는 남성 동성애자를 가리킬 때가 많다. 더구나 이런 꼬리표가 중국인 동성애자에게만 있는 독특한 정체성을 나타낸다고 이해하는 것은 위험하다. 그랬다가는 게이 및 레즈비언의 주체성이 생겨나게 하는 지역, 국가, 세계의 복잡하게 얽힌 관계를 부당하게 판단할 성 본질주의의 낌새가 중국에서 나타날 것이다. 이 용어는 21세기에 들어서면서 다른 용어로 많이 대체되어, 이제 라라

(拉拉·레즈비언), 게이, 퀴어, 그리고 레즈비언Lesbian, 게이Gay, 바이섹슈얼 Bisexual, 트랜스젠더Transgender의 첫 글자를 딴 LGBT가 더 흔히 쓰인다. 이 모든 용어는 "고정된 성 정체성을 지닌 사람들로 구성된 동질적 집단을 직접 설명한다기보다 집단을 표지하는 방식"을 가리킨다. 이런 용어는 사람들이 성역할의 사회적 현실과 공동체를 폭넓게 상상하게끔 한다. 하지만 같은 이유로 이런 용어에는 사람의 경험을 형성하고 제한하는 징벌적 용어가 될 위험이 도사리기도 한다. 일부 지역에서만 쓰는 용어도 있다. 예를 들어 중국 동남부에 있는 청두 사람들은 남성 동성애자를 '퍄오퍄오(飄飄·떠도는 사람)'라 불러, 이들이 한곳에 뿌리나 닻을 내리지 못한 채 떠도는 존재임을 암시한다.

중요하게도, 〈실연 33일〉이 묘사한 왕이양의 성격에서 보듯이, 중국에서 게이라는 존재는 일탈 담론에서 "자질, 개성, 차이, 현대성을 강조하는" 문화적 도시 시민 가운데 한 유형으로 바뀌었다. 게다가 루세타 캄이 상하이의 라라, 즉 레즈비언을 다룬 연구에서도 뚜렷이 나타나듯이, 우리는 더 폭넓은 주체 위치를 목격한다. 라라 사회를 문화기술지적으로 설명한 이 연구는 여성 동성애자들이 가족의 강력한 압박과 결합하여 작동하는 패권적 이성애 규범 사상과 씨름할 뿐 아니라 앞서 언급한 공적 올바름의 정치와도 싸우는 현실을 보여준다. 하지만 연구는 라라들이 점차 어떤 노력 끝에 도시와 자기 삶에서 자기들만의 공간을 확보하는지, 그리고 이성애 규범을 따르라는 요구를 거부하는 갖가지 전략을 어떻게 발전시키는지도 보여준다.

용어와 담론이 형성되고 변형되는 과정과 별개로, 지난 수십 년 동안 중국의 대도시에서는 술집, 댄스 클럽, 개인 파티, 다양한 데이트 웹사이트와 앱 형태로 퀴어 문화가 생겨났다. 이 문화는 연애, 놀이, 성에서 새로운 관행이 생겨나게 했을 뿐 아니라, 중국의 동성애 문화가 세계의 동성애 문화에서 더욱더 많은 자리를 차지하게 하였다. 대만 가수 장후이메이가 2015년 10월 11일에 베이징에서 공연할 때, 공연장 한가운데가 무지개 깃발(성소수자를 상징한다)로 넘실댔다. 장후이메이는 자기 노래 〈차이훙(彩虹)〉을 부르기에 앞서, 이렇게 말했다. "이렇게 많은 무지개 깃발을 본 건 처음이네요. 고맙습니다!" 그런 다음 장후이메이는 손에 쥐고 있던 무지개 깃발을 들어 올렸고, 깃발에는 한자로 베이징이 적혀 있었다. 10여 년 전만 해도 이런 솔직함은 상상도 못할 일이었다. 여기서 언급할 점은 공연장 가운데 자리를 판 곳이 게이 데이트 앱인 블루드이므로, 동성애 문화와 상업 문화에 연결고리가 생겼음을 가리킨다. 이렇게 대놓고 동성애를 지지하는 공연은 앞서 언급한 대로 정체성 꼬리표에서 탈출하는 것과 모순된다. 정체성 꼬리표는 최근까지도 중국 동성애 문화의 특징이었다. 이는 퉁즈나 LGBT라는 꼬리표가 중국에서 동성애자로 살아가는 현실의 복잡함을 담아내지 못하고, 정체성을 밝히느냐 마느냐, 라는 이분법이 우리에게 그리 도움이 되지도 못한다는 사실을 보여준다. 우리는 이런 복잡함을 보여주는 사례 네 가지를 저마다의 통치 논리와 연결하여 간략히 제시하려 한다.

첫 사례는 코스프레이다. 코스프레는 코스튬 플레이를 합친 말로 참가자들이 대중문화에 나오는 특정 인물을 나타내는 옷을 입는다. 중국 매체, 특히 신생 매체는 시장의 요구 때문에 지나칠 정도로 대담한 성역할 연기도 갈수록 많이 눈감아준다. 우리는 항저우에서 '항저우 304 ACG(Animation, Comic, Game) 동호회'와 이야기를 나눴다. 이 동호회는 기본적으로 BL(Boy's Love의 약어로, 일본의 만화 문화에서 나온 말이다) 코스프레 동아리이지만, 남성 참가자들이 중국 만화에 나오는 여자 캐릭터 흉내를 잘 내기로 유명하다. 밝은 색으로 염색한 긴 머리, 여자처럼 꾸민 짙은 화장, 우아한 드레스는 이런 코스프레 인물의 특징이다. 304 동호회가 대표하는 이중적 성역할은 매우 인기가 높아 항저우에서 열리는 중국 국제 애니메이션 축제CICAF, 상하이 미디어 그룹이 기획하는 상하이 만화 축제, 중국 국제 애니메이션 축제의 코스프레 대회 등 중국의 주요 도시에서 주관한 코스프레 상을 여러 번 차지하였다. 그러자 결혼 관련 업체부터 보석 회사까지 여러 유명 상표들이 이들에게 다양한 미디어 행사에 등장해 자기 회사의 물건을 팔아달라고 요청하였다. 말할 것도 없이 304 동호회의 공연은 이미 늘 권력과 돈과 성이 뒤엉켜온 복잡한 상황과 얽혀 있다. 적어도 우리가 이야기를 나눠본 바에 따르면, 성역할의 이미지를 뒤엎은 이 회원들은 어리숙하지도 않고, 자신들의 성역할 재현에 애매한 자세를 보이지도 않는다. 이들의 성역할 연기는 사회가 성별에 따라 자아를 표현하라고 요구하는 것과도 관련 있다. 따라서 이들이 여성을 더 잘 연

사진 5. 2015년 항저우에서 열린 중국 국제 만화 애니메이션 페스티벌에 참가한 연기자
© 앤서니 펑

기할수록, 더 뛰어난 연기가 된다.

　우리가 항저우 304 동호회를 연구한 바에 따르면, 여성을 연기하는 남성 참가자는 모두 이런 성역할과 관능성 논리에 순응해야 한다.

따라서 코스프레 참가자 두 명을 항저우 시내에 있는 일반 식당에서 인터뷰했을 때, 두 사람 모두 부드럽고 관능적인 몸짓을 모조리 감추고 '정상'대로 티셔츠와 바지를 입었다. 하지만 우리가 5장에서 다룰 젊은 이주 노동자와 비슷하게, 이들에게도 '자아의 기술'이 작동한다. 달리 말해 이 코스프레 참가자들은 코스프레 치장법을 자기 몸에 적용하여 통치 논리에 따른 새로운 규범과 관계를 생성한다. 이들에게 이성애 규범적 구조, 이 경우에는 남자다움을 무너뜨릴 잠재성이 있다는 것은 언론 보도가 가끔씩 드러내는 반감에서 엿볼 수 있다. 항저우 304가 일상과 사회와 공공 영역에서는 국가를 비롯한 기관들의 통치 논리를 방해하려 하지는 않지만, 이들의 성역할 바꾸기 풍속은 서서히 새로운 규칙으로 발전하여 자신들의 몸에 퍼지고 있다. 저항까지는 아니더라도, 이들이 만든 새로운 문화 논리는 젊은이들 사이에 널리 퍼졌고, 얄궂게도 권력 당국과 더불어 기업들이 때로 젊은이들의 눈길을 끌어 소비를 증진하고자, 이들이 대중 앞에서 연기를 펼치도록 '포섭'하여야 한다.

둘째 사례는 정략결혼이다. 동성애자인데도 실제로 이성과 결혼하는 남녀가 많고, 이때 자신의 성적 취향을 밝히지 않는 일이 흔하다. 하지만 지난 수십 년 동안 새로운 기술에 힘입어 대안이 하나 생겨났다. 이제는 데이트 웹사이트가 있으므로 동성애자인 남녀가 반대 성인 동성애자를 찾아 가짜 결혼, 즉 협력 결혼을 함으로써 부모를 달래면서도 결혼과 상관없이 동성애 생활 방식을 지속할 수 있다. 영화 제작자 허샤오페이(何小培)와 위안위안(袁园)은 2013년에 다큐멘터리 〈우리의 결혼(奇緣一生)〉에서 부모님을 달래려 게이 남성과 결혼하는 레즈비언 네 명의 삶을 좇는다. 다큐멘터리에서는 네 여성이 함께 살고, 이들이 웹사이트에서 찾은 게이 배우자는 다른 데서 산다. 다큐멘터리를 보면 이 여성들이 자신들의 연인 관계를 잘 유지하면서도 알맞은 게이 배우자를 찾으려고 얼마나 고군분투하는지를 알 수 있다. 하지만 그럼에도 이들은 웃고, 우스갯소리를 하고, 자기들이 처한 곤경을 매우 가벼운 마음으로 되돌아본다. 이 여성들은 이성애 규범적 체제의 희생자로 그려지지 않는다. 이들은 규칙을 자기들에게 맞게 바꾸는 데서 즐거움을 느끼고, 웨딩드레스를 놓고 깔깔대고, 결혼 피로연을 비웃는다.

웨이웨이(魏伟)가 연구에서 주장한 대로 '성 정체성 공개' 현상이 오늘날 더 흔해졌지만 실제로는 중국의 많은 동성애자가 동성애라는 행위나 주장 자체가 결혼과 가정을 위태롭게 해서는 안 된다는 의견을 드러낸다. 결혼과 가정이야말로 중국 사회에 강하게 뿌리 내린 제도적 관행이다. 이런 정략결혼이 발가벗기는 것은, 1장에서 다룬 가정이라는 통치 권력이 그대로 남아 있지만 동시에 위험에 몰려 있다는 현실이다. 결혼 피로연은 게이 친구들이 나타나는 바람에 엉망이 된다. 마찬가지로 결혼한 부부는 함께 살지조차 않는데도 가족들이 대체로 눈감아주니, 무엇이 바람직한 결혼을 구성하는지에 대한 기대를 무너뜨린다. 우리는 이런 결혼을 속임수로 쓴 대응 전략이나 위선 행위로 보아 그저 무시하기보다, 결혼이라는 제도와 관습을 전복하는 행위, 이성애 규범에 따른 규칙을 자기에게 맞게 비트는 행위로 본다.

어떤 경우에든, 이런 정략결혼은 법적 수용과 사회적 수용이라는 한계를 뛰어넘으려는 다른 시도를 무력화해서는 안 된다. 이를테면 떠오르는 LGBT 활동주의의 일부로서 동성애자들은 공개 장소나 온라인에서 동성애 결혼식을 올리고 있다. 2016년 1월에 창사에 사는 게이 연인이 법원에 찾아가 혼인 신고를 수리하지 않는다는 이유로 지방 정부를 고소했다. 법원은 중국에서 처음인 이 동성혼 소송을 받아들였다. 이 예에서 보듯이 어떤 이들은 부모를 달래려고 정략결혼이라는 기이한 방식을 쓰지만, 어떤 이들은 제도를 바꾸려는 마음에서 더 대놓고 맞서는 방식을 선택한다.

셋째 사례는 추이쯔언(崔子恩), 허샤오페이, 판포포(范坡坡) 같은 영화감독이다. 우리는 이들에게서 직설적인 동성애 미학을 비슷하게 목격한다. 이들의 미학은 예를 들어 차이밍량이 만든 더 억제되고 훨씬 덜 분명한 영화와 거리가 멀어 보인다. 판포포는 수많은 다큐멘터리의 감독이자 활동가일 뿐 아니라, 2001년 시작되어 매우 불안정하게 명맥을 이어오고 정부에 개최 금지를 당하는 일도 잦은 베이징퀴어영화제의 책임자이기도 하다. 1985년에 태어난 판포포가 쓰는 접근법은 미디어 활용 능력으로, 세계적 LGBT 운동과 얽혀 있다. 그는 사회를 더 개방하고 다양화하여 동성애자를 받아들이자고 주장한다.

2015년에 판포포는 국가를 고소했다. 더 정확히 말하면 국가신문출판광전총국을 기소했는데, 자신의 영화 〈엄마의 무지개(彩虹伴我心)〉를 온라인에서 삭제했기 때문이다. 다큐멘터리는 동성애 자녀를 둔 엄마로서 대학 강연에서 성소수자 운동을 지지하는 마음을 드러내는 이들에게 바치는 내용이다. 판포포조차 놀랄 정도로, 그는 소송에서 이겼다. 하지만 그가 2016년 2월에 우리에게 설명한 대로, 지금까지도 영화는 온라인에 다시 올라오지 않았다.

판포포는 자신의 영화들에서 국제적 성소수자 담론, 달리 말해 주로 서구의 성소수자 담론을 설명하는 역할을 뚜렷하게 맡는다. 〈엄마의 무지개〉DVD에 달린 보조 설명에 따르면, 이 엄마들은 "게이나 레즈비언인 자녀와 자신의 경험을 솔직하고 자유롭게 이야기한다. 사랑 덕분에 이들은 중국식 가족 유대에 완전히 새로운 정의를 내리고 있다." 〈춤추는 여인(舞娘)〉에서 판포포는 중국 서북부에 있는 도시 난닝의 드래그 퀸 세계를 살펴본다. 그에 따르면 그가 영화 제작에서 더 활동가다운 면모를 드러낸 계기는 2005년에 촉발되었다고 한다. 2016년 2월에 나눈 인터뷰에서 그는 이렇게 말한다.

: 영화를 공부할 때만 해도 나 자신만을 위해 영화를 만들 생각이었죠. 하지만 2005년에 베이징대학교에서 열릴 예정이던 베이징퀴어영화제가 중지되자, 생각이 바뀌었어요. 몹시 화가 났고, 상황을 바꾸려면 뭐라도 해야 한다고 느꼈죠.

판포포는 자신에게 동성애 영화제작자라는 꼬리표가 달리는 게 언짢지만, 왜 단순히 영화제작자로만 불리지 않는지도 이해한다. 중국에서 동성애 영화를 만드는 사람은 고작 한 줌에 지나지 않는다. 이런 상황은 동성애 영화제작자라는 꼬리표가 얼마나 복잡한지를 암시한다. 표출 공간을 확보하려면 그런 꼬리표가 있어야 하지만, 꼬리표는 동시에 선을 그어 가두는 역할도 한다. 2016년 3월 28일에 베이징에서 중국의 동성애 문화를 놓고 공개 토론이 열렸다. 판포포는 이 자리에서 그의 작업에 아버지가 어떻게 반응했는지를 말했다. 아버지는 활동가로 일하는 그의 태도에 이런 걱정을 드러냈다.

> 나는 중국 시골에서도 외진 곳에서 자랐어요. … 내 아버지는 문화혁명 세대인 데다, 톈안먼 사태까지 겪으셨고요. 그래서 정치와 관련된 것이라면 뭐든 고개부터 절레절레 흔드십니다.

판포포의 말은 1장에서 다룬 세대 차이를 입증한다. 판포포의 작업은 지배적인 이성애 문화를 약화시키고, 중국의 동성애 관련 하위문화가 다양해질 길을 열어젖히고, 흔히 입을 다물어야 했던 이들이 목소리를 낼 수 있도록 돕는다. 앞에서도 언급했듯이 이런 가시성이 반드시 자유로 이어질지는 아직 알 수 없다.

넷째 사례는 데이트 앱의 출현이다. 데이트 앱은 성 문화에 활기를 불어넣었을 뿐 아니라, 더 많은 가시성을 바라는 욕망에 불을 댕겼다.

이는 장후이메이의 콘서트에서 무지개 깃발이 나타난 예가 입증한다. 데이트 앱은 경쟁이 치열한 온라인 시장에서 자신의 위치를 유지하고 자, 여러 관련 활동에 뛰어들었다. 이를테면 동성애 여행업, 해외 동성 혼 주선, 콘서트와 파티와 마사지 표 판매, 온라인 드라마 제작과 배급 같은 일이다. 예를 들어 〈무지개 가족(一屋贊客)〉과 〈나와 X선생(我和 X先生)〉 같은 드라마는 동성애자 시청자만 사로잡은 게 아니라, 젊은 이들 특히 여성들을 사로잡는다. 데이트 앱이 제작한 영화는 장난스 럽다는 측면에서 판포포의 작품과 거리가 멀다. 드라마는 대개 젊고 섹시한 남자들이 나온다. 이런 남자들을 통칭해 샤오셴러우(小鮮肉·베 이글남)라는 꼬리표가 생겨났다.

2016년에 데이트 앱 블루드는 펑모셰가 감독한 단편 영화 〈내 게 이 친구 17명(贵圈好乱)〉을 내보냈다. 이 단편 영화는 게이 집단의 연 애 문화를 보여준다. 첫 장면은 이 영화의 솔직함을 보여준다. 리모라 는 인물을 소개하는 이 장면은 리모가 반쯤 벗은 채 외설적인 자세 를 취하는 모습을 보여주고, 모습이 보이지 않는 해설자가 설명을 보 탠다.

　: 이 녀석은 내 친구 리모다. 키도 크고 아주 잘 생겼다. 이 녀석이 등치도 있
　　고 크다 보니, 녀석이 1(위)이라고 생각하는 사람이 많다. 막대기를 뜻하는
　　1은 중국 게이 사회에서 지배 자세를 나타낸다. 하지만 사실 리모는 0(아래)
　　이다. 0은 '구멍', 즉 수동 자세를 나타낸다. 위로 오해받는 일이 잦은 데다.

이 녀석도 체면을 구기고 싶지 않은 탓에, 리모는 어쩌지 못하고 상대에게 0.5라고 말한다. 0.5는 짐작되듯이 둘 다라는 뜻이다.

등장인물은 대다수가 중국인이지만, 백인도 더러 있고, 흑인도 한 명 있다. 모두 젊고, 잘 생겼고, 옷차림도 멋있다. 우리는 이 영화에서 중국 도시의 돈 많은 상류층을 마주한다. 이들은 〈실연 33일〉의 등장인물과 달리 주로 창의 산업 아니면 금융 분야에서 일하고, 애플 컴퓨터를 쓰고, 한가한 시간에는 멋진 술집에서 커피나 와인을 마시며 보낸다. 한편으로는 이 영화가 중국의 성 개방을 알리는 신호라고 이해할 수도 있겠지만, 한편으로는 겨우 소수만 감당할 수 있는 중산층의 주체성을 조장한다고 볼 수도 있다. 더구나 영화의 모든 이야기가 관계를 맺고픈 열망을 중심으로 돌아가므로, 연인 사이를 숭배하는 정도까지는 아니라도 규범성을 긍정한다. 이런 영화가 중국 관객에게 이성애 규범적 담론의 대안을 실제로 제시하기는 하지만, 그렇다고 꼭 규범성이 없어지지는 않는다. 이런 영화가 생성하는 것은 신자유주의에 따른 욕망하는 자아이기 때문이다.

이런 온라인 작품들은 요령껏 검열을 피해가지만, 더러 운이 없는 경우도 있다. 이를테면 〈상인〉은 2016년 1월에 중국의 주요 동영상 사이트에서 내려졌다. 15회로 구성된 이 드라마는 네 고등학생 사이에 벌이지는 BL 로맨스에 집중한다. 베이징에 기반을 둔 제작사가 만든 이 드라마는 바로 성공을 거둬, 온라인에 선보인 다음 날 조회 수가 1,000만을 넘었다. 방영 금지 뒤 웨이보에 올라온 글은 검열이 어떻게 담론을 생성하기도 하고, 때로 이성애 규범적 담론을 굳건히 다지기보다 뒤흔들기도 하는지를 보여준다. 드라마가 방영 금지된 뒤로 얼마 지나지 않아, 우리는 웨이보에서 〈상인〉 방영 금지를 언급한 글을 분석했다. 이들은 금지 처분에 분노와 짜증을 드러냈다.

: #상인이 금지되었다# 상인이 올라오기를 눈이 빠져라 기다렸는데, 금지되었단다. 평생 배운 온갖 욕이란 욕을 다 갖다 써도, 내가 국가신문출판광전총국을 얼마나 끔찍하게 여기는지 나타낼 길이 없다.

: 우리는 상인을 봤다. 너희는 인물 이름이 마약과 관련 있고, 주제가 동성애라 드라마를 금지한다고 말했다. 내 참, 우리더러 도대체 뭘 보라는 건가? 온종일 CCTV에 나오는 뉴스나 날씨만 보란 말인가? 아주 갈수록 바닥을 치는구나.

이 글들은 문화 창작과 검열에 대한 메타 담론이 일어나는 공간을 구성하는 데 소셜 미디어 플랫폼이 얼마나 중요한지를 입증한다. 또 미디어에 정통한 시청자들이 어떻게 당국에 분노와 짜증을 쏟아내는 주체의 위치로 유입되는지도 보여준다.

앞에서 다룬 네 사례를 요약해본다면, 이들 사례는 중국의 동성애 문화가 얼마나 다양하고 다층적인지를 보여준다. 중국의 동성애 문화는 사회에 스며든 이성애 규범적 담론을 많든 적든 뒤흔들기도 하지만, '자유'와 '해방' 같은 개념, 즉 앞에서 주장했듯이 징벌적 함의가 담긴 개념에서 힘을 얻는 통치 논리의 핵심이기도 하다. 연인 사이를 예찬하는 데 정당성을 부여하기 일쑤고, 도시 중산층의 호화로운 생활 방식을 찬양한다. 그렇게 함으로써 새로운 경계선을 그리고, 특정 주체성을 조장하는 동시에, 다른 방식을 부정하거나 힘을 못 쓰게 만든다. 이를테면 게이 또는 레즈비언인 이주 노동자는 어떠한가? 섹스를 전혀 즐기지 않는 사람들은 어떠한가? 호사스러운 생활 방식에 도달하려는 경주에서 밀려난 사람들, 그런 생활 방식을 유지하는 데 필요한 고소득 직장을 잡지 못한 사람들은 어찌해야 할까? 우리가 지금까지 분석한 문화 관행들은 이런 물음들을 요령껏 빠져나간다.

이성애 규범성 뒤흔들기 III: 섹스와 페미니즘

어느 상점을 가든 떡 하니 놓여 있는 피임약과 한 가정 한 아이 정책의 실행이 입증하듯이, 지난 수십 년 동안 중국에서는 성생활이 생식권과 관련 이해관계의 영역으로 밀려나 있었다. 그럼에도 세계 여느 나라와 마찬가지로 섹스는 매우 민감하고 치열한 논쟁이 벌어지는 문제로 남아 있다. 장칭페이(张庆飞)에 따르면 "성생활은 도덕성과 밀접한 탓에 유교주의 중국 사회에서 금기로 내려왔다. 특히 사회주의 사상이 유교 문화에 들어왔을 때, 욕망은 순수한 정신과 사회주의 질서를 위협하는 부르주아 요소로 비춰졌다." 사회주의는 성에 무관심한 사상으로 구성되었고, 자본주의는 성에 관심을 두는 사상으로 구성되었으므로, "성을 강조한다는 것은 곧 가정을 강조한다는 뜻이다"라는 말과 뜻을 같이하는 고정관념을 강화한다. 이 어구는 지난 수십 년 동안 나날이 힘을 잃어왔다.

예를 들어 제임스 파러는 1990년대에 상하이가 디스코 및 댄스 클럽과 더불어 급격히 현대화하면서, 어떻게 젊은이의 연애 문화와 성 문화가 바뀌도록 불씨를 당겼는지 분석하였다. 앞에서 본 대로 결혼 전 연애와 성관계는 더 흔해졌고, 배우자를 바꿀 자유도 훨씬 커졌다. 파러는 상하이 젊은이들이 개혁 중인 중국의 모순 사이에서 어떻게 균형을 잡는지를 이렇게 적는다.

: 새로운 자유 시장 환경에서 일어나는 모순과 상충하는 목표에 대처하고자, 상하이 젊은이들은 서로 상반하는 태도 사이에서 균형을 잡는, 느슨하게 우선순위를 매긴 현대식 규범 목록을 이용한다. 젊은 여성들은 마음속으로 현실적이면서도 순수하기를 열망하여, 말로는 '조건'과 '감정'의 균형을 잡는다. 혼전 성관계를 맺고 싶은 젊은이들은 성교를 사랑의 표현으로 다시 정의한다. 마침내 젊은이들은 연애 관계를 '한낱 재밋거리'로 묘사할 수 있는 소비 지향적 놀이 담론을 이용해 낭만적 헌신과 자유로운 선택이라는 이상 사이에 내재한 모순을 피한다.

젊은이들은 도덕성과 성생활 사이의 모순을 풀고자 이야기를 구상한다. 그런데 일부 젊은이들, 특히 여성 작가들이 거의 한 목소리로 성생활 이야기 쪽을 차지한다. 그 가운데에서도 눈에 띄는 두 사람이 『사탕(糖)』과 『라라라(啦啦啦)』를 쓴 몐몐과 『상하이 예쁜이(上海宝贝)』를 쓴 웨이후이이다. 두 작가는 1990년대 후반에 섹스, 마약, 로큰롤이 주요 요소를 이룬 대담한 소설을 써서 뉴스의 첫머리를 장식했다. 세계 곳곳에서 두 사람이 중국의 성 개혁을 이끌고 있다며 찬사를 보냈다. 동시에 노골적인 섹스 장면, 육체의 즐거움에 거리낌 없이 빠져드는 여성 인물 등은, 소비주의와 그것을 뒷받침하는 사상인 개인주의, 자유로운 선택, 쾌락주의로 젊은이들이 빠져들고 있음을 상징한다. 이런 해결책을 여성의 틀에 박힌 글쓰기에 맞설 대안으로 간주할 수도 있지만, 이런 글쓰기는 "몸과 마음이 갈라지는 지점을 구체화하여 여성을 기존 이분법의 한쪽, 즉 몸 쪽에 자리매김"할 목적으로 형성되었다. 여기에서 우리는 중국의 성 문화와 젊은이가 이성애 규범적 담론과 얽혀 있는 모습을 뚜렷하게 보여주는 두 가지를 간략히 짚어본다.

새 매체의 역할

1990년대 이후로 중국에 일어난 큰 변화 가운데 하나는 의심할 바없이 인터넷과 소셜 미디어 플랫폼이 매우 빠르게 도입된 것이다. 온라인 문화의 출현으로 중국 젊은이들은 전 세계의 성 문화와 연애 문화에 연결되어 참여할 다시없는 기회를 얻었다. 카트리엔 제이콥스의 책 『인민의 포르노그래피』에는 중국에서 섹스와 인터넷이 어떻게 관련하는지를 다룬 연구가 나온다. 그녀는 새로운 매체 기술을 국가가 감시 장치로 이용할 수 있고, 실제로 그렇게 하고 있으므로, 어떻게 이 신기술이 성 문화가 확산하게도 하고 못 하게도 할 수 있는지를 정확히 언급한다. 카트리엔 제이콥스는 책에서 무쯔메이와 하이룽텐텐 같은 여성 섹스 블로거들의 활동을 살펴본다. 이들이 운영한 노골적인 블로그는 뒤에 책으로도 출판되었다. 어느 리얼리티 쇼 형식을 빌려, 이들은 팔로어들에게 지금껏 가위질되던 성생활 방식을 엿볼 기회를 제공했다. 제이콥스는 사람들이 이런 활동에 대응하여 어떻게 "디지털 매체에서 일어난 도발을 둘러싸고 편협하고 도덕적인 거만한 감정을 형성하는지"를 보여준다.

제이콥스의 연구는 지금 어떤 변화가 일어나고 있는지를 세밀하게 보여주지만, 이런 변화에는 앞서도 말했던, 중국의 개방과 성적 자유의 확대를 동일시하는 데 휩쓸릴 위험이 도사린다. 파러도 똑같은 관찰 결과를 내놓는다. 파러에 따르면 개방 이야기는 "중국이 문화 변화를 듣기 좋게 꾸미는 미사여구에서 두드러지게 나타나는 특징이다. … 내 설명에서 가장 중요한 것은 새롭게 형성되는 시장 사회에서 도덕적 경계와 사회적 경계를 나타내는 데 이런 용어가 어떻게 쓰이는가이다." 파러가 주장한 대로, "내가 설명하는 성 문화의 변화는 성의 자유나 성의 세계화, 반항하는 젊은이를 말하는 이야기가 아니라, 성적 선택이라는 새로운 문화를 집단으로서 구성하고 개인으로서 이 문화에 대처하는 젊은이를 말하는 이야기이고, 이는 모티프라는 극작가다운 수사법으로 대중에게 분명하게 표현된다." 새로운 성 행태와 새로운 연애 풍속은 계층, 성역할, 나이와 교차하는 권력 관계에 계속 편승할 것이다. 아직 명확하지 않은 중국과 중국 젊은이의 개방을 찬양하기보다, 이런 포섭과 배제 행태를 낱낱이 살펴보고 아울러 인위적이라 의심되는 새로움에 의문을 던지는 일이 더 시급하다. 왜냐하면 지난날의 도덕성이 새로운 도덕성이라 주장되는 것에서 배어 나오기 때문이다.

다른 극단에서는 말하자면 인터넷이 성에 무관심한 사람들끼리 서로 알아갈 수 있는 기반을 이룬다. 데이 웡은 중국에서 성에 무관심한 움직임이 일어나는 현상을 다룬 연구에서 성에 아예 관심이 없다시피 한 이들마저도 결혼하라는 압박에 귀가 따갑도록 시달리는 현실을 보여준다. 우리가 앞서 다룬 레즈비언과 게이의 정략결혼은 중국의 무성욕자들이 자기 삶을 꾸리는 방식으로도 적합하다. 웹사이트 wx920.com은 무성욕자가 연인을 만날 수 있는 기반 구실을 한다. wx920은 빠르게 확장했다. 회사에 따르면, 회원이 거의 20만 명에 이르고, 연인을 찾은 사례가 2만 3천 쌍을 넘는다. 이 사이트는 무성욕자에 더해, 이성애 부부로 보이고자 성생활을 하지 않는 결혼을 바라는 동성애자도 겨냥한다. 무성욕은 이성애의 기반을 갉아먹는다. 섹스에 덧붙여진 중요성, 성소수자 담론에서는 큰 논란 없이 넘어갔던 중요성에 도전하기 때문이다. 데이 웡은 논문에서 취재원 두 명의 말을 이렇게 인용한다.

> : 그녀가 필요로 하는 것을 주지 못했습니다. 정상인 여자라면 누군들 섹스가 필요하지 않겠어요? 그녀는 말하지 않았지만, 저는 섹스가 문제라는 걸 알았어요. 그녀의 삶을 망치는 걸 차마 견디지 못했을 뿐입니다.(XF. 남성, 23세)

> : 정상인 남자에게 상처 주고 싶지는 않아요. 그래서 여기에서 상대를 찾으려는 거예요. … 전에 어떤 사람과 사귀었지만, 상처 주고 싶지 않아서 헤어졌어요. 성적으로 그 사람을 만족시키지 못했거든요. 어떤 사람을 사랑한다면, 그 사람이 평생 섹스에 만족하지 못한 채 사는 걸 감당하지는 못해요.(CH. 여성, 31세)

정상 담론이 아직도 크게 자리를 차지하는 까닭에, 무성욕자들은 자신에게 성욕이 부족한 것을 무언가 비정상이라 규정하고, 성관계에서 상대를 행복하게 하는 것을 윤리적 의무라는 틀에 집어넣는다. 그런데 이런 규범들을 헤쳐나갈 때, 중국의 무성욕자들은 인터넷에 접속해 배우자를 찾을 뿐 아니라 지지도 구한다. 결혼을 선택하는 이런 이들은 중국 문화에서 가정이 얼마나 큰 권력을 휘두르는지를 다시 한 번 명확히 보여준다.

페미니스트 행동주의와 <버자이너 모놀로그>

우리는 이 장 들머리에서 2015년 봄에 중국 정부가 페미니스트 행동가 다섯 명을 구금한 일을 언급했다. 물론 중국 자체로도 페미니즘은 역사가 길다. 요 몇 년 사이에 공적 행동주의가 가파르게 늘어났고, 판포포가 만든 다큐멘터리 <버차이나 모놀로그The VaChina Monologues>에서는 어디에서도 보지 못한 이런 행동주의를 엿볼 수 있다. 다큐멘터리는 중국의 여러 도시에서 <버자이너 모놀로그Vagina Monologues>를 각색하는 과정을 따라간다. 첫 공연은 2003년 12월에 광저우에서 일어났다. 다큐멘터리에서 우샤오얀은 이렇게 회상한다.

> 나는 그때 분위기가 정말 좋았어요. 우리는 이전에는 대개 입에 올리지 않으려 했던 주제, 이를테면 성희롱과 생리를 놓고 수다를 떠는 한 무리 여자애들일 따름이었죠. 2005년에 내가 맡은 역할은 '화난 보지'였어요. 당시 내 성격과는 아주 거리가 먼 역할이었죠. 그전에는 정말로 착한 아이였거든요. 내가 사람들 앞에서 착하게 굴었으니까요.

2013년 6월에 열린 베이징 공연에는 이 연극에 <보지의 길, 보지의 도(阴道之道·인다오즈다오)>라는 제목이 붙었다. <인다오즈다오>는 길(道)의 개념을 빌려 말장난을 친 것이다. 배우 아이커는 이렇게 설명한다.

: 도란 아주 중국다운 개념이니까요. 도는 이치이고, 원칙이고, 길이고, 여러

가지를 뜻하죠. 그러니까 보지의 '도'는 형태와 내용 모두 의미가 있어요.

또 '즈다오'는 발음이 알다(知道·즈다오)와 똑같잖아요. 그러니 '보지는 안다'

라고 하면 여성의 주체성을 대표하는 보지를 나타내는 거죠.

이 공연은 다른 공적 영역으로 번져나갔다. 젊은 여성들이 성희롱에 맞서 베이징 지하철에 들어서 '짧은 치마 플래시몹'을 펼치며, "내가 입은 짧은 치마는 초대나 도발이 아니다. 하고 싶다는 뜻도 하겠다는 뜻도 아니다"라고 목소리를 높였다. 〈버자이너 모놀로그〉 공연과 대중 행동가의 개입은 중국 젊은이들이 때로 어떻게 경계를 벗어나 이성애 규범에 따른 관행과 적합한 여자다움이라는 틀로 이뤄진 지배 구조에 도전하는지를 보여준다. 웨이팅팅은 2016년 3월 27일에 우리와 나눈 인터뷰에서 오늘날 페미니스트 행동주의가 이전과 어떻게 다른지를 설명하였다.

: 행동주의 방식은 이전 세대와 달라졌습니다. 이런 변화는 중국의 시민 사

회에 일어난 변화와도 관련 있지요. 무엇보다도 펼치는 행동이 다릅니다.

… 이를테면 젊은 페미니스트 몇 명이 펼친 '남자 화장실을 점령하라' 같은

행동이요.

웨이팅팅에 따르면 새로운 세대는 저항하는 대신 공공장소에서 공

연을 벌인다. 덕분에 국가가 간섭하기는 더 어려운 데다, 언론이 보기에는 기삿거리로 다뤄도 될 만큼 쉽고 흥미롭다. 당국이 정말로 개입하는 경우는 끝내 이들이 구금되었던 2015년 3월처럼 여러 도시에서 공연이 기획될 때뿐이었다. 이런 까닭에 이들은 시진핑의 지도 아래 통제와 검열이 강화되고 매체 풍경이 좁아지는 현실에 두려움까지는 아니라도 불만을 느낀다. 이성애 규범을 좇는 이상 때문에 대개 쉬쉬하였던 새로운 성문화와 무성욕 문화로 가는 길을 인터넷이 열어젖혔고, 페미니스트 극장과 행동주의가 중국 사회의 가부장적 규범에 도전하지만, 변화는 그 속도는커녕 방향마저도 아직 가늠하기 어렵다.

나가며

성역할, 성생활, 사랑과 관련하여서는 중국의 개방이 아슬아슬하고, 어지럽고, 모호한 과정에 있는 것으로 드러났다. 우리는 이성애 규범적 담론이 가정에 부여된 중요성과 신유교주의 사상을 버팀목 삼아 어떻게 굳건히 자리를 지키고 있는지를 보였다. 가정은 누군가의 배우자에게만 귀속 방식을 내주는 게 아니라 민족국가와 중국 문화에도 귀속 방식을 제공한다. 지금까지 우리는 텔레비전의 짝짓기 쇼, 상하이 공원의 결혼 시장, 중국 젊은이의 성생활을 다룬 수많은 연구, 여전히 남성에게 유리한 성 경제를 분석함으로써, 중국에 존재하는 이성애 규범성을 살펴보았다. 이어서 이성애 규범성을 뒤흔드는 담론들을 찾아봤고, 로맨틱 코미디에서 우정의 정치학이 어떻게 결혼과 사랑보다 앞서 전파되는지를 보였다. 동성애 문화는 이성애 규범성에 더 직접적인 도전을 던진다. 우리는 이를 코스프레 집단, 정략결혼, 동성애 영화, 블루드와 장크 같은 앱과 결합한 인터넷 드라마의 인기를 분석하면서 증명하였다. 마지막으로 섹스와 페미니즘에 초점을 맞춰 성생활에서 인터넷이 어떤 역할을 하는지와 〈버자이너 모놀로그〉의 차용, 이와 관련하여 공공장소에서 명확하게 표현되는 페미니스트 행동주의를 분석하였다.

이 모든 관행은 이 시대 중국에서 다양한 성, 성역할, 사랑을 구성하고, 또 이런 다양함이 다시 관행을 구성한다. 우리는 이 장에서 새로운 성생활, 새로운 연애 형식, 동성 연인의 새로운 관계 방식 등이 열어준 엄청난 변화를 분석하였다. 이런 변화가 가능하게 된 데는 새로운 매체가 결정적인 역할을 할 때가 많았다. 그렇다 해도, 우리는 지나친 찬사는 보내지 말아야 한다고도 경고하였다. 여러 영역을 들어 설명하였듯이, 새로운 이 모든 영역은 대부분 기존 기반 시설, 사회 제도, 국가 기관에 얹혀 존재한다. 새롭다고들 말하는 가능성은 결혼, 이성애 규범성, 가정관이 중심축 역할을 하는 과거가 남긴 짐을 짊어질 때가 많다. 이런 가능성은 복잡한 권력 관계와도 이미 늘 얽혀 있다. 이 권력 관계에서는 고전적인 사회 인구 통계학의 변인이 의미심장한 단층선을 생성하고, 이 단층선은 더 정밀하게 조사해볼 근거인 특정 정치경제에 뒷받침을 받는다. 데이트 앱의 역할은 여기에서 특히 흥미롭다. 이 앱들은 중국의 성 경제를 자본으로 삼아, 중산층의 가치관과 미학을 내비치는 생활양식을 홍보하여, 사회 불평등이라는 물음을 구석으로 밀어낸다. 성역할과 성욕을 반영한 주체성은 권력이라는 복잡한 그물망에 얽혀 있으므로, 동성애자로서 정체성을 드러낼 가능성이 틀림없이 필수가 되어, 다른 방식으로 동성애 생활을 영위할 가능성을 완전히 차단할 것이다. 인터넷 포르노그래피가 불평등한 성역할에 이의를 제기하기보다 버팀목이 되듯이 말이다. 더구나 젊은이들이 시도할 수 있는 다양한 주체성이 출현하므로, 자신의 욕망하는 자아, 즉 국가가 장려하는 중국의 시장 경제에 깊이 말려들어 휩쓸리고 있는 자아를 살펴봐야 할 짐도 늘어났다.

★

제 5 장

이동성, 주변화, 그리고 욕망

이 장에서 우리는 흔히 주변으로 밀려나는 특정 젊은이 집단을 한층 가까이 들여다볼 것이다. 그들은 바로 젊은 이주 노동자이다. 이들은 더 나은 미래라는 꿈을 좇아 시골을 떠나 대도시로 나가지만, 이내 그 꿈이 깨진 것을 깨닫는다. 이들은 도시화, 산업화, 성장하는 사회주의 시장 경제, 중국의 늘어나는 국제 무역이 보여주는 화려함의 다른 면으로 볼 수 있다.

★

돈을 벌려고 이 회사에 왔다. (그러나 깨달았다)
여기에서 일한다는 것은 인생과 미래를 낭비하는 짓이다.
어른으로서 첫발을 내디딜 때, 나는 잘못된 길로 들어섰다.
어찌해야 할지 모르겠다.

-루신

들어가며

2009년, 베이징올림픽이 열린 한 해 뒤이자 상하이세계박람회가 열리기 한 해 전인 그해, 루신은 후난성에 있는 고향을 떠나 선전으로 이주하여, 그곳에 있는 폭스콘 공장에서 일했다. 루신은 대학 졸업자였으므로, 월급으로 제조 작업자보다 두 배 많은 2,000위안을 받았다. 지나치게 많은 초과근무를 하면서, 루신은 폭스콘에서 힘겹게 일한 여덟 달 동안 가족에게 13,000위안을 송금하였다. 2009년 10월 26일, 그는 자신의 블로그에 우리가 이 장 들머리에 인용한 글을 올렸다. 2010년 4월에는 하루에 열두 시간가량을 일했다. 그해 3월 14일에 블로그에 올린 다른 글에서 그는 이렇게 말한다. "정말 할 수만 있다면, 날마다 작곡을 하겠다. 나에게는 음악 장비를 살 돈이 없다. 컴퓨터에 돈을 쓰고 싶은 마음도 없다. 음반사를 찾을 길도 없다. 젊음이 쏜살같이 흐른다. 스물네 살인 내가 그래도 음악을 할 수 있을까?" 사내 노래자랑에서 2위를 차지했지만, 하루하루 삶은 전 세계에 아이폰, 컴퓨터, 태블릿 같은 상품을 공급하는 폭스콘의 조립 작업장에서 단조로운 업무를 하는 것이 다였다. 이른 5월, 어느 잠 못 이루던 밤, 더는 희망이 없어 막다른 골목에 몰렸다고 느낀 그는 끝 모를 비참함을 느꼈다. 대학 동창이자 동료였던 친구는 그날 일을 이렇게 회상했다. "바람을 좀 쐬어야겠다더니, 말을 마치자마자 잽싸게 창문을 열고 발코니로 넘어갔고, 곧이어 발코니에서 뛰어내렸어요. 한 치도 머뭇거리지 않고요. 루신을 잡아보려고 했지만, 왼쪽 소매만 겨우잡은 데다, 루신이 제 손을 뿌리쳤어요." 2010년 5월 6일, 스물네 살청년 루신은 6층에서 뛰어내렸다.

이 슬픈 이야기는 찬우이링(陳慧玲)과 푼웅아이(潘毅)가 쓴 마음 아픈 논문 〈중국 신세대 이주 노동자의 저항 수단, 자살: 폭스콘, 국제자본, 그리고 국가〉(2010)에서 다시금 이야기된다. 논문에서 저자들은 2010년 봄에 일어난 사건을 분석한다. 그 시기에 중국 남부에 있는 폭스콘 생산 시설 두 곳에서 젊은 노동자 열세 명이 자살을 시도했거나 자살하였다. 저자들은 폭스콘이 노동자의 자살을 하찮은 일로 치부하려는 시도를 비난하면서, 자살 행위를 세계 유명 상표, 공장 운영진, 현지 공무원들이 깊숙이 관여한 불평등한 국제 노동 체제에 맞서는 저항으로 해석한다. 베이징올림픽과 상하이세계박람회 기간 동안그토록 찬사를 받았던 중국의 부상 뒤에는 혹독한 값을 치러야 하는 젊은이가 있었다.

중국 젊은이가 변화의 선두에 있고, 최신 도시 생활양식에 푹 젖어 있고, 더 개방되고 더 번영하는 오늘날 중국을 위해 길을 닦는다고 말하는 찬사는 아무리 좋게 말해도 편견에 치우친 순진한 설명이다. 앞선 장들에서 우리는 중국 젊은이들이 가능한 것과 불가능한 것, 개연성의 정치와 가능성의 정치 사이를 어떻게 헤쳐나가는지에 집중하였다. 이 장에서 우리는 흔히 주변으로 밀려나는 특정 젊은이 집단을 한층 가까이 들여다볼 것이다. 그들은 바로 젊은 이주 노동자이다. 이들은 더 나은 미래라는 꿈을 좇아 시골을 떠나 대도시로 나가지만, 이내 그 꿈이 깨진 것을 깨닫는다. 현재 중국의 이주 노동자는 2억 5천만 명으로 추정되고, 여기에 해마다 1,300만 명씩 더 늘어난다. 이들은 도시화, 산업화, 성장하는 사회주의 시장 경제, 중국의 늘어나는 국제 무역이 보여주는 화려함의 다른 면으로 볼 수 있다. 연구에 따르면 젊은이들은 이주 노동자에서 상당수를 차지한다. 누구나 짐작하듯이 젊은이들은 힘이 넘치고 무료한 시골 생활을 견디기 어려워한다. 시골에서 도시로 이주한 사람 가운데 70퍼센트가량을 15~35살 사이인 인구가 차지하는 것으로 추정된다. 오랫동안 이 노동자들은 베이징, 상하이, 광저우, 선전을 비롯한 해안 도시를 말 그대로 떠돌았다. 하지만 이제는 중국 공장들이 내륙으로 들어가는 흐름을 따라 점점 더 중국 내륙과 서부로 내몰린다.

젊은 노동자, 특히 공장 노동자와 이주 노동자들은 공산당 결성 초기에 공산당 공동 창당인, 천두슈(陳獨秀)가 내세운 이상적인 젊은 노동자의 모습에서 크게 벗어나 있다. 천두슈는 1922년에 광저우에서 열린 공산주의청년단 1차 전국 대표회의에서 젊은 노동자들이 젊은 농민의 삶을 향상시키고, 계급 혁명 정신을 발전시키는 두 가지 역할을 맡아야 한다고 주장했다. 하지만 오늘날 젊은 노동자들은 기본권을 빼앗겼을 뿐 아니라, 시진핑이 내세우는 '중국의 꿈'에도 고려되지 않는다. 이제 시골 지역에서 태어난 젊은이들은 헛되이 더 나은 때가 오기를 기다리거나, 버려진 산업지역에서 자라난다. 낙수효과는 한 번도 없었다. 이들이 번영을 기다리는 모습은『고도를 기다리며』에 나오는 인물을 닮았다. 이들이 쓸 수 있는 더 적극적인 해결책은 더 나은 일자리와 삶을 꿈꾸며 도시, 그중에서도 남부 도시로 옮겨가는 것이다. 오늘날 중국에서는 '더 나은'이란 말에 첫째, 생산성 높은 노동력의 일부로서 자본주의 체제에 합류하고, 둘째, 도시 환경에서 소비 욕망에 발을 담근다는 뜻이 담겨 있다.

장시간 저임금 노동을 거쳐 소비라는 욕망 장치에 던져졌을 때, 이주 노동자들은 크나큰 짐을 지우는 노동 체제의 덫에 걸려들기 일쑤다. 이 체제는 "시골 젊은이의 육체를 산업화되고 생산성 높은 노동자로 바꾸고", 이때 노동자들은 부과된 일정표와 공장의 조립 속도에 규제된다.

쑨완닝은 책에서 후난성 출신인 젊은 공장 노동자와 나눈 인터뷰를 인용한다. 이 젊은이는 자신이 꿈꾸는 미래를 분명히 밝힌다.

: 저는 다궁(打工)인 제 상황을 끝내고 싶습니다. 결혼해서 아이를 낳고 제 가정을 꾸리고 싶어요. 제 인생이 남한테 좌지우지되지 않았으면 좋겠어요. 잔업을 하고 싶지 않을 때는 '싫어요'라고 말할 수 있으면 좋겠어요. 돈이 많기를 꿈꾸지는 않지만, 어느 정도 돈이 있어서 남의 뜻대로 움직이지 않고 제가 하고 싶은 일을 할 수 있다면 좋겠지요.

희망과 버려질지 모른다는 두려움을 모두 드러내는 표현, 절망을 암시하는 이런 흐름이 이주 노동자의 삶을 말하는 여러 설명에서 드러난다. '노동한다'는 뜻인 말 '다궁'은 대중과 노동자 모두가 듣기에 경멸을 담은 말로 진화하여, 공산주의라는 맥락에서 뜻했던 고귀한 프롤레타리아와 상당히 거리가 멀어졌다. 따라서 노동 계층은 사회 계층에서 가장 밑바닥에 자리한다. 사실 젊은이들은 할 수만 있다면 대개 노동자라는 꼬리표를 붙이지 않으려 한다. 우리는 실제로 부모가 아이들에게 열심히 공부하지 않으면 공장에서 다궁으로 일할 거라며 다그치는 소리를 들었다. 대개 교육을 받은 도시 젊은이들은 노동자로 일하기를 꺼린다. 2007년에 한 조사를 실행해보니, 흥미롭게도 상하이 젊은이 가운데 기꺼이 노동자가 되겠다고 답한 응답자가 겨우 0.1퍼센트밖에 없었다. 차별 수준에서 본다면, 사람들은 노동자가 도시인에 견줘 소질이 떨어진다고 믿는다. 앤 아나그노스트에 따르면, "소질 담론은 두 유형의 몸에서 가장 정교하게 나타난다. 하나는 시골 출신 이주 노동자의 몸으로, 누가 봐도 소질이 모자란 예시가 된다. 다른 하나는 도시 중산층이 낳은 외둥이의 몸으로, '이주 노동자'에게는 없는 소질이라는 특성이 쌓이는 곳으로서 맹목적으로 떠받들린다." 소질을 이어받아야 할 짐을 지는 외둥이와 대적할 상대로 이주 노동자를 짝짓는 것은 도발적인 데다, 중국의 전진이 대개는 없는 사람 취급을 받는 사람들의 삶과 얼마나 가까이 얽혀 있는지를 분명히 보여준다. 베이징올림픽 기간 동안에 국가는 아예 대놓고 이주 노동자를 없는 사람 취급하였다. 올림픽이 열릴 도시를 그렇게 놀랍도록 빠른 속도로 지어 올리는 어려운 일을 해낸 노동자들은 이들의 존재가 올림픽 개최 도시인 베이징의 영광과 호화로움에 반대되는 가난을 상징하여 중국의 이미지에 '해를 끼칠'지 모른다는 이유로 올림픽 기간 동안 도시를 떠나 있어야 했다.

아나그노스트에 따르면, 소질은 "주체가 커다란 사회 질서 안에서 자신의 위치를 인식하는 표상 체제로서 사상적으로 작동한다." 이런 젊은 노동자가 문화에서 어떤 위치에 있는지 알아내는 방법 한 가지는 쑨완닝에 따르면, 소질 논쟁을 대중문화의 영역으로 확장하여, 이들이 어떻게 재현되는지 깐깐하게 살펴보는 것이다. 이 방법에서 쑨완닝은 이주 노동자를 주인공으로 삼는 텔레비전 드라마를 분석하고, 바람직한 시민을 생성하도록 돕는 대중문화의 일부로 텔레비전을 해석해야겠다는 생각을 떠올렸다. 같은 논리와 의도에 기대, 이 장에서 우리는 이주 노동자들이 영화와 대중문화에서 어떻게 재현되는지를 연구하고, 이주 젊은이를 매체 소비자일 뿐 아니라 매체 생산자로도 간주하여 매체와 이주 젊은이가 어떤 관계를 맺는지 명확히 밝힌다.

우리는 세계적으로 부상하는 중국에 무턱대고 찬사를 보내는 데 이의를 제기하는 것을 목표로 삼지만, 우울한 그림만 제시하는 것도 피하려 한다. 찬우이링과 푼웅아이는 오늘날 중국에서 벌어지는 심각한 불공정을 지적하지만, 우리는 이렇게 어두운 측면만 밝히는 일을 피해 이주 노동을 혹사와 학대의 관점에서만 읽어보고자 한다. 여기에서도 우리는 이 젊은이들이 마주한 학대와 어려움을 살피는 일과 이들이 대처하고 살아남는 법을 살피는 일 사이에서 줄타기를 할 것이다. 더 나아가 우리는 이주 젊은이를 묘사하고 연구할 때 젊음을 지워버리는 데도 물음을 던지고 싶다. 이런 묘사와 연구에서 전면에 그려지는 것은 대개 젊음이 아니라 노동 관련 사안이다.

우리는 먼저 이주 젊은이의 삶과 관련하여 매체와 대중문화가 어떤 역할을 하는지, 그리고 이 분야에서 이주 젊은이가 어떻게 재현되는지를 다룰 것이다. 앞으로 보듯이, 매체와 대중문화는 중국에서든 해외에서든 이주 젊은이의 문제를 대개 자살 형태인 상징적인 저항만 존재하는 악순환으로 다뤄 재현하기 일쑤다. 다음으로, 아주 최근 사례에서 젊은 이주자가 어떻게 소셜 미디어에 힘입어 매체 생산자가 되고 불공정한 환경에 적어도 이의를 제기할 수 있는지, 또 중국의 국가 경제를 유지하고자 노동자를 착취하는 공장을 비판할 수 있는지를 보인다. 마지막으로, 이주 젊은이가 다양한 수단, 이를테면 새로운 매체 통신 기술, 컴퓨터 게임, 대안적 이주 형태를 이용하여 즐거움을 찾고 자기 삶에서 길을 헤쳐나가는 사례를 살펴본다. 물론 한시도 빠짐없이 감독받고 관리받는 불쌍하고 온순한 이주 젊은이의 사례를 우리도 알지만, 이주 젊은이들이 활용 가능한 매체 기술을 생각지도 못한 방식으로 새롭게 이용하는 문화가 생겨나는 것을 강조하고자 한다.

이주 젊은이, 재현, 그리고 욕망

노동자는 공산주의 선전 활동에서 오랫동안 중요하게 쓰인 수사였다. 시골이 도시보다 특혜를 받았듯이 말이다. 1978년 이후로 이런 특혜는 가파르게 사라졌다. 시골은 한때 도시 젊은이를 계몽하는 성소라며 추앙받았지만, 이제는 현대성과 대조되는 곳으로 경멸받는다. 시골 젊은이는 불모지에 살고, 미래는 다른 곳, 도시에 놓여 있다. 하지만 이 다른 곳 즉 도시에서, 이주 노동자는 2등 시민 취급을 받는다. 도시 후커우를 승인받지 못하므로, 도시에 아무런 권리도 행사하지 못한 채 일상에서 차별에 시달린다. 국제 언론에서 크게 다뤄지는 노동자의 인상은 자신들을 자살로 내모는 끔찍한 환경에서 끝도 없이 오래 일하는 젊은 여공들이다. 중국의 권력 당국은 이주 노동자가 긍정적인 인상을 남기도록 그런 인상을 바로잡으려 한다. 앞서 이미 살펴봤듯이, 여기에서도 노동이라는 수사가 대개 젊음을 압도한다.

  문학 작품을 검토해보면, 매체가 젊은 이주 노동자의 일상에서 어떤 구실을 하는지 다룬 출판물이 놀랍게도 거의 없다. 노동이 큰 쟁점이 되는 것이야 이해할 만하지만, 이는 이주 노동자에게서 동력, 재미, 즐거움을 앗아가기도 한다. 매체 이용을 연구할 때, 연구자들은 흔히 사안을 노동과 연결짓는다. 예를 들어 다니엘라 스토크만과 메리 갤러거가 진행한 연구(2011)는 이주 노동자를 포함시키는 독특한 조사를 바탕으로 삼는다. 이주 노동자는 호구 등록이 되어 있지 않으므로 대개 조사에서는 이들을 제외한다. 연구는 중국의 노동 규제를 이상적인 모습으로 묘사하는 데 매체가 어떻게 동원되는지를 보여준다. 자유 시장 경제로 전환하는 중국 매체가 정치권력을 강화하는 데 손을 맞잡는다는 우리 주장과 일치하게도, 스토크만과 갤러거의 연구에 따르면 텔레비전에서 법률 프로그램을 본 뒤 노동자들은 "노동법을 긍정적으로 묘사한 메시지에 상당히 영향을 받았다."

쑨완닝은 국영 CCTV가 2009년부터 내보낸 〈농민공 이야기(话说农民工)〉 같은 프로그램의 어조와 대본이 모두 얼마나 권위적이고 패권적인지, 모호함은 거의 없이 국가의 조화를 유지하고자 관계자들이 얼마나 꼼꼼하게 편집하고 대본을 썼는지를 분석한다. 쑨완닝은 〈농민공 이야기〉가 내보내는 가장 중요한 메시지를 인용한다.

> 농민공에게 영광을! 사회주의 건설에 그대들이 이바지한 바를 중국 인민은 이제 완전히 인정하노라. 농민공에게 자부심을! 중국을 강한 나라로 만들고자 그대들이 바친 노력이 전 세계의 상상력을 사로잡았노라.

차이나 유스 컬처

정부가 관여하는 이런 프로그램은 전반적으로 이주 노동자의 이미지를 명백히 긍정적이고 한쪽에 치우치게 그린다. 그렇지만 방송에서 이주 노동자들이 목소리를 낼 기회가 없으므로 시청자들은 이들의 속내는 듣지 못한 채 모습만 본다. 따라서 쑨완닝은 이런 결론을 내린다. "국영 다큐멘터리가 합법성이 빠진 가시성, 경제적·정치적 실체가 빠진 말뿐인 인정을 내놓을 때 두드러지는 인정 정치를 채택했다. 이런 프로그램은 계층을 바탕으로 집단적 자각과 적의가 일어나지 않을까 깊이 불안해하고 두려워하는 마음을 무심결에 드러낸다." 하지만 쑨완닝은 다른 다큐멘터리가 다른 경로를 어떻게 탐색하는지도 보여준다. 이때 제작자들은 권위적인 해설에서 멀찍이 떨어진다. 예를 들어 〈건설 현장(工地)〉 같은 다큐멘터리는 "'비전 경제'와 '인정 정치' 사이에서 동반 상승효과를 냄으로써" 체제 내부와 더불어 해외에서도 성공을 거뒀다. 쑨완닝의 지적에 따르면, 영화에서 이주 노동자를 CCTV에서와 다르게 재현하는 감독들일수록 흥미롭게도 CCTV에서 일한 적 있는 이들일 때가 많다. 그러므로 국영 텔레비전이 다른 목소리가 생겨나도록 돕는 꼴이다. 우리가 보기에 이런 영화와 다큐멘터리의 공통점은 이주와 노동 문제를 우선시하여 나이와 세대 문제를 대수롭지 않게 취급한다는 것이다.

호평받는 영화제작자 지아장커가 2013년에 내놓은 〈천주정(天注定·하늘의 뜻)〉은 영화가 이주 노동자를 어떻게 재현하는지 보여주는 중요한 예이다. 사실 지아장커는 모든 작품에서 이주 노동자들이 더 나은 삶을 찾아 떠나온 곳과 이 노동자들이 맞이하는 운명을 줄기차게 다룬다. 〈천주정〉에는 네 가지 다른 이야기가 나오고, 네 이야기 모두 최근에 중국에서 실제로 일어난 사건과 닮았다. 폭스콘에서 일어난 자살 이야기도 영화에서 샤오후이의 이야기를 이루는 배경이 된다. 샤오후이는 선전으로 옮겨온 뒤 실망스러운 일자리를 전전하고, 사랑과 인생과 일에 버둥거리며 살아간다. 푼웅아이가 생생하게 분석한 대로(2003), 샤오후이는 소비자가 될 수 있다는 가능성에 넋이 팔려 나이트클럽 일에 발을 디디고, 거기에서 중국 신흥 부자들이 뽐내는 부와 마주한다. 샤오후이는 같은 나이트클럽에서 일하는 렌룽과 사랑에 빠진다. 한 장면에서 렌룽은 쉬는 시간에 아이패드를 넘기다 고급 관리가 루이비통 가방 130개를 갖고 있다 발각되었다는 기사를 읽는다. 기사는 샤오후이와 렌룽이 소비세계에 둘러싸여 있지만 그 세계에 영원히 도달하지 못하리라는 신호이기도 하다. 샤오후이는 렌룽에게 사랑을 고백하지만, 렌룽은 자기 인생에서 사랑은 존재하지 않는 데다 샤오후이가 그녀를 거의 알지 못한다고 답한다. 렌룽은 자신에게 세 살짜리 아들이 있다고 털어놓는다. 그녀가 성매매를 하는 모습까지 본 샤오후이는 다른 곳으로 일자리를 옮긴다.

영화에서 돈은 줄거리를 밀고 나갈 뿐 아니라 등장인물까지 밀어붙인다. 가족들마저 언제 돈을 부칠 거냐고 끊임없이 물어보는 상황은 샤오후이를 몰아붙이고, 결국 그는 창문 밖으로 뛰어내려 자살한다. 왕옌제가 쓴 대로, "돈도, 미래도, 희망도, 사랑도 없이, 샤오후이는 잉여 가치를 생산할 때만 인간으로서 가치가 있는, 한낱 노동자로 격하된다. 샤오후이가 환상에서 깨어날 때, 그의 내면에서는 신자유주의 논리가 무너져 내린다." 그러므로 샤오후이는 자살한다. 비록 비관에서 나온 행위였고 도피였을 뿐일지라도, 그의 몸짓이 얼마나 절망적이었든, 그것은 저항 행위이기도 하다. 영화는 젊은 이주 노동자의 정신생활을 제대로 파헤친다. 그들은 한낱 피해자이기만 한, 동력이 없는 존재가 아니다. 영화에서는 사랑, 두려움, 욕망이 복잡하게 얽혀 풍성한 이들의 정신생활이 대중에게 고스란히 모습을 드러난다. 〈천주정〉에서는 중국의 힘 있는 자들, 즉 국가, 사업가, 지방 고위 공무원을 떠받치는 커다란 담론이 사람들에게 어떤 폭력을 가하는지도 탐색하지만, 젊은 이주 노동자들이 상징적으로든 말 그대로든 나쁜 일을 저지르고 강하게 맞서는 모습을 보여준다. 이들은 현대판 기사로, 체제의 폭력과 싸우고자 무술을 이용한다. 말 그대로 무술을 쓰는 인물도 있다. 영화에서 미용실 근무자로 나오는 한 여성은 자신의 싸움 기술을 써서 폭력적인 고객을 죽인다. 이 장면에서 지아장커 감독은 분명하게 무예를 동원한다.

국영 매체가 이주 노동자를 죄다 지나치게 활기찬 모습으로 그리는 반면, 세계 매체가 재현하는 이주 노동자의 모습도 여기에 버금가게 반대쪽으로 치우친다. 〈집으로 가는 기차(归途列车)〉(2009)는 몬트리올국제영화제와 암스테르담국제다큐멘터리영화제에서 상을 받은 다큐멘터리로, 캐나다와 중국이 공동 제작하였고, 외국 단체에서 자금

지원을 받았다. 감독을 맡은 판리신은 일거리를 찾아 쓰촨성 시골에서 광둥성으로 옮겨온 장씨 집안 이야기를 풀어놓는다. 카메라는 중년인 아버지 장창화와 어머니 천쑤칭을 따라간다. 춘절 동안 고향 집으로 돌아간 이들은 이내 열여섯 살짜리 딸 장친이 고향을 벗어나 남쪽 도시로 가도록 불씨를 당긴다. 이 영화가 드러내는 것은 장친이 끝내는 어떻게 젊은 이주 노동자가 되는가이다. 장친은 이주와 노동 문제가 어떻게 자식과 부모의 세대 갈등으로 진화하는지를 보여준다.

이주 노동자에게 아이가 있을 때, 이들은 어려운 선택과 마주한다. 아이를 고향에 남겨둘 것인가, 아니면 자신들이 일하는 도시로 데려갈 것인가? 2013년 기준으로 '남겨진 아이'가 6,100만 명가량이고, 그 가운데 42.8퍼센트는 아버지와 어머니가 모두 도시에서 이주 노동자로 일한다. 영화에서 '남겨진' 두 아이와 부모 사이에는 긴장과 갈등이 팽팽하다. 두 아이를 돌보는 할머니는 현상을 유지하고자 유교의 효 사상과 학업 성취가 얼마나 중요한지를 귀가 따갑게 되풀이한다. 달리 말해 우리가 1장에서 강조했던 두 영역, 가정과 학교가 체제를 유지한다.

이야기는 엄마가 집으로 돌아갈 기차표를 사려고 고군분투하는 모습으로 시작한다. 엄마는 딸이 학교를 그만두고 부모를 따라가고 싶은 마음이 들도록 불씨를 당겼고, 특히 휴대전화를 받은 뒤로 그런 욕망이 강해졌다. 여기에서 중요한 점은 부모가 이주 노동을 하는 상황이 사실은 딸의 욕망에 전달되어 시골에서 도시로 이어지는 이주 경로를 영속시킨다.

여기에서 일어나는 이상한 일은 이 시점에서 문화 장벽을 지탱하는 두 기둥, 즉 가족주의, 그리고 국가가 지지하는 교육 방침이 시골과 도시 사이에 불평등이 커지면서 도전받는다는 것이다. 시장 경제의 일부가 되어 소비하고 싶은 욕망이 커지면서 가정과 교육을 모두 약화시킨다. 장친은 끝내 학교를 그만두고 의류 공장에서 다른 여러 노동자 곁에 나란히 자리 잡고 일하는 젊은 노동자가 되고 만다. 하지만 가족이 없는 그곳에서도 장친은 불행한 마음을 드러내다가, 친구들과 쇼핑을 함으로써 자신이 자유로움을 보여준다. 도시의 홀가분함과 시골의 가망 없음과 더불어 장친이 계속 이주 노동자로 일하는 것을 정당화하는 요인은 소비라 불리는 욕망 장치이다. 영화 마지막에서 우리는 수입이 더 많다 생각해 나이트 클럽에서 일하는 장친을 본다. 풍요와 과시적 소비가 넘치는 세계에서, 장친은 중국의 신흥 부자를 위해 일한다. 그녀는 '꿈을 좇는다'고 주장하지만, 꿈이 이뤄질 가망은 거의 없어 보인다. 그러기는커녕 장친은 사실 부모의 삶을 되풀이하는 듯 보인다. 체제가 향상되지 않는 한, 욕망과 이주의 쳇바퀴는 대를 이어 되풀이될 가능성이 크다.

우리는 이런 다큐멘터리가 젊은 이주 노동자의 삶을 고스란히 재현한다고 주장하고 싶지는 않다. 우리는 다큐멘터리 같은 매개체를 이중굴절로 본다. 달리 말해 영화제작자를 비롯한 제작진의 관점, 즉 부르디외가 말한 아비투스habitus로 현실을 굴절한 것을 다시 카메라를 거쳐 중개하는 것이다. 현실을 리얼리티 프로그램이 재현하는 모습과 뒤섞는 것이 위험한 까닭이 바로 이 때문이다. 둘은 서로에게 필수 요소라, 현실은 재현을 낳고, 재현은 현실에 영향을 미친다.

〈집으로 가는 기차〉에서 우리가 목격할 수 있는 굴절 하나는 영화가 시골과 도시를 병렬 대치시켰다는 사실이다. 이는 이주 노동자를 재현할 때 끈질기게 따라붙는 이분법적 구상으로 푸르디푸른 시골이 회색빛 도시와 대조를 이룬다. 영화는 낭만에 빠져 이상화한 도시를 현대성의 중심지로 뒤바꾼다. 그렇게 하여 자연을 순수하고 즐거운 곳으로, 도시를 오염되고 불행한 곳으로 만든다. 이런 관념적인 병렬 대치는 복잡함을 무시하여, 도시 생활을 폄하하면서까지 시골을 낭만이 넘치는 곳으로 묘사한다. 이는 주변부로 밀려나 삶에 아무런 희망이 없어 보이는 이주 노동자를 매우 전형적으로 묘사하는 데 반영된다. 하지만 우리가 문화기술지적 자료를 이용해 제시하고 싶은 것은 젊은 이주 노동자가 욕망과 이주라는 잔인한 챗바퀴 안에서 처량하게 살아가지만, 새로운 자원과 기술에 힘입어 개척해 나가는 새로운 젊은이 공간이 있다.

매체 생산자인 이주 젊은이

젊은이가 주변으로 밀려난다는 담론은 자신의 삶과 저항을 사회 매체와 인터넷에 더 분명히 표현할 줄 아는 이주 젊은이의 담론 덕에 갈수록 불어난다. 잭 린촨 추(邱林川) 등이 진행한 연구에서 설명하는 한 잉은 젊은 이주 여성 노동자로, 열여섯 살에 쓰촨성 시골에 있는 고향 집을 떠나 일자리를 찾아 청두로 이주했다. 청두에서 한잉은 식당 종업원, 미용사, 건설 노동자, 거리 청소부 등 온갖 일을 하였다. 그녀는 2006년에 블로그 활동을 시작했고, 2008년 무렵에는 방문자가 백만 명에 이르렀다. 짤막한 글과 거기에 덧붙여진 수많은 사진에는 고향을 그리워하는 마음, 어릴 적 기억, 미래를 향한 포부 등 다양한 감정이 드러난다. 2015년 무렵 한잉의 블로그는 삭제되어, 수명이 짧은 디지털 환경의 특성을 보여줬다. 하지만 한잉에게 영향을 받아, 수많은 이주 노동자가 매체 생산자가 되었다. 디지털 플랫폼을 쉽게 이용할 수 있으므로, 젊은 이주 노동자가 스스로 매체 콘텐츠를 생산하기가 갈수록 쉬워졌다. 웹사이트, 블로그, 웨이신(위챗) 단체 채팅방, 웨이보 글 올리기가 시, 소설, 짧은 동영상, 노래, 그림, 일기 같은 내용을 올리는 데 사용된다. 플랫폼마다 특별한 지원과 제약이 있다. 따라서 저마다 특이한 논리와 정치 경제가 있으므로, '디지털 기술'이나 '인터넷'을 주제로 플랫폼들이 단일한 획일적 존재인 양 글을 쓴다면 문제가 된다. 이를테면 웨이보는 공개 플랫폼이지만, 웨이신, 즉 위챗은 더 은밀하다. 따라서 웨이신은 페이스북 그룹과 비슷한 인맥을 은밀하게 공유할 수 있게 한다. 하지만 종합해보면, 이런 갖가지 기술들이 젊은 이주 노동자가 자신들을 집결시킬 뿐 아니라 자기 목소리를 드러내도록 실제로 도움을 준다. 이 장의 맥락에 맞춰, 우리는 소셜 미디어를 통해 이주 노동자가 집결하여 생긴 정치적 결과(이 내용은 양궈빈이 2011년에 쓴 책을 참고하라)보다는 이들이 생산하는 콘텐츠에 더 관심을 쏟는다.

쑨완닝은 이주 노동자의 시가 종속 집단의 상상력을 어떻게 표현하는지를 탐구한다(2010). 그녀는 이주 노동자의 시에서 되풀이되는 세 가지 수사, 즉 "산업화 체제에서 몸의 소외, 이동과 향수병, 남부 지역에 느끼는 환멸"을 분석한다. 다른 분석들이 그랬듯이, 이 분석에서도 노동이라는 주제가 젊음이라는 주제보다 앞서므로, 두 주제가 교차할 때 더 관심을 받는 쪽은 노동 착취이다. 예컨대, 쑨완닝이 오래전 1998년에 스물세 살 난 이주 노동자 류황치가 연달아 이어진 잔업 뒤에 쓰러져 죽은 사건을 언급하는 부분에서, 유명한 '다궁' 시인 뤄더위안(罗德远)이 그에게 바친 시 한 수가 나온다. 제목은 〈류황치, 내 다궁 형제여〉였다.

> 그대의 장에서 피가 흐른다
>
> 그대의 폐가 이제 막 힘을 잃었다
>
> 그대의 삶이 막바지에 이르렀다
>
> 그런데도 그대는 출근 카드를 찍고 싶어 한다
>
> "늦으면 저들이 벌금을 물릴 거야."
>
> 형제여, 왜 그토록 두려워했는가?
>
> 우리는 계약서를 쓴 노동자가 아니다
>
> 현대판 노동자도 아니다

어찌하여 우리는 그저 '싫다'고 말하지 못하는가?

어찌하여 우리는 분노에 찬 주먹을 들어 올리지 못하는가?

이런 시가 한 일은 패권에 맞서 체제와 구조를 받아들이기를 거부하는 관점을 명확히 밝힌 것이다. 이런 시들은 온라인에서 돌아다니며 국영 매체가 통제하는 영역 바깥에서 살아남는다. 이런 글귀처럼 온라인에 꾸준히 올라오는 시들은 시진핑이 내세운 '중국의 꿈'뿐 아니라 패권적 조화 담론을 잠식한다. 이주 노동자의 고통을 감추려고 갖은 애를 다 쓰는 체제에서 그 고통이 모습을 드러내게 한다.

애니타 챈은 소셜 미디어가 없던 시기에 이주 노동자가 친척과 가까운 친구에게 보낸 편지를 연구하였다. 챈이 추적한 주요 주제는 임금, 구직, 초과 근무, 실존, 외로움과 관련한 것이었다. 챈은 "젊은이들이 홀로 공장 생활과 부딪혀야 한다. 편지는 이들의 삶에서 중요한 부분이 되었다. 편지는 일자리 정보를 얻을 수 있는 중요한 원천이었고, 더 중요하게는 공장과 기숙사 담장 너머에 있는 세상과 의미 있는 연락을 이어갈 중요 소식통이었다"고 설명한다. 챈에 따르면, "이런 편지에 드러난 대로, 노동자들은 최저 생활 임금, 먹거리, 건강 같은 가장 기본적인 걱정에 사로잡혀 있다. … 여가와 오락은 이들의 삶에 들어 있지 않다."

챈의 연구와 비교해볼 때 오늘날 달라진 것은 노동자가 여러 매체를 통해 오락거리를 손에 넣을 수 있다는 것만이 아니다. 이제는 개인의 이야기가 손쉽게 대중의 문장으로 바뀔 수 있다. 이주 노동자가 지닌 사진, 증언, 시, 불만은 위챗 모멘트에 공유될 때 곧장 입소문을 탈 수 있다. 따라서 은밀한 개인사가 더 대중적인 사건으로 바뀔 수 있다. 공원 어두운 곳에서 키스하는 연인들에게서 목격한 공개된 사생활과 거의 다를 바가 없는 모습이다.

개인들의 이런 노력은 이제 중국, 대만, 홍콩에 있는 여러 비정부기구NGO와 노동자 관련 단체의 활동으로 힘을 얻어 유지된다. 2015년 6월에 '노동자 연대'라는 대만 NGO 소속 여성 시위자가 중국에서 폭스콘을 운영하는 대만 업체 훙하이 정밀 공업의 본사에 찾아가, 훙하이가 중국에서 노동자를 착취하는 데 반대하는 나체 시위를 벌였다. 폭스콘에서 공장 작업자로 일하다 백혈병에 걸려 고통받던 노동자 세 명의 사례가 보도되도록 소셜 미디어의 눈길을 제대로 사로잡은 것은 플래시몹 작전이었다. 백혈병 노동자 세 명 가운데 두 명은 죽었고, 나머지 한 명 양단은 아직 살아있지만 목숨을 이어가기 위해서는 어마어마한 치료비를 치러야 했다.

양단은 열아홉 살 때부터 폭스콘에서 일한 젊은 여성이었다. 선전에 있는 폭스콘 공장에서 휴대전화를 검수하고 조립하는 작업장에서 일했다. 소셜 미디어의 보도에 따르면 양단은 이렇게 말했다.

> : 기본적으로 매일 조립 작업장을 돌아다닐 때마다, 생산된 휴대전화 수천
>
> 대에서 나오는 방사능 사이를 걸어 다녀야 했어요. 전화기는 모두 켜진 상

태였고, 조립장 안에 있는 컴퓨터 수천 대도 켜져 있었어요. 그러니까 저는 검사기와 방사능에 동시에 노출된 거예요.

　이어서 양단은 자신이 처음에는 왜 방사능을 알아채지 못했는지, 그러다 어떻게 증상을 키웠는지, 그리고 어떻게 병원에 입원해서 병명을 알게 되었는지를 생생하게 설명했다. 그녀는 병세가 나빠지는 속도를 늦추려고 화학 요법 치료를 받았다. 아주 분명하게도 이 백혈병 사례는 중국에서 보도되지 않았다. 이들이 사회에 '조화'롭지 않으므로 웨이보부터 국영 매체까지 보도가 금지되었기 때문이다. 대만에서조차도 힘 센 대기업인 홍하이가 명예훼손으로 기자를 고소하겠다고 협박하기 일쑤라, 보도를 다룬 주요 언론이 거의 없었다고 한다. 하지만 이런 금지에 한 발 앞서, 이주 노동자와 이들의 가족들이 소셜 미디어를 이용하여 자신들이 쓴 글과 메시지를 퍼뜨렸다. 만약 그렇지 않았다면, 사람들은 이들의 속사정을 결코 알지 못했을 것이다. 그리하여 백혈병 관련 글은 사람들 사이에 계속 돌고 돌 것이다. 〈천주정〉에 나오는 인물은 자살로 저항한 반면, 여기에서 설명한 젊은이들은 더 똘똘 뭉쳐 상황을 꿰뚫고 앞서 나갈 줄 알아, 기업이 내놓는 힘 센 목소리에 맞서 반박 성명을 퍼뜨린다. 한 소셜 미디어 보도에 덧붙여 양단의 오빠가 올린 공개 항의서 〈폭스콘 애플사에 보내는 질의서〉는 마지막을 이렇게 마무리 짓는다.

: 정말 화가 나는 것은 폭스콘이 양단이 자기네 직원이 아니라고 말했다는 것이다. 양단의 백혈병이 직업병인지를 확인할 길이 없었기 때문이다. 우리는 이를 받아들일 수 없었으므로, 이 일을 재판에 붙였다. 법원은 이제 양단이 폭스콘 직원이었음을 인정했다. 따라서 우리는 직업 연관성을 밝힐 의료 검사를 진행할 수 있다. 하지만 반년이 흘렀다. 환자인 양단이 이 반년 동안 무슨 일을 겪었겠는가? 관리자들이여, 생각해보시라. 우리는 폭스콘 관리자들이 우리의 고통을 이해해 함께 노력해 만족할 만한 결과를 줄 수 있기를 바란다. 우리는 목숨을 구할 돈을 기다리고 있다. 선량한 이들이 건강한 삶을 누리길 바라며 … 한 목숨을 구하고자 돈을 기다리는 사람이.

2015년 6월 15일, 양민

이 편지의 본질은 회사가 대답하기를 직접 촉구한다는 것이다. 소셜 미디어 덕분에, 그리고 국경을 초월하는 소셜 미디어의 특성 덕분에, 이 대만 사이트는 젊은 이주 노동자와 관련인의 권리를 인정하고 합법화할 뿐 아니라, 부수적으로 이 젊은이들이 자신들의 요구를 말할 수 있는 문화 공간을 제공한다. 편지를 살펴보면, 젊은이들은 더 이상 체제나 사회가 무관심하다고 비난하지 않는다. 이들은 기존 통제 체제, 이 경우에는 중국 법원이 법적으로 자신들을 인정해주어야 한다고 간청한다. 젊은 이주 노동자는 여기에서 개인의 정체성을 되찾는다. 공장 기계에 들어가는 흔하디흔한 한낱 부품 같은 이미지를 넘어선다.

이주 젊은이와 신생 매체 기술

여기에서 우리는 텔레비전 같은 대중 매체와 디지털 매체 사이에 중요한 괴리가 있음을 목격한다. 디지털 매체가 통제하기 더 어렵고, 교류가 더 잘 일어나고, 시간과 공간을 넘어서는 대인관계망을 구축할 수 있기 때문이다. 누군가는 디지털 통신 기술이 직원들을 더 가까이 통제하고 감시할 수 있는 또 다른 날개가 되었다고 애통해할 수도 있다. 이를테면 이제는 공장 운영진이 공장에서 일하는 이주 노동자의 휴대기기 사용을 통제하는 일이 아주 흔하다. 여성 노동자가 공장에 휴대전화를 갖고 들어가지 못하게 하는 곳도 많다. 여기서 한 발 더 나아가, 기업들은 중앙 집중 통신망을 만들고 작업자에게 전화기를 배포한다. 물론 고위 관리자는 최신 휴대전화를 받는다. 직원들이 어디를 가든 반드시 휴대전화를 들고 다니게 하여 상위 관리자가 아랫사람에게 바로 연락할 수 있으므로, 이런 무선 전화 체계는 직원 통제를 확장한다.

대중 매체가 대체로 중국의 현 정치 상황을 유지하는 도구로 보이지만, 중국의 젊은 이주 노동자가 삶을 다르게 상상하고 갈망하게 돕는 것은 다양한 디지털 매체이다. 그렇지만, 동시에 디지털 매체는 국가와 공장 양쪽이 노동자를 통치하려 사용하는 도구이기도 하다. 그러므로 2장에서도 다룬 바가 있듯이, 기술 낙관주의에 빠지거나, 이런 도구를 본질적으로 자유나 힘을 주는 것으로 읽을 이유가 없다. 휴대기기가 어떤 행동 유발성을 지닐지는 중국에서 특정 기술을 갖춘 사회정치 무리가 규정한다. 게다가 VPN 계정(이주 노동자가 손에 넣기에는 대개 감당하기 어려운 대가가 따르는 대안이다)을 사용하여 방화벽을 회피하는 법은 첨단기술에 정통한 소수 젊은이만이 알므로, 인터넷이 이주 노동자의 삶과 운명을 바꿀 가능성은 여전히 억제된 상태이다.

젊은 이주 노동자들은 흔히들 오전 9시부터 오후 9시까지 장시간 일한 뒤에, 잽싸게 기숙사로 돌아가 다시 자신들의 휴대전화로 인터넷에 접속한다. 매체 기술은 허구한 날 이어지는 일에서 탈출하는 길이 되어줄 뿐 아니라, 고향과 다시 이어질 길도 되어준다. 이들에게 고향은 중요하다. 사람들은 도시로 이주한 뒤에 같은 고향 사람들의 인맥을 거쳐 남과 연락하고 일자리를 구한다. 이때에도 휴대전화 기술은 중요한 핵심이다. 잭 린촨 추 등은 책에서 이렇게 주장한다.

> 노동 계층에게 정보 통신 기술은 한낱 도구가 아니다. 이주 인구 사이로 빠르게 퍼지는 사회, 문화, 정치 환경 구실도 한다. 정보 통신 기술의 연결성이 이주 노동자에게 개인의 목표를 추구할 힘을 줄지도 모른다. 하지만 정보 통신 기술은 이들을 직장에서든 집에서든 새로운 통제, 착취, 소외 체제 앞에, 그리고 인터넷 서비스 공급자와 고용주와 국가 행위자가 이들의 힘을 빼앗는 다른 방식 앞에 무릎 꿇릴지도 모른다.

새로운 통신 기술은 젊은 이주 노동자들이 주변 사람, 고향, 그리고 세상과 이어지게 도와준다. 카라 월리스Cara Wallis는 이주자와 휴대전화의 관계를 다룬 연구에서 "성, 계층, 나이, 장소를 바탕으로 사회적 정체성을 구축하는 과정이 어떻게 이동 통신 기술과 특별한 관계를 맺고, 이 기술이 다시 정체성을 재생산하고 재구축하는지"를 샅샅이 살펴본다. 윌리스는 휴대전화가 새로운 공동체를 만들어낼 수도 있지만, 예를 들어 고용주가 근무 시간에 전화기를 압수할 때는 단절을 낳을 수도 있음을 보여준다.

윌리스는 휴대전화 사용의 특징을 설명하고자 '이동하지 못하는 이동성immobile mobility'이라는 용어를 만들어낸다. 이 말은 휴대전화를 주로 같은 곳에서 사용하는 현실을 꼬집는다. 휴대전화 사용자는 그날이 그날인 삶을 살고, 업무 규정과 기숙사 규칙에 심하게 제약받는다. 휴대전화는 비록 짧은 시간 탈출구가 되어주지만, 여성 이주 노동자를 구체적으로 주변화하기도 한다. 이렇게 함으로써, 이동하지 못하는 이동성은 자유를 안기는 동시에 제약을 안겨, 새로 힘을 얻을 가능성과 뺏길 가능성을 만들어낼 수 있다.

윌리스의 주장은 중국의 젊은이 문화가 통제하는 위치와 통제받는 위치, 즉 자아의 기술과 복종의 기술 사이를 꾸준히 왔다 갔다 하는 특징이 있다는 우리의 견해와 일치한다. 이주 젊은이의 경우, 이들이 온갖 낙인 찍기와 고정관념에 시달리는 탓에 이런 역학 관계가 훨씬 더 강하게 발생한다. 이런 긴장을 헤쳐나가는 방법 가운데 하나가 컴퓨터 게임이다.

컴퓨터 게임과 비물질 노동

중국에서는 인터넷 카페에 죽치고 앉아 있는 젊은 노동자를 흔히 볼 수 있다. 우리가 인터넷 카페에서 보고 겪은 일은 매우 놀라웠다. 우리는 2010년에 베이징 토박이 학생의 안내를 받아 하이뎬 구에 있는 인터넷 카페에 가보았다. 하이뎬 구는 주요 대학과 고등학교가 몰려 있는 지구이다. 베이징 특유의 좁은 골목길, 후퉁(胡同)을 따라 방향 감각을 완전히 잃은 채 안내되고서야, 칠이 반쯤 벗겨진 문 밖에 걸린 PC 간판을 보았다. 안으로 들어갔더니 장식이라고는 찾아보기 어려운 하얀 방이어서, '카페'와 비슷한 구석이 눈곱만큼도 없었다. 우리는 낡은 모니터가 연결된 컴퓨터 여러 대를 젊은이들이 돈을 내고 쓰고 있는 모습에 끌렸다. 게임을 하느라 바쁜 이들에게 우리는 분위기를 망치지 않도록 목소리를 낮춰 말을 걸었다. 작은 PC방 관리자에게 암묵적으로 동의를 받아, 우리는 가까이 앉아 있던 젊은 남성에게 그나마 간단하게 질문 몇 가지를 던질 수 있었다. 이 젊은이는 연이은 질문에 한 번도 제대로 답하지 않아서, 우리 기억으로는 그가 내뱉은 말이 겨우 몇 마디뿐이었다. 요약하자면, 베이징에서 저임금 서비스직이나 다궁으로 일하는 듯한 이 젊은 노동자는 인생과 일에 아무런 의미가 없다고 말했다. 베이징에는 친구도 가족도 없었으므로, 컴퓨터 게임을 하며 가상 세계에 줄곧 머무는 것이 가장 경제적인 길이었다. 컴퓨터 게임이 한가한 시간을 보내는 길이기만 한 것은 아니라는 뜻이다. 그는 게임과 연계된 텐센트의 QQ 공개 채팅방을 이용해 가상 친구와 교류했다. 여기에 더해 그는 QQ에 '동맹'과 함께 비공개 단체 채팅방을 만들었다. 따라서 이 젊은이의 가상 친구 인맥은 다른 노동자 및 비노동자까지 확장하고, 그는 공장 바깥 영역에서 이들과 자신의 생각을 나눌 수 있었다. 무엇보다도, 매우 독특한 게임 세계의 일부인 통신 플랫폼은 게임에서 임무를 완수하여(이를테면 아바타가 한 곳에서 다른 곳으로 옮겨 다니는 동안 보물로 가득한 수레를 지켜) 자기 아바타의 등급이 올라갈 때 이주 노동자들에게 강한 성취감을 불어넣었다. 이 젊은이는 대규모 다중 사용자 온라인 역할수행 게임에서 전투에 승리한 순간 다른 이들과 축하를 나누었다. 여러 게임 가운데, 이 젊은이가 즐긴 것은 정투(征途)였다. 정투란 먼 길을 간다는 뜻으로, 중국에서 가장 인기가 높은 게임이었다. 정투는 2008년 기준으로 동시 접속자가 평균 30만 명이었고, 정점을 찍을 때는 200만 명에 이르렀다.

우리는 왜 이주 젊은이들이 정투에 그토록 열광하는지를 이해하고자 상하이에 본사를 둔 게임 회사 거인네트워크 및 게임 길드, 다른 게이머들과 인터뷰를 나눠보았다. 분명하게도 이주 노동자들은 정투가 내건 구호 '영원히 무료'에 강하게 끌렸다. 이 게임에서 불가능한 것을 가능한 것으로 만드는 것은 이주 노동자와 부유한 집안 출신이 벌이는 전투이다. 이런 전투는 게임을 가진 자와 못 가진 자, 부자와 가난한 자가 벌이는 싸움으로 바꿔놓는다. 이런 싸움은 모두 게임에 나오는 가상 도시, 왕성과 봉황성을 중심으로 벌어진다. 현실을 그대로 흉내 내, 돈 많은 게임 참가자는 게임 세계에서 자신들이 이루고 싶은 것을 돈을 내고 얻을 수 있을 때가 많다. 부유한 게이머는 진짜 위안화를 게임 속 금화로 바꿔, 경험을 쌓을 시간과 등급을 손쉽게 금화로 사들이고, 용도에 따른 여러 가상 도구도 더 많이 손에 넣는다. 하지만 이주 노동자들은 부족한 자산을 부유층보다 비교적 많은 여유 시간으로 메운다.

여기에서 이주 노동자가 하는 일은 마우리치오 라자라토(1996)가 말한 비물질 노동과 똑같은 것이다. 비물질 노동이란 공장에서 실제로 일을 하고 생산을 하는 노동이 아니라, 시간으로 표현되는 노동이다. 게임에서 이 시간은 참가자의 아바타가 다섯 가지 특성 즉 힘, 지력, 민첩함, 정신, 체력을 쌓는 데 쓰인다. 이 대목에서 게임 속 세상은 이주 노동자가 도시 거주자와 동등하게 한 곳에서 함께 이용하고 경쟁할 수 있는, 처음이자 유일한 기반으로 이해될 수 있다. 이는 우리가 인터넷 카페에서 이야기를 나눴던 이주 노동자들이 왜 기꺼이 그곳에서 많은 시간을 쓰는지를 설명한다. 이들은 정투에서 실제로 노동을 하여 자기보다 우월한 이들을 무찌를 가능성을 스스로 만들어냄으로써 즐거움을 얻는다. 역사와 다르게 재창조된 정투의 10개 중국 왕조에서는 자기보다 부유한 경쟁자를 능가할 기회가 있기 때문이다. 비록 실제로는 자산이 많은 참가자가 손쉽게 우위에 오를 수 있더라도 말이다.

온라인 게임에서 공정한 대결이 유지되도록 국가가 하는 역할은 게이머들에게 크게 환영받는다. 게임 산업의 정치경제학을 깊이 파고들지 않고, 우리는 게임 회사가 부당하게 이득을 챙기려고 쓴 전략을 멈추려고 국가가 여러 단계에서 어떻게 한 번 이상 개입했는지를 알리고 싶다. 한 번은 정부가 엄청난 보물이 든 상자를 열 가상 열쇠를 얻으려는 이용자에게 1위안을 물려, 기본적으로 등급을 올려 계속 게임을 하고 싶은 이용자라면 누구나 1위안을 내게 하였다. 곧이어 다른 게임 회사들도 이 전략을 베껴 자기네 온라인 게임에 적용하였다. 당연하게도 길게 봤을 때 결국 손해를 보는 사람은 비용을 감당하지 못하는 돈 없는 가난한 이용자였다. 게임 이용자들이 이용료 반대 운동을 벌이자마자 중국 문화부와 상무부가 함께 나서, 게임 회사에 '온라인 게임 산업의 가상 화폐 교환 관리 강화'를 통지하였다. 이는 게임 회사가 바가지를 씌우려 한다는 이용자의 불만에 발 빠르게 대응한다는 표시였고, 결국 가상 열쇠 요금은 취소되었다. 게임 이용자의 이 항의는 가상이면서도 현실인 온라인 운동이었다. 게임 이용자들은 국가의 통제력이 게임 세계를 가상의 이상향으로 되돌릴 수 있다고 믿었다. 이런 모습은 우리가 앞서 제기한 주장, 즉 오늘날 젊은이들은 체제를 무너뜨릴 생각을 하지 않고, 자기네 이상을 뒷받침해줄 정부 당국의 지배로 복귀한다는 주장과 일치한다.

이런 의미에서, 이주 노동자가 즐기는 컴퓨터 게임을 맥락으로 젊은이들의 '저항'을 이해해보면, 이들은 자신들이 살아가는 사회경제 상황을 강제로 바꾸려하지도 않거니와, 폭스콘을 비롯한 다른 공장의 소유주와 자신들이 구성하는 계층 관계를 뒤집으려 하지도 않는다.

젊은 이주 노동자들은 문화적 경기장에서 자기들만의 즐거움을 찾고, 상대 게이머 죽이기(Player killing · PK)부터 무림, 즉 일반인 선수권대회와 전국 전투까지 공정한 게임 시합에서 맛보는 자그마한 기쁨에 집중한다. 게임 이용자들을 만난 뒤로 우리는 이들이, 특히 못 가진 게이머들이 게임 세계가 보여주는 이상, 즉 자율, 공정성, 성과에 기반을 둔 평등에 헌신한다는 느낌을 늘 받는다. 공교롭게도 중국의 대형 게임 회사 한 곳에서 내놓은 게임이 '완벽한 세상(完美世界)'이다. 물론 이 세상은 완벽하지 않다. 하지만 업계에 자기 규제가 어떤 방식으로 존재하는지 지켜보는 것은 흥미롭다. 정투가 처음 나왔을 때, 게임 속 세상은 자본주의 세상과 비슷했다. 이주 노동자들은 비물질 노동을 팔아 은화를 손에 쥘 수 있었지만, 금화는 돈을 내는 사람만 손에 넣을 수 있었다.

특정 행위를 제한하는 규칙도 있었다. 이를테면 아바타가 이주한다거나 결혼하려면, 반드시 금화가 있어야 했다. 자산이 부족한 게임 이용자들이 불만을 쏟아냈고, 어느 정도 국가가 애를 써서 2006년 8월에 중국 청소년 인터넷 협회가 깨끗한 게임 정책을 펼쳐 게임에서 도박 같은 특성을 지우려 나섰다. 이에 정투는 등급이 60급 이상이고, 한 달에 60시간 이상 게임을 하고, 명성값이 일정 수준을 넘는 이에게 금화 형태로 '월급'을 주기 시작했다. 이런 뜻에서 이주 노동자인 게임 이용자는 비록 자본주의가 주도하는 문화 세계이지만, 적어도 자신들의 노력으로 그곳을 지킬 수 있는 힘이 있다는 느낌을 받았다.

금화벌이와 농사

우리가 인터넷 카페를 관찰하던 때로 되돌아가 보자. 사실 우리는 매번 오래 머무르지 않았다. 특성상 이 노동자들이 이주 노동과 비물질 노동을 이중으로 해야 하니, 짐작하다시피 이들은 우리와 이야기를 나누는 데 큰 관심이 없다. 우리에게는 공장에서든 가상 세계에서든 그들의 권리를 향상시킬 역할이 없기 때문이다. 앞서 인터넷 카페에서 만났다고 언급한 젊은이의 경우, 우리는 떠나기에 앞서 자세한 연락처를 얻어 보려 했다. 하지만 그는 거절하면서, '아무것도 이루지 못하면' 고향 마을로 돌아가야 하니, 아마도 우리가 다시 만나지 못할 거라고 말했다. 앞으로 자신이 무언가를 이룰 날이 오지 않으리라 여기는 것이 틀림없었다.

젊은 이주 노동자는 길고 지루한 노동 시간을 꾸역꾸역 참아내야 한다. 이는 이주 노동을 다룬 모든 연구에서 공통으로 나타나는 소감이다. 따라서 통신 기술이나 컴퓨터 게임은 젊은이들이 도피하거나 대안, 즉 더 열망하는 주체성을 확보하는 길이다. 그렇다 해도, 이들이 나이가 들면, 결혼과 육아가 서서히 더 다급한 문제가 된다. 이시점에서 가족주의가 다시 작용하여, 이들이 고향으로 돌아가 도시를 잊을지도 모른다. 게임 이용자인 이주 젊은이가 고향 마을로 돌아갈 때, 이들이 손에 쥔 잔존 가치는 그동안 모은 돈이 아니라, 컴퓨터 게임 솜씨와 요령이다. 그러므로 이 젊은이들은 게임 솜씨를 노동으로 바꿀 것이다. 푸코가 지적한 '유순한 몸'을 게임 산업의 정치경제학에 접어 넣고, 또다시 아침 아홉 시부터 저녁 아홉 시까지, 더 길게는 밤을 지새워 일하여, 서구 선진국의 부유한 고객과 중국 대도시의 잘 사는 게임 이용자를 위해 아바타를 키우고 훈련시키는 데다, 고객이 너무 바쁠 때는 '활동'도 할 것이다. 이들을 금화벌이꾼(gold farmer·골드 파머)이라 부른다. 금화벌이는 세계 또는 전국 단위로 노동을 외주에 맡기는 사례 중에서도 매우 극단적인 예로, 인도를 비롯한 여느 개발 도상국에 있는 콜센터를 떠올리게도 한다. 금화벌이의 경우, 중국은 전 세계 컴퓨터 게임 업계에 존재하는 디지털 노동 착취 공장을 고스란히 보여준다. 우리가 보인 사례에서 보듯이, 젊은 이주 노동자들이 시골이나 중소도시인 고향으로 돌아가 공장 노동자가 아닌 세계적 공장형 게임 노동자로 새로운 경력을 시작하는 일도 흔하다.

　2006년에 나온 다큐멘터리 〈사이버 쿨리Cyber Coolies〉에서 네덜란드 감독 플로리스얀 판라윈은 허난성 정저우에 사는 이주 젊은이의 삶을 자세히 설명했다. 이들 금화벌이꾼들은 직업 게이머로서 인터넷 카페에서 일을 시작한다. 이들은 대부분 서양인인 게임 이용자를 위해 '월드 오브 워크래프트' 게임에서 등급을 올리는 데 필요한 지루하고 반복적인 디지털 노동을 한다. 다큐멘터리는 금화벌이꾼으로 일하는 징과 펑을 따라가며, 이들의 모습과 게임에서 따온 장면을 섞어, 징과 펑을 화면에서 각각 쿵푸 고수와 강인하고 섹시한 여성 영웅으로 바꿔놓는다. 감정이 묻어나지 않는 음울한 표정은 대비를 이뤄, 이들이 얼마나 지루한 일을 반복하는지를 분명히 보여주고, 온라인과 다른 오프라인의 현실을 강조한다. 젊은 여성 금화벌이꾼인 징은 부모님의 감시를 피하고 싶어 상하이로 이주했는데, 지금은 상사가 열심히 일하라고 몰아붙인다고 말한다.

: 윗분이 정말로 오늘밤 안에 이 일을 끝내야 한다고 말했어요. 고객이 얻고 싶어 하는 금의 양이 있는데, 아직 일을 못 마쳤어요. 해내지 못할까 봐 걱정이네요.

이런 직업 게이머들은 하루에 열 시간 넘게 일하고, 대개 한 해를 넘기지 못 하고 일을 그만둔다. 이 일에 숨어 있는 은유적 뜻은 섬뜩함이다. 이들이 증명하는 것은 노동의 세계화(이제는 마을에 그대로 머무는 젊은이들마저도 세계적 노동 체제에 휘말린다)뿐이 아니다. 다큐멘터리는 노동의 이런 세계화가 힘의 강고한 불평등에 지금도 얼마나 단단히 자리 잡고 있는지도 보여준다. 오늘날에도 광산에서 일하는 젊은 노동자가 있기는 하지만, 매우 드물다. 새로운 노동 방식은 디지털 갱도에서 디지털 금을 캐는 일이기는 하지만, 수직 갱도에서 일하는 것과 비슷하다. 그런데 취재원들은 힘을 부여받는 느낌도 있다고 말한다. 예컨대 어린 여성인 둥은 현실과 가상 사이의 이분법을 끌어와 이렇게 설명한다.

: 피곤할 때 가상 세계에서 누군가 저를 PK하려고, 그러니까 게임 속에서 죽

이려고 하고, 그런데도 이기고 나면, 더 강하고 성공한 기분이 들어요. 정말 째지게 좋아요. 이런 성공은 가상 세계에나 있는 거라, 현실에서는 경험하지 못하니까요. 현실에서 저는 여자라 그렇게 쉽게 싸움을 걸지 못하잖아요. … 가상 세계에는 제약이 훨씬 덜하고, 더 자유롭죠. 제가 찾고 있는 게 바로 그거예요. 자유.

학술적 담론에서는 현실과 가상 세계의 이분화에 당연히 이의가 제기되었지만 둥의 일상에서 우리는 아직도 이분화가 분명히 나타나는 것을 찾아낼 수 있다. 가상 세계는 둥에게 현실에서 도망갈 곳을 제공한다. 힘을 주고, 즐거움을 안긴다. 하지만 동시에 그녀가 현실 세계에서 제약받고 자유를 누리지 못한다는 사실을 깨닫는 계기도 된다.

영화는 한 장면에서 가상 세계와 현실 세계를 컴퓨터 그래픽으로 대비시킨다. 우리는 왕이 월드 오브 워크래프트의 한 인물로 게임을 펼치는 모습을 본다. 그는 새에 올라타고, 새는 여러 산을 넘어 시골까지 날아간다. 여기에서 가상 세계가 자연스럽게 현실로 바뀌어, 왕이 고향 마을에 있는 가족에게 돌아가는 모습이 보인다. 가상 세계와 정저우라는 도시에서 그가 사는 모습, 그리고 작은 시골 마을 출신이라는 성장 배경이 보이는 대비는 더 클 수가 없어, 중국이 얼마나 빠른 속도로 바뀌고 있는지를 상징적으로 보여준다. 마오쩌둥 주석의 포스터가 아직도 벽에 걸려 있는 집에서, 왕의 아버지가 이렇게 말한다.

: 아들은 이제 다 자라서, 제 앞가림을 할 줄 알지요. 왕이 부자가 되면 좋겠
어요. 결혼도 하고, 법을 지켰으면 좋겠고, 크게 성공하고 법에 따라 행동
하길 바랍니다.

부, 성공, 법 준수가 눈에 띄는 것은 우리가 1장에서 분석한 가정,
학교, 국가의 영향력이 미치는 힘을 떠올리게 한다. 왕의 아버지는 아
들이 무슨 일을 하는지 설명하지 못해 "컴퓨터 판매와 비슷한 일"이
라고 말한다. 왕은 인터넷 카페에서 윗사람을 위해 컴퓨터 게임을 한
다고 설명하지만, 그의 아버지는 컴퓨터 게임이 무엇인지 이해하지 못
한다. 겉보기에 이 장면은 세대 차이, 특히 젊은 이주 노동자의 부모
가 시골에 머물 때, 젊은 세대와 부모 세대에 어떤 차이가 생기는지를
고스란히 보여준다. 하지만 어린 청년의 관점에서 보자면, 우리가 설
명한 만큼 삶이 그렇게 고단하지 않을지도 모른다. 게임 세계는 참가
자에게 힘도 실어주므로, 금화벌이꾼을 오롯이 세계적 게임 노동 체
제의 희생자로만 본다면 이들이 컴퓨터 게임에서 얻는 동력, 즐거움,
창의성을 부정하고 말 것이다. 젊은이들은 공장에서 고통스럽게 일하
거나, 농가에서 활기 없이 따분하게 일하느니, 금화벌이꾼으로서 '디
지털 노동'을 하는 쪽을 선호하기 때문이다.

그렇다면 고향으로 돌아간 이 젊은 이주 노동자, 왕의 삶을 움직이
는 것은 무엇일까? 왕은 자신의 게임 솜씨를 자본 삼아, 비물질 노동
을 쉽게 대체되지 않는 가치 있는 것으로 만든다. 동시에 열심히 일하

여 가족을 경제적으로 계속 부양하는 것을 스스로 실천하는 모습은 그가 효심이 깊고 부모에게 순종한다는 것을 보여준다. 이는 푸코가 '자아의 기술'이라고 부른 것, 즉 젊은이가 새로운 환경에 적응하고자, 그리고 가족이 자신의 삶과 일을 이해하게 할 만한 길을 찾고자 동원하는 존재의 기술이다. 컴퓨터 게임 솜씨는 그들이 자신을 탈바꿈하고 자신의 가치관과 미학을 형성하는 수단으로 쓰인다. 하지만 이런 자아의 기술은 이주 노동자로 일하면서도 한가한 시간에 디지털 세계에서 날마다 갈고 닦았던 요령 없이는 실현되지 못한다. 두 기술은 서로 필수 요소이다.

우리는 중국에서 온라인 게임이 한창이던 2011년에 베이징에 있는 신생 게임 회사와 인터뷰를 나눴다. 회사를 세운 젊은 사장은 우리 친구이기도 했다. 그와 동업자는 중관춘 첨단 과학기술 지구에 바로 붙어 있는 사무실만 빌려 게임 개발에 쓸 컴퓨터만 들여놨을 뿐 무엇 하나 꾸미지 않아 회사는 소박하기 짝이 없었다. 두 사람은 적은 월급으로 푼푼이 살아가면서, 회사에 투입된 엔젤 펀드로 성공 가능성이 낮은 사업을 꾸려나갔다. 목표는 체스를 두는 것만큼이나 단순한 온라인 전략 게임 개발이었다. 하지만, 그렇게 단순한 온라인 게임에도 추가로 월급직 네 명으로 구성된 팀을 고용해야 했다. 네 사람은 우리가 회사에 찾아가 시험판으로 게임을 할 때에도 거의 반응을 보이지 않았다. 하지만 뒤에 우리는 사장인 친구에게서 팀에 대학 졸업자도 있지만 게임 기술과 게임 프로그램 기술이 뛰어난 고등학교 졸업자도 있다는 말을 들었다. 그 회사에 들어오기 전에, 이들은 몇 곳에서 금화벌이 일을 하며 생계를 유지했다. 물론 이제는 능력을 쌓았으므로, 베이징 한복판에 있는 정식 게임 회사에서 일하는 상근직으로 변신할 수 있었다. 게임 세계에서 갈고 닦은 기술이 게임을 향한 열정과 합쳐져, 그들이 도시에서 삶을 선택하고, 이동하고, 문화적 삶을 누릴 기회를 높였다. 이제 그들은 고향으로 돌아가 농부나 금화벌이꾼으로 일하지 않아도 되었다.

마을에서 예술 마을로: 새로운 공간과 이동성

오늘날 이주 노동자들의 생활 조건이 상대적으로 나은 새로운 공간으로 옮겨갈 능력은 날이 갈수록 커진다. 지금까지 우리는 젊은이들이 소셜 미디어, 디지털 기술, 젊은 노동자에 적합한 게임 기술에 접근할 수 있어 이동하지 못하는 이동성을 띠는 현상을 다뤘다. 금화벌이는 이미 공장 노동에서 벗어나려는 움직임이 되었다. 하지만 금화벌이 말고도 다른 길이 있다. 예를 들어 예술 마을에서 일하는 것 말이다.

전 세계 사람들로 북적이는 홍콩의 경계선 바로 너머, 선전에는 다펀 유화촌이 있다. 넓이 0.4제곱킬로미터짜리 토박이 마을인 이곳에는 꽤 큰 유화 판매상 마흔여 명과 화랑 1,200여 곳이 자리를 잡고, 중국 각지에서 찾아온 이주 젊은이 8,000명가량을 고용한다. 다펀에 찾아오는 젊은 예술인 대다수는 자신들이 예술가로서 꿈을 실현하고자 온 것이 아니라, 생계를 꾸리고자 왔다고 솔직히 인정한다. 이들은 날마다 빈센트 반 고흐, 살바도르 달리, 파블로 피카소 같은 유명 서양화가의 유화부터 때로 중국의 현대 걸작, 그중에서도 특히 웨민준의 그림을 빼다 박은 듯이 베껴 그려 생계를 꾸린다. 2000년부터 지금까지 다펀 유화촌은 유화를 복제, 판매, 유통하는 중심지로 모습을 갖춰왔고, 이제는 유화 사업이 서예, 자수, 조각, 예술 공예 같은 다른 예술 형식을 자극해 마을의 부수 사업이 되었다. 우리가 세계 어느 호텔을 가든 보는 예술품 대다수가 다펀에서 제작된다.

젊은 노동자의 눈에는 다펀 유화촌이 중국 조립 공장을 예술계로 옮겨놓은 듯이 비춰질 것이다. 다만 이번에는 옷, 장난감, 아이폰, 텔레비전 수상기를 제조하는 게 아니라, 번듯한 집의 거실이나 호텔 로비에 걸릴 만한 그림을 복제한다. 이들 젊은이 대다수는 대도시에 있는 유명 예술 대학을 졸업하지 않았으므로, 밥벌이를 하고자 다펀으로 몰려든다. 위니 웡이 『주문자 맞춤형 반 고흐: 중국, 그리고 예술이 된 복제Van Gogh on Demand: China and the Readymade』(2013)에서 분석한 바에 따르면, 이들은 다펀에 온 뒤로 솜씨를 갈고 닦으므로, 이에 따라 다펀에는 사회적이면서 직업적인 계층이 만들어지고, 어떤 이들은 다른 이들보다 '예술가'라는 개념에 더 가까워진다. 위니 웡은 책 끄트머리에서 다펀에서 일하는 화가들이 어떻게든 예술가가 되고 싶다는 열망을 어떻게 품게 되는지를 설명한다. "다펀의 화가들은 '예술가'로서 성공한다는 것을 다르게 정의할지도 모른다. 어떤 이는 직업적 위상과 사회적 위상으로, 어떤 이는 전시하고 여행할 기회로, 어떤 이는 작품의 시장 가치로 성공을 정의한다. 하지만 '예술가'라는 작가 신분을 얻고 싶은 욕망은 누구에게나 똑같이 퍼져 있다."

그렇다 해도, 다편에서 일하는 아주 젊은이들은 여전히 해롭고 형편없는 상황 아래 놓여 있다. 유화에 쓰이는 휘발성 용제를 들이마시고, 기숙사로 개조된 낡아빠진 작은 시골집에서 일하고, 자고, 먹고, 그림을 그린다. 이들은 한 주에 엿새를 일하지만, 한 달에 받는 돈은 우리가 이야기를 나눈 초짜 노동자의 경우, 달랑 1,500위안이었다. 하지만 위니 웡이 연구에서도 밝혔듯이, 여기에서 다편을 혹사와 조

사진 6. 다편 유화촌에서 일하는 어느 화가
© 예룬 더클룻

립식 일렬 생산이라는 틀로만 본다면, 실제로 일어나는 일을 제대로 판단하지 못할 것이고, 노동자들에게서 동력, 더 나아가 영감과 창의성을 빼앗고 말 것이다.

탄밍은 스물다섯 살인 화가이자 노동자로, 우리가 인터뷰를 나눈 2013년에는 고등학교를 마친 지 4년째였다. 그는 먼저 상품 판매직 노동자로서 전화 판매 업무를 하였다. 그 일을 한 지 반년이 지났을 때, 선전에서 그림 견습공으로 일할 기회가 있다는 말을 들었다. 고등학교에서 스케치하는 법을 조금 배웠던 그는 그래서 다펀으로 왔다. 석 달 동안 훈련을 받은 뒤에, 그는 일을 시작했다. 처음에는 그림이 팔릴 정도로 잘 그리지 못해 돈을 거의 벌지 못했다. 식구들에게 돈을 빌려 생활하면서, 헐값에 많은 그림을 그렸다. 지금 그는 남에게 고용되지 않고, 작업할 곳을 빌려 모든 것을 혼자 힘으로 해결하며 산다. 그림 하나를 마치는 데 평균 반나절이 걸린다. 그는 사실 주문만 들어오면, 조금도 쉬지 않고 일한다. 탄밍은 앞날이 어찌될지는 모르지만, 기술에서든 창작품이 아닌 복제품을 그린다는 사실에서든 자신이 딱히 뛰어나지 않다고 줄곧 말한다. 따라서 위니 웡이 연구에서 언급한 대로, 마지막에는 원작자와 예술가가 된다는 관념이 열망을 품게 하는 중요한 원동력 구실을 하는 동시에, 장애물 구실도 한다.

앞에서 다룬 금화벌이꾼과 비슷하게, 다펀의 젊은 이주 화가들은 솜씨와 요령을 갈고 닦아 활용하여 '한낱' 노동자가 아니라 '예술가'가 된다. 우리는 화랑 소유주 몇 명, 그리고 가게 뒷길을 어슬렁거리

차이나 유스 컬처

던 화가 서너 명과 가볍게 이야기를 나눴다. 이 '예술가'들은 사실 그다지 말이 없었다. 그들은 다펀 유화촌에서 '예술가'로 살아가는 일에 만족한다고 주장했다. 가장 많이 나온 대답은 다펀 생활이 "시골에서의 생활보다 낫다"였다. 이들은 그래도 그 일이 매우 고되고, 그래서 여성 화가가 적다고 설명했다. 많은 이들이 그림 가운데 일부만 그리는 일부터 시작한다. 예컨대 나무만 전문으로 그리다가, 서서히 그림 전체를 베끼는 쪽으로 옮겨간다. 어떤 이들은 고객의 사진을 베끼는 일로도 시작한다. 흥미롭게도 우리가 이야기를 나눈 사업주에 따르면, 경제 측면에서 사업을 유지하기가 날이 갈수록 어려워지고 있다고 한다. 숙련된 젊은 작업자의 월급이 올라가 사업에 부담이 되기 때문이다. 사업가들이 숙련된 인력을 구하고 붙잡아두기가 서서히 어려워져, 사업 수익에 주는 부담이 커진다. 어느 화랑 주인과 이야기했을 때, 그는 자기 화랑의 화가들이 한 부분씩만 그리지 않고 전체 그림을 통째로 그린다고 설명했는데, 흥미롭게도 그는 우리가 노동이란 뜻이 들어간 말만은 피하기를 바랐다. 그는 자기 직원들을 '화가'라고 부르기를 바랐고, 우리가 공장이라는 말을 쓰자 '공작실'이라고 정정했다.

2012년 10월에 다펀 유화촌이 속한 룽강구는 숙련된 젊은 노동력을 붙잡을 목적으로, '룽강구 다펀 유화촌 인재를 위한 공공 임대 관리 및 실행 방안'을 내놓았다. 이 방안은 다펀 유화촌에서 일하는 열여덟 살 이상인 기존 예술 노동자와 가족에게 공영 주택을 시장가보다 30~50퍼센트 적은 값에 제공했다. 경력이 긴 노동자일수록 혜택을 누렸다. 이들은 방 세 개짜리 집을 제공받을 수 있었고, 가족이 있는 노동자는 더 큰 아파트를 받았다. 이 모든 조치는 다펀에 사는 이주 젊은이의 삶을 향상시켜 유화촌을 계속 유지할 수 있게 하고자 정부가 노력한 결과로 볼 수 있다. 이제 다펀 유화촌은 룽강구와 선전시에 '국가 기반 문화 산업의 본보기'로 올라가 있어, 수많은 고위 당 간부가 다펀을 다녀갔다. 다펀은 한 발 더 나아가 2010년 상하이세계박람회에도 참가하였다. 그러므로 이 이주 노동자의 경력과 솜씨는 정식으로, 그리고 공개적으로 인정받았다. 다른 이주 노동에서는 좀체 일어나지 않는 일이다.

다펀 유화촌 노동자들은 못 가진 자에서 선전시의 고용인으로 탈바꿈하여, 사무직 노동자나 노동 이외의 일을 하는 선전시 거주자와 적어도 동등한 복지를 누린다. 다큐멘터리와 언론에 그려진 이주 노동자에 견줘, 다펀의 젊은 이주 노동자들은 인정의 정치 담론을 가치관, 위엄, 자부심의 담론으로 바꿔놓았다. 이밖에도 2015년 초에 다펀 유화촌은 디자인, 예술, 미디어 대학교들의 세계적인 연합체, CUMULUS와 함께 〈창의 다펀〉 디자인 경연(創意大芬设计竞赛)〉을 개최하겠다는 계획을 발표하였다. 이 대회는 그해 하반기에 퉁지대학교, CUMULUS, 선전시 정부가 함께 조직하였다. 이 계획에서 새로운 노동자를 끌어들이고자, 대회의 홍보물에는 '복제와 다른 창조성' 같은 구호를 포함하여, 요령과 손재주에 더해 예술 담론을 강화한다. 무엇보다도 초청장이 겨냥한 이는 그림 노동자가 아니라 그림 고수였다. 신분 상승을 할 수 있다는 전망에 이주 노동자들은 다펀으로 이주할 마음을 먹었다. 진정한 원작자, 진짜 예술가, 진본 작품이라는 담론을 제시함으로써, 이러한 이주는 동시에 무엇이 진짜 예술을 구성하는가, 라는 패권적 담론과, 원작자 및 저작권 보호의 기본 논리에 반영된다. 하지만 우리가 문화기술지적으로 관찰한 바에 따라 판단해 보면, 이러한 이주는 결코 끝나지 않을 것이다. 다펀이 국제 예술계의 작동에 중요하게 개입하는 것도 고려하기 때문이다.

다펀과 관련하여 널리 보도된 사건은 여러 종류의 그림 대회였다. 이러한 대회는 2006년 5월 무렵 시작하였고, 언론은 다펀 예술가 110명이 누가 가장 똑같이 베껴 그리는지를 보려고 치르는 대회를 대대적으로 보도하였다. 최근에 이런 대회는 시 정부와 구 정부가 주도하여 더 탄탄하게 조직된다. 여기서 언급할 만한 대회는 2004년 5월에 열린 2차 전문가 대회로, 이 대회도 다펀 유화촌의 여러 정부 부서가 조직하였다. 여기에서는 예술가 100명이 구미를 당기는 상 25개를 놓고 경쟁하였다. 가장 마음을 사로잡은 상은 선전 거주 등록증, 즉 후커우였다. 여기에는 당시 정부가 이들 이주 노동자, 적어도 전문가처럼 숙련된 노동자의 공식 지위를 인정한다는 뜻이 담겨 있다. 더 뜻밖에도, 상을 받은 사람은 농아 '예술가'였다. 이는 통치성이 작동하는 한 사례로, 이런 작동 안에서 시민이 탄생한다. 이런 통치성은 종속된 이들을 상명하달식으로 통제하거나 직접 억압하는 것과는 관런이 없다. 그 대신, 사회적 지위가 거의 없는 노동자에게 도시의 번영을 위해 계속 일할 마음을 불어넣는 것과 관련이 있다. 시골의 젊은 '예술가' 관점에서 본 중국의 꿈이란 위니 윙이 연구에서 설명한 대로 도시에서 진짜 인정받는 예술가가 되는 것이다. 그리고 지방 정부 당국은 노동자를 다시 체제 안으로 끌어들이고자 이 꿈을 담을 공간을 제공한다. 하지만 이런 통치 방식에는 새로운 주체성의 출현이 따라오기 마련이다. 비교해보면, 이들이 여전히 매우 가난하게 살겠지만, 세계적 예술품을 복제하는 과정에서 도시의 규칙을 뜯어 고쳐왔고, 자신들이 열망하는 유사 예술가 지위에서 즐거움을 누리고, 문화적 예술 공간을 공들여 만들어낸다.

나가며

젊은이가 이주 노동자가 되는 순간, 이주 노동자라는 말이 젊은이라는 말보다 더 중요해진다. 달리 말해 이주 젊은이라는 말이 전달하는 뜻은 이주자이자 노동자로서 이들의 지위를 강조하여, 이들의 몸은 동경하고 소속감을 느끼는 곳이 되지 못하고, 노동에 종사하는 몸이 되어 주체가 아닌 취급을 받고 착취당한다. 이렇게 함으로써 젊은 이주 노동자들은 자신들의 젊음을 빼앗기는 듯하다. 이 장에서 우리는 커다란 공장에서 이주 노동자가 착취당하고, 낙담하고, 고통받다, 끝내는 자유롭지 못한 채 힘겹게 일하고, 개인이라는 존재가 없는 삶을 살고, 일부로든 아니든 죽음으로 나아가는 쇠락하는 몸이 되는 현실을 매체가 어떻게 그리는지 밝혔다. 중국에 존재하는 노동 체제를 이렇게 비판하는 일도 시급하지만, 우리는 이 장에서 이주 젊은이의 삶이 매우 복잡하여 학대, 통제, 무시라는 말 안에만 가둘 수 없고, 그래서도 안 된다는 현실을 보이려 하였다. 우리는 젊은 이주 노동자를 말할 때 젊음을 빼는 것이 위험하고, 따라서 이들이 얻을 수 있는 희망, 선택, 대안 탐색을 부정하지 않는 것이 중요하다고 주장한다. 그렇지만 부자와 가난한 사람, 도시와 시골, 가진 자와 못 가진 자 사이에 엄청난 격차가 있으므로, 이는 중국의 모든 젊은이에게 녹록지 않은 일이다. 이 장에서 우리는 젊은이들이 휴대전화를 사용하고, 인간관계를 쌓고, 착취에 맞서고, 육체적 재능이나 기술을 쓰는 데 유익하고, 노동자라는 꼬리표를 반박하고, 그래서 결국은 인정을 추구하고, 도시 생활에 적응하고, 이동성을 키우는 데서 즐거움을 얻는 현실에 대해 사례를 들어 증명하였다.

우리는 지아장커 감독의 〈천주정〉을 분석하면서, 이주 노동자들이 어떻게 늘 여기저기로 옮겨다니는 현대판 무술 전사로 변신하여, 살아갈 권리, 일할 권리, 사랑할 권리를 돌려달라고 외치는지를 보였다. 젊은 이주 노동자들이 어떻게 시인, 예술가, 합법적 도시 시민으로 바뀌는지, 그렇게 함으로써 자신들의 창의성, 존엄성, 시민권을 돌려달라고 외치는지를 보였다. 통신 기술, 소셜 미디어, 요령, 솜씨, 상상력, 실제 노동은 젊은 이주자가 자신들의 문화 관행, 경계 공간, 자율을 확장하는 데 쓸 수 있는 자원들이다. 우리는 여기에 찬사만 보내고 싶지는 않다. 가능성이라는 공간은 규제, 사회적 제약, 행운, 운명을 포함한 여러 요인에 기댄다. 우리는 연구에서 매체와 일상에서 아주 젊은이를 다르게 묘사할 가능성까지만 분석하지 않았다. 이들이 만들어낸 산물, 이를테면 이 장에서 설명했듯이 게임 세계, 아바타, 예술 작품까지도 폭을 넓혀 관심을 기울여야 한다고 주장한다. 요약하자면 우리는 앞장에서 주장한 내용을 고스란히 되풀이하여, 통치성, 생체정치, 자아의 기술이 서로 필수 요소라는 점을 신중하게 증명하려 하였다. 종속에는 저항이, 지배 뒤에는 희망 섞인 관측이, 내쫓김 뒤에는 이동성이 따라온다. 주장하건대, 이것이야말로 젊은이들을 영웅적인 순교자 아니면 세계적 신자유주의 체제의 순수한 희생자라는 말로만 그리는 담론에 맞서게 도와줄 희망차고 전망 밝은 전략이다. 향후 분석을 위한 도전은 조작, 절망, 결핍이라는 폭력과, 희망과 열망이라는 가능성 사이에 있는 계기를 어떻게 분리할지에 남아 있다.

★

결론

젊은이와 희망

더 나은 삶을 살고픈 중국 젊은이들의 욕망은 국가가 옹호하는 경제 발전이라는 이상과 뒤엉켜 있다. 권력은 통제와 감시로만 행사되는 게 아니라, 다양한 영역에서 무엇보다도 개별성의 표출과 주체성의 명확한 표현을 거쳐 변이하고 강화하였다. 욕망하는 자아는 국제 자본과 사회주의 시장 경제가 가정 및 학교와 맞물려 중요한 역할을 하는 그물망처럼 복잡한 권력의 일부이다.

★

젊은이들은 여러 가지 난관을 겪어봐야 한다.
오로지 실행에 나설 때에만, 젊은이들은 단련되어 강철 같이 굳세질 수 있다.
그러므로 이들은 폭풍 속에서 자란다.
바로 그런 까닭에, 어려움과 난관을 극복할 일이 없기를 바라고,
쉽게 성장하기를 바란다면, 지혜가 늘지 않을 것이다.
-궈모뤄

중국에서는 젊은이의 길이 쉽지도 않거니와, 마땅히 쉽지 않아야 한다고 여겨지는 듯하다. 궈모뤄는 중국 신시 운동의 창시자로 알려진 중요한 시인이다. 신시 운동은 진보적인 신문화운동 및 1919년 5·4 운동과 관련한 문학 운동이었다. 궈모뤄는 개혁가다운 마음가짐으로 중국에서 평화 운동을 펼치고 과학 발전을 이루려 애썼지만, 젊은이를 바라보는 견해는 그리 혁명적이지도 진보적이지도 않아 보인다. 아마도 그가 문화혁명 시기 동안 불안한 삶을 살았기 때문일 것이다. 당시 궈모뤄는 자기 작품을 불살라야 마땅하다고 선언해야만 했다. 목숨이 위협받는 변동의 고통 속에서든, 오늘날 자신을 억누르는 사회 환경에서든, 젊은이들은 규칙을 따르고, 불평등과 싸우고, 살아남아 상황을 뛰어넘고자 더 많은 노력을 기울여야 마땅한 존재로 여겨진다.

우리는 이 책에서 우리가 여러 해 동안 중국에서 경험한 내용을 바탕으로 젊은이들의 온라인 활동, 팬 활동, 이주 노동, 성역할 논쟁, 금화벌이와 컴퓨터 게임, 미디어 소비 관행 등을 탐구하고, 이를 프리즘 삼아 중국의 풍요롭고, 활기차고, 다양한 젊은이 문화를 설명하였다. 각 장에서 가파르게 세계화하고 도시화하는 중국에서 젊은이들이 자신들의 공간을 확보하는 바탕으로 삼을 만한 자원을 뚜렷이 밝혔다. 이런 자원으로는 세계 문화, 자유와 즐거움을 약속하는 온라인 팬 풍속, 소셜 미디어로 연결된 확고한 지지, 그리고 그칠 줄 모르는 게임 열정으로 손에 넣은 아주 특별한 솜씨와 요령까지를 이야기하였다. 이러한 문화 자원과 이를 이용한 변형은 젊은이들이 만들어낼 수 있는 선택, 가능성, 대안의 폭을 넓혔고, 그 결과 다양한 젊은이 문화가 눈에 띄게 생겨났다. 동시에 우리는 똑같은 자원이 어떻게 권력을 강화하는 중요 요소가 되는지, 또 이런 영역이 국가, 가정, 학교, 직장이라는 체제와 어떻게 얽혀 있는지를 보였다. 이런 자원을 본질적으로 자유나 해방을 가져오는 힘으로 읽기보다, 우리는 복잡하게 얽힌 관계를 분석했고, 왜 대안적 주체성이 분명하게 표현될 순간이 오프라인에서든 온라인에서든 특정 공간에 있을 뿐일지를 지적했다.

젊은이를 연구할 때, 우리는 젊은이들을 놓고 교육가나, 정치인, 학자, 언론인들 사이에 빠르게 퍼져가는 다층적 담론에 기대지 않고, 문화기술지적 접근법에 충실하게 젊은이들의 경험, 생각, 희망, 열망을 진지하게 다뤘다. 따라서 이 책에서는 원문적 접근법을 써서 여러 문화 가운데 영화, 음악, 시를 매개로 전달되는 젊은이들의 모습에 초점을 맞추는 데 더해, 우리가 실시한 문화기술지적 연구를 중심으로 다른 이들의 연구를 활용한다. 게다가 이런 문화적 물질을 소비하는 과정에서 젊은이들의 공간과 주체성이 생겨난다는 것이 우리가 주장하는 바이다. 비록 국가의 선전이 때로 비판적 이해를 허용하지만, 젊은이들은 선전 구호와 이미지를 밈을 비롯한 다른 표현으로 즐겨 비웃는다. 허셰(민물게)와 차오니마(알파카)를 창조적으로 동원한 밈에서도, 젊은이들이 '기호학적 저항'을 동원해 공인된 문화를 비판하는 적극적인 미디어 생산자인 사실이 드러났다. 그러므로 우리는 문화기술지적 연구에서, 젊은이들이 다양한 대중문화를 어떻게 맞닥뜨리고, 소비하고, 적극적으로 받아들이는지를 풀어헤치려 노력하였다.

이렇게 세계, 아시아권, 중국, 지방의 매체 문화를 차용하는 현상을 분석할 때, 우리는 푸코식 접근법을 적용하여 권력이 중국 젊은이의 삶 곳곳에서 배어 나오고, 그 권력이 지식 및 담론이 뒤엉켜 있는 것을 보았다. 더 나은 삶을 살고픈 중국 젊은이들의 욕망은 국가가 옹호하는 경제 발전이라는 이상과 뒤엉켜 있다. 권력은 통제와 감시로만 행사되는 게 아니라, 다양한 영역에서 무엇보다도 개별성의 표출과 주체성의 명확한 표현을 거쳐 변이하고 강화하였다. 욕망하는 자아는 국제 자본과 사회주의 시장 경제가 가정 및 학교와 맞물려 중요한 역할을 하는 그물망처럼 복잡한 권력의 일부이다. 특정 순간, 특정 장소에서, 이런 욕망하는 자아는 촘촘하게 짜인 권력의 그물망을 뒤흔들 것이고, 잡아챌 것이고, 때로 풀어헤칠 것이다.

중국에서 대중문화와 세계 문화가 이룩한 공간, 이를테면 인터넷 카페 같은 '실제' 공간과 게임 세계 같은 '가상' 공간은 젊은이들이 특별 대책을 쓰고 전략과 전술을 풀어놓음으로써, 도시나 공장이 젊은 이들에게 부과하는 요구와는 다른 상황을 만들어내는 곳이다. 팬들 은 자신들만의 세상을 창조하고, 다펀 유화촌은 이주 노동자를 예술 가로 바꿔놓고, 게임 세계는 젊은이를 가상 전사로 바꿔놓는다.

문화혁명이라는 정치 격량, 빈곤, 부족한 자원이라는 덫에 갇혔던 이전 세대에 견줘, 현 세대는 날로 발전하고 번창하는 시기에 자라났 다. 한 가정 한 아이 정책은 '적절한' 곳에서 '적절' 가정에 태어났 고, 부모들이 삶에 깊이 관여한 아이들을 안정과 풍족한 자원에 더 익숙한 세대로 키워냈다. 인터넷, 그리고 애플 같은 상표를 비롯한 세 계 문화의 유입은 도시에 과시적 소비문화가 일어나는 불씨가 되었 다. 중국이 강대국으로 부상한다는 담론은 대다수 젊은이가 공유하 는 강력한 국수주의적 감정을 구축하는 데 반영된다. 시대는 1978년, 덩샤오핑이 개혁 개방 정책을 발표한 뒤로 상당히 바뀌었다. 그렇다 해도 개인주의, 집산주의, 자유 민주주의 같은 꼬리표는 이 세대를 설 명하기에 적합하지 않기 마련이다. 또 이들이 세계 문화의 일부라고 말하기도 어렵다. 중국 젊은이들이 서구나 동아시아 젊은이처럼 정보 시대에 자라나고 있기는 하지만, 이전 세대에게서 내려온 전통 사상 이나 신유교주의를 극복하고자 아직도 발버둥치고 있다. 특히 지금은 중국이 다시 유교주의로 되돌아갔으므로, 중국 젊은이들은 대개 당국이 걸러낸 정보와 오락물을 소비하고, 빈부격차가 가파르게 커지는 시대에 자라난다.

이 책에서 우리는 민주주의나 신자유주의 같은 거창한 말을 너무 많이 쓰지 않으려 애썼다. 중국 젊은이의 성장에서 본질과 과정을 잡아내고자 여러 저술이 언급하는 모든 '주의', 그 가운데에서도 가장 자주 사용되는 공산주의, 자본주의, 소비주의, 세계시민주의, 세계주의, 민족주의, 신자유주의 같은 용어에 맞서, 우리는 이런 커다란 개념을 콕 짚어낸들 끊임없이 바뀌는 이 시대 중국 젊은이의 활동 분야, 태도, 문화를 잡아내는 데 도움이 되지 않는다고 믿는다. 중국 젊은이의 복잡함과 다원성을 파악하려면 따라서 커다란 '주의'로 구겨넣기보다 더 꼼꼼하게 분석해봐야 한다.

그렇다고 우리가 '주의'를 완전히 포기한 것은 아니다. 우리는 사회 구조의 기층, 이를테면 당파주의, 가족주의, 교육 방침을 분석했고, 이 개념을 세계화 및 지역화 과정과 결합하여, 젊은이 문화를 제약하는 동시에 가능케 하는 요인으로서 분석하였다. 각 장에서 되풀이하여 나타나는 주제 하나는 강력한 국가와 물결치듯 쉴 새 없이 바뀌는 젊은이 공간이 공존한다는 것이다. 예를 들어 어떤 젊은 이주 노동자는 자신의 QQ 메시지가 공장 관리자 눈에 띄지 않도록 감춰야 하지만, 선전의 다펀 유화촌에서 일하는 화가들은 자신들의 주거지와 거주 허가를 유지하고자 지방 정부에 '매달린다'. 그러므로 젊은이들은 늘 존재하는 국가의 맥락에서 자신들의 정체성을 위한 실제 공간과 가상공간을 확보한다. 국가는 그런 젊은이 공간이 국가가 정당성을 부여한 대중문화에서 대개 생겨난다는 것을 인식한다.

하지만 앞으로 연구해야 할 내용이 훨씬 많다. 첫째, 우리의 분석은 다른 의문, 다른 연구가 필요하다는 생각이 들게 한다. 이를테면 〈실연 33일〉처럼 인기 있는 영화를 젊은이들이 일상에서 어떻게 소비하는지를 이해하고자 문화기술지적 연구를 더 해봐야 한다. 금화벌이꾼의 삶과 이들의 미래가 발전하는 방식을 이해하고자 더 많은 조사가 필요하다. 또 더 연구를 해본다면 중국의 중소 도시에서 록 음악축제가 생겨나는 현상을 통찰할 수 있다. 더구나 우리가 베이징, 상하이, 광저우, 항저우, 우한, 선전에서 현장 연구를 진행하다 발견한 젊은이 문화에는 아직도 확인하지 못한 영역이 많다. 부유한 2세대, 즉 은수저 아이들이나, 댜오시(屌丝), 즉 젊은 실패자는 어떻게 봐야 할까? 가짜 신년 축제 같은 산자이 문화를 생산하는 데 참여하는 21세기 젊은이들은 어떤가? 또 지방 젊은이와 소수인종 젊은이는 어떻게 이해해야 할까? 이런 연구가 모두 '중국 젊은이'를 보는 견해와 더불어 '중국'을 바라보는 견해까지 증폭시킬 것이다. 우리는 중국에 대한 단호하거나 본질주의적인 설명, 이를테면 '중국의 부상' 같은 수사를 거부하려면 이런 연구가 중요하다고 믿는다. 이런 수사는 "부상의 기준이 무엇인가?"와 "누구의 중국이 부상하는가?" 같은 물음을 제 편할 대로 무시한다.

대개 지난 10년 동안 펼쳐진 젊은이 문화의 상상력은 이 책에 일부만 기록되었다. 그러니 우리가 앞으로 가야 할 길이 이론 측면에서 훨씬 더 흥미롭고 경험 측면에서 훨씬 더 놀라우리라고 확신한다. 중국의 가파른 경제 발전은 젊은이 문화의 성장을 20년 전이라면 누구도 예측하지 못했을 정도로 촉진하였다. 만약 덩샤오핑이 1980년대에 중국의 문을 열어젖히지 않았다면, 중국 젊은이들은 아직도 학교에 갈 때마다 나이키, 아디다스, 뉴발란스가 아니라 중국 현지에서 생산한 무늬 없는 흰색 신발을 신었을 것이다. 중국이 WTO에 가입하지 않았다면, 중국 어린이들은 상하이에서 디즈니랜드를 볼 기회도 못 얻었을 터이고, 영화관에서 〈겨울왕국〉을 비롯한 다른 할리우드 영화도 보지 못했을 것이다. 인터넷이 없었다면, 젊은이들은 아직도 당 발표, CCTV, 부모를 통해서만 세상을 알았을 것이다. 페이스북과 구글이 없었다면, 중국에서 위챗과 바이두 같은 소셜 미디어를 만들 생각을 못 했을 터이고, 따라서 젊은이들의 인간관계는 아직도 지리적 한계에 갇혀 있었을 것이다. 이 모든 변화가 중국의 최근 역사에서 일어났다. 이 책은 역사에서 이 부분만을 해부하였다.

젊은이는 언제나 희망과 관련하고, 열망과 관련하고, 가능성의 정치와 관련한다. 짜우지우파이가 쓴 대로, "희망 관리에 대한 조사는 주로 공간을 다룬다. 즉 특정 공간이라는 맥락, 분야, 그러니까 모두가 삶의 명분과 과정을 위해 애쓰는 희망의 전쟁터에 집중한다." 젊은이가 확보하는 공간은 희망의 공간, 삶을 다르게 상상하고 다르면서도 더 나은 미래를 열망하려 시도하는 공간으로도 이해할 수 있다.

아르준 아파두라이는 최근 펴낸 책『문화적 사실로서의 미래The Future as a Cultural Fact 』에서 국가의 합리화와 정부화가 늘어나는 현실과 관련하여, 개연성의 윤리를 가능성의 윤리와 병렬 대치시킨다. 아파두라이는 가능성의 윤리를 이렇게 정의한다.

> : 희망의 수평선을 늘리고, 상상의 장을 넓히고, 내가 열망 능력이라 부른 더 큰 가치를 생산하고, 박식하고 창의적이고 비판할 줄 아는 시민의 장을 넓혀주는 사고방식, 감각 방식, 행동 방식이다.

가능성의 윤리는 미래에 맞춰 조정된 정치를 불러온다. 아파두라이는 "우리는 미래를 이해할 때 인간이 몰두하는 세 가지 주목할 만한 요인 즉 차이의 형식으로 미래를 형성하는 세 요인이 어떻게 상호 작용하는지 살펴봐야 한다. 세 요인은 바로 상상력, 예측, 열망이다"라고 적는다. 우리는 이런 가능성의 윤리에 뛰어들 능력, 이동성, 힘을 지녔을 이가 누구보다도 중국의 신세대라고 주장하는 바이다.

우리는 역사로 다시 돌아가, 이런 가능성의 윤리, 그리고 여기에 관련된 희망의 정치를 번역하며 책을 마치고자 한다. 리다자오는 중국 공산당을 설립한 두 명 가운데 한 명이다. 여러 지식인과 동조자들이 나라를 개혁하고자 벌인 5·4운동과 그 뒤로 이어진 다양한 시도가 실패하자, 리다자오는 공산주의로 돌아섰다. 쑨원을 만난 뒤 1922년에 제1차 국공 합작에 참여했지만, 안타깝게도 여러 초기 순교자처럼, 그도 군벌 세력이 정권을 장악한 북양 정부 아래에서 교수형을 당했다. 얼마 안 가 그의 명예는 복원되었다. 어찌해서인지 그가 남긴 말이 희망을 간직하겠다는 우리의 약속에 기이하게 메아리친다. 이 약속은 순진하게 들릴지 몰라도 때로 우리가 옳다는 인상을 준다. 예를 들어 베이징에 있는 마오 바에서 퀸 시 빅 샤크가 매력적인 콘서트를 펼칠 동안 우리가 젊은이들과 자리를 함께했을 때, 동이 뜨고 해가 상하이 하늘을 짙은 주황빛으로 물들일 때까지 술을 나눠 마셨을 때, 베이징에서 열린 동성애 영화 축제를 방문했을 때, 후난 TV에서 방송하는 〈나는 가수다〉에서 가수 순위를 놓고 논쟁했을 때, 이들이 다핀 유화촌에서 열정적인 화가가 되었을 때, 리다자오의 말이 떠올랐다.

: 젊은이의 사전에 '어려움' 같은 말 따위는 없다. 젊은이의 말에 '장애물' 같은 말 따위는 없다. 젊은이들은 앞으로 뛰어올라 용감하게 솟구치는 자유로운 영혼인 까닭이다. 관습에 얽매이지 않는 별난 생각과 날카로운 직관과 활기찬 삶에 기대, 젊은이들은 자신들만의 환경을 만들어내고 역사를 정복한다.

아니, 어쩌면 이 책의 마지막은 광둥성 하이펑 출신인 포크 그룹 우이탸오런이 오늘날 젊은이에게 한 말을 전하는 게 공평할지도 모르겠다. 멤버 런커는 그들이 광저우에 있을 때 중국 각지에서 찾아온 수많은 젊은이들이 머무는 가난한 동네에서 지냈다고 설명했다. 지저분하고, 더럽고, 어두운 곳이었지만, 그런 곳일지라도 햇살은 광둥 출신이든 다른 지역 출신이든 아가씨들 얼굴에 빛을 드리웠다. 우이탸오런이 2015년에 발표한 노래 〈광둥 아가씨(广东姑娘)〉는 이런 모습을 담아낸다.

> 그대는 말하네. 오늘처럼 밝은 햇살은 좀처럼 보기 어렵죠. 우리 춤춰요.
>
> 하지만 내 춤은 엉망인걸. 그대 발을 계속 밟을까 걱정스럽다오.
>
> 걱정하지 마요. 밖으로 나가 햇살을 즐겨요. 그리고 세상을 둘러봐요.
>
> 가서 개를 데려와요. 문을 잠가요. 그리고 우리 작은 방을 떠나요.
>
> 사랑스러운 광둥 아가씨, 라라라.
>
> 사랑스러운 광둥 아가씨, 그대를 사랑하오.
>
> 그대는 말하네. 북쪽은 춥고 남쪽은 따뜻해요.
>
> 세상은 때로 춥고 때로 따뜻하죠.
>
> 하지만 그대 말에 기울이는 진짜 이유를 나는 모른다오.
>
> 사랑스러운 광둥 아가씨, 라라라.
>
> 사랑스러운 광둥 아가씨, 그대를 사랑하오.

Abbas, A. (2008) Faking Globalization. In A. Huysen (ed.), Other Cities, Other Worlds: Urban Imaginaries in a Globalizing Age. Durham, NC : Duke UniversityPress, pp. 243– 64.

Anagnost, A. (2004) The Corporeal Politics of Quality (Suzhi). Public Culture,16 (2), 189–208.

Appadurai, A. (1996) Modernity At Large: Cultural Dimensions of Globalization. Minneapolis, MN : University of Minnesota Press.

Appadurai, A. (2013) Th e Future as Cultural Fact: Essays on the Global Condition.London: Verso.

Auge, M. (2009) Non-Places: Introduction to an Anthropology of Supermodernity, 2nd edn. London: Verso.

Barnard, M. (2007) Fashion Theory: A Reader (new edn). London and New York: Routledge.

Bauer, J., Feng, W., Riley, N. and Zhao, X. (1992) Gender Inequality in UrbanChina: Education and Employment. Modern China, 18 (3), 333–70.

Beck, U. (2002) The Cosmopolitan Society and its Enemies. Theory, Culture &Society, 19 (1–2), 17–44.

Beijing News (2016) Kong fushikang hai gongren li ai gang, tai lao tuan jiang fugudong hui chenqing [Chinese People Love and Marriage Survey Released,"Seven Year Itch" Reduced to Five Years]. Beijing News, January 11. Availableat: http://www.bjnews.com.cn/feature/2016/01/11/391064. html

Bijker, W. (1997) Of Bicycles, Bakelites, and Bulbs: Toward a Theory of SociotechnicalChange. Cambridge, MA: MIT Press.

Bourdieu, P. (2010) Distinction. New York : Taylor & Francis.

Brownell, S. and Wasserstrom, J. N. (2002) Chinese Femininities/Chinese Masculinities:A Reader. Berkeley, CA: University of California Press.

Butler, J. (1990) Gender Trouble: Feminism and the Subversion of Identity. London: Routledge.

Butler, J. (1993) Bodies that Matter: On the Discursive Limits of "Sex." New York: Routledge.

Butler, J. (1997) Excitable Speech: A Politics of the Performative. New York: Routledge.

Callahan, W. A. (2006) History, Identity, and Security: Producing and ConsumingNationalism in China. Critical Asian Studies, 38 (2), 179–208.

Carah, N. (2010) Pop Brands: Branding, Popular Music and Young People.New York: Peter Lang.

Carey, J. (1989) Communication as Culture. New York: Routledge.

Chan, A. (2002) Th e Culture of Survival: Lives of Migrant Workers throughthe Prism of Private Letters. In P. Link, R. Madsen and P. Pickowicz (eds.) Popular China: Unoffi cial Culture in a Globalizing Society. New York: Rowman& Littlefi eld, pp. 163– 88.

Chan, J. and Pun, N. (2010) Suicide as Protest for the New Generation of Chinese Migrant Workers: Foxconn, Global Capital, and the State. Asia-Pacifi c Journal, 18 (2).

Chen, L. (2011) Love Is Not Blind is a Box Offi ce Hit in China. Asia Pacifi c Arts,November 22. Available at: http://asiapacifi carts.usc.edu/article@apa?love_is_not_blind_is_a_box_offi ce_hit_in_china_17724.

aspxChew, M. (2003) The Dual Consequences of Cultural Localization: HowExposed Short Stockings Subvert and Sustain Global Cultural Hierarchy. Positions, 11 (2), 479–509.

Chew, M. (2007) Contemporary Re-emergence of the Qipao: Political Nationalism,Cultural Production and Popular Consumption of a Traditional ChineseDress. China Quarterly, 189, 144–61.

Chow, Y. F. (2011) Hope against Hopes: Diana Zhu and the Transnational Politicsof Chinese Popular Music. Cultural Studies, 25 (6), 783–808.

Chow, Y. F. (forthcoming). Subcultures: Role of the Media. In L. van Zoonen (ed.)International Encyclopedia of Media Effects. Hoboken, NJ : Wiley-Blackwell.

Chow, Y. F. and de Kloet, J. (2013) Sonic Multiplicities: Hong Kong Pop and theGlobal Circulation of Sound and Image. Bristol: Intellect.

Chua, B. H. (2004) Conceptualizing an East-Asian Popular Culture. Inter-AsiaCultural Studies, 5 (2), 200–21.

Chua, B. H. (2012) Structure, Audience, and Soft Power in East Asian Pop Culture.Hong Kong: Hong Kong University Press.

CIA (2016) The World Fact Book. Available at: https://www.cia.gov/library/publications/the-world-factbook/fi elds/2172.html

Civil Media Taiwan (2015) Kong fushikang hai gongren li ai gang, tai lao tuan jiangfu gudong hui chenqing [Accusing Foxconn of Causing Cancer to their Workers,Labour Groups from Hong Kong and Taiwan Attend Shareholders Meetingto Express their Concern]. Available at: http://www.civilmedia.tw/archives/33321

Clark, P. (2012) Youth Culture in China: From Red Guards to Netizens. Cambridge :Cambridge

University Press.

CNNIC (2015) China Internet Network Information Center: The 36th StatisticalReport on Internet Development in China. Available at: http://www1.cnnic.cn/IDR/

Cockain, A. (2012) Young Chinese in Urban China. London: Routledge.

Coleman, E. and Chou, W. (2000) Tongzhi: Politics of Same-Sex Eroticism in Chinese Societies. New York: Routledge.

Crane, D. (2002) Culture and Globalization: Theoretical Models and EmergingTrends. In D. Crane (ed.), Global Culture: Media, Arts, Policy and Globalization. London : Routledge, pp. 1–26.

Croll, E. (2013 [1978]) Feminism and Socialism in China. London: Routledge.

Dai, X. L. (2005) China's Unemployment Reached New High; 15 Percent YouthAged 22 without Job. Beijing Morning Post, May 24. Available at: http://news.sohu.com/20050524/n225674936.shtml

de Kloet, J. (2005) Popular Music and Youth in Urban China: The Dakou Generation.China Quarterly, 183, 609–26.

de Kloet, J. (2008) Gendering China Studies: Peripheral Perspectives, Central Questions. China Information, 22 (2), 195–220.

de Kloet, J. (2010) China with a Cut: Globalisation, Urban Youth and PopularMusic. Amsterdam: Amsterdam University Press.

de Kloet, J. (2014) Looking for a Gown: Creative Production in a Mimetic World.Amsterdam: Amsterdam University Press.

de Kloet, J. and Scheen, L. (2013) Pudong: The Shanzhai Global City. EuropeanJournal of Cultural Studies, 16 (6), 692–709.

de Kloet, J. and Teurlings, J. (2008) Digital Convergence Ten Years Later: BroadcastYour Selves and Web Karaoke. In J. Kooijman, P. Pisters andW. Strauven (eds.), Mind the Screen: Media Concepts according to Th omasElsaesser. Amsterdam: Amsterdam University Press, pp. 345– 59.

Deuze, M. (2012) Media Life. Cambridge: Polity.

Dillabough, J. and Kennelly, J. (2010) Lost Youth in the Global City: Class, Cultureand the Urban Imaginary. Abingdon: Routledge.

Eglinton, K. (2012) Understanding Youth Culture, Youth Material Consumption, and Local Places. New York: Springer. Engebretsen, E. L. (2015) Queer Women in Urban China: An Ethnography. London: Routledge.

Entwistle, J. (2000) The Fashioned Body: Fashion, Dress and Modern Social Theory. Cambridge: Polity.

Entwistle, J. (2009) The Aesthetic Economy of Fashion: Markets and Values in Clothing and Modelling. Oxford: Berg.

Evans, H. (2008) Sexed Bodies, Sexualized Identities, and the Limits of Gender. China Information, 22 (2), 361–86.

Fan, M. and Shen, F. (2015) Daxuesheng Hunqian Xingxingwei Ji Taidu Yanjiu[Research on College Students' Premaritial Sex Behaviour and Attitude].Dangdai Qingnian Yanjiu, 6, 82–7.

Farrer, J. (2002) Opening Up: Youth Sex Culture and Market Reform in Shanghai.Chicago, IL: University of Chicago Press.

Fincher, L. H. (2014) Leftover Women: The Resurgence of Gender Inequality inChina. London: Zed Books.

Finnane, A. (2005) China on the Catwalk: Between Economic Success and National Anxiety. China Quarterly, 183, 587–608.

Fiske, J. (1989) Understanding Popular Culture. New York: Routledge.

Foucault, M. (1978) The History of Sexuality: An Introduction. New York: VintageBooks.

Foucault, M. (1980) Power/Knowledge: Selected Interviews and Other Writings,1972–1977, ed. C. Gordon. New York : Pantheon Books.

Foucault, M. (1981) Omnes et Singulatim: Towards a Criticism of "PoliticalReason." In S. McMurrin (ed.), Th e Tanner Lectures on Human Values, vol. 2.Salt Lake City, UT: University of Utah Press, pp. 223–54.

Foucault, M. (1984) What is Enlightenment? In P. Rabinow (ed.) FoucaultReader. New York: Pantheon, pp. 32– 50.

Foucault, M. (1990) The History of Sexuality, Vol. 2 : The Use of Pleasure, trans. R. Hurley (reissue edn). New York: Vintage Books.

Foucault, M. (2000) The Subject and Power. In P. Rabinow (ed.), Power (Vol. 3).New York: New Press, pp. 326– 48.

Foucault, M., Ewald, F., Fontana, A. and Davidson, A. I. (2007) Security, Territory, Population: Lectures at the Collège de France 1977–1978, ed. M. Senellart, trans.G. Burchell. London: Picador.

Fung, A. (2007) Intra-Asian Cultural Flow: Cultural Homologies in Hong Kongand Japanese Television Soap Operas. Journal of Broadcasting and ElectronicMedia, 51 (2), 265–86.

Fung, A. (2008a) Western Style, Chinese Pop: Jay Chou's Rap and Hip-Hop in China. Asian Music, 39 (1), 69–80.

Fung, A. (2008b) Media Consumption and Incomplete Globalization: How Chinese Interpret Border-Crossing Hong Kong TV Dramas. In Y. Kim (ed.), Media Consumption and Everyday Life in Asia. London: Routledge, pp. 83–96.

Fung, A. (2010) Harmonizing the Global Recession in China. Popular Communication, 8 (3), 169–74.

Fung, A. (ed.) (2013a) Asian Popular Culture: The Global (Dis)continuity. NewYork: Routledge.

Fung, A. (2013b) Deliberating Fandom and New Wave of Chinese Pop: A CaseStudy of Chris Li. Popular Music, 32, 79–89.

Fung, A. (forthcoming) Global Game Industries and Cultural Policy. London: Palgrave Macmillan.

Fung, A. and Choe, K. (2013) Affect in TV Drama: A Comparison between the Korean and Chinese Version of Meteor Shower. Journal of Korean Studies, 161, 363–99 (in Korean).

Gang G. (2005) Party Recruitment of College Students in China. Journal of Contemporary China, 14 (43), 371–93.

Gao, H. and Li, Q. (2011) "Defeminization" of Women Village Leaders: Sex, Gender and Leadership. Collection of Women's Studies. Available at: http://en.cnki.com.cn/Article_en/CJFDTOTAL-FNYJ201101006.htm

García-Canclini, N. (1995) Consumidores y ciudadanos: Confl ictos multiculturalesde la globalizaci.n [Consumers and Citizens: Globalization and MulticulturalConfl icts]. Mexico: Grijalbo.

Geyer, R. (2002) In Love and Gay. In P. Link, R. Madsen and P. Pickowicz (eds.)Popular China: Unofficial Culture in a Globalizing Society. New York: Rowman& Littlefi eld, pp. 251–74.

Giddens, A. (1982) The Consequences of Modernity. Stanford, CA: Stanford UniversityPress.

Global Times (2014) If You Are the Foreign One | Target Chinese. Global Times,December 21. Available at: http://language.globaltimes.cn/if-you-are-the-foreign-one/#.Ve3C1nsUz_5

Gov.cn (2007) Shiliu da yilai dangyuan duiwu buduan gaishan dangyuan yi da7336.3 Wan[Since the 16th Party Congress, Party Membership Continuesto Improve to 73.3 million]. Available at: http://www.gov.cn/ztzl/17da/content_770731.htm

Gries, P. (2004) China's New Nationalism: Pride, Politics, and Diplomacy. Berkeley,CA: University of California Press.

Groenewegen-Lau, J. (2011) Asima, her Pimp and a Melancholic Boss. Norient,May 4. Available at:

http://norient.com/academic/groenewegen2011/

Groenewegen-Lau, J. (2014) Steel and Strawberries: How Chinese Rock BecameState-Sponsored. Asian Music, 45 (1), 3–33.

Gross, D. (1982) Time–Space Relations in Giddens' Social Theory. Th eory,Culture & Society, 1 (2), 83–8.

Grossberg, L. (2010) Cultural Studies in the Future Tense. Durham, NC: DukeUniversity Press.

Gui, Y., Berry, J. W. and Zheng, Y. (2012) Migrant Worker Acculturation inChina. International Journal of Intercultural Relations, 36 (4), 598–610.

Guo, K. and Wu, Y. (2009) Woguo Chengshi Qingshaonian De Meijie Xiaofei Yu Quanqiuguan [City Teenagers' Media Consumption and Global Values].Xinwen Daxue, 3, 114–37.

Han Han (2012) This Generation: Dispatches from China' s Most Popular Blogger.London: Simon & Schuster.

Hays, J. (2015) Facts and Details: Migrant Workers in China. Available at:http://factsanddetails. com/china/cat11/sub72/item150.html

Hebdige, D. (1979) Subculture: The Meaning of Style. London : Methuen.

Hine, C. (2015) Ethnography for the Internet: Embedded, Embodied and Everyday.London: Bloomsbury Academic.

Hinsch, B. (1990) Passions of the Cut Sleeve: The Male Homosexual Tradition in China. Berkeley, CA: University of California Press. Hong Kong Liberal Studies Association (n.d.). Contemporary Chinese Family Structure and Changes of Family Relationship. Available at: http://www.hklsa.org. hk/upload/chapter/original/075847438208.doc (in Chinese).

Huang, H. (2012) Breaking the Mold. WWD: Women' s Wear Daily, 203 (116),8 - 1.

Huang, Y. and Pan, S. (2012) Zhongguo Shaonan Shaonv De Ai Yu Xing–Jiyu 2010 Nian 14–17 Sui Quanguo Zong Renkou De Suiji Chouyang Diaocha[Love and Sex of Chinese Boys and Girls–Based on a Random SamplingSurvey of National Population Aged from 14 to 17 in 2010]. Zhongguo QingnianYanjiu, 7, 55–61.

Hub (2015) 10 K-Pop Korean Boy Bands You Should Know. Hub, July 30. Available at: http:// hubpages.com/technology/5-K-Pop-Korean-Boy-Bands-You-Should-Know.

Illouz, E. (2007) Cold Intimacies: The Making of Emotional Capitalism. Cambridge: Polity.

Inglehart, R. (1977) The Silent Revolution: Changing Values and Political Stylesamong Western Publics. Princeton, NJ: Princeton University Press.

Jacobs, K. (2012) People's Pornography: Sex and Surveillance on the Chinese Internet.Chicago, IL: University of Chicago Press.

Jacobs, K. (2015) The Afterglow of Women's Pornography in Post-Digital China. New York : Palgrave Macmillan.

Jankowiak, W. (2013) Chinese Youth: Hot Romance and Cold Calculation. InP. Link, R. P. Madsen and P. G. Pickowicz (eds.), Restless China. Lanham, MD: Rowman & Littlefield, pp. 189– 210.

Jeffreys, E. and Sigley, G. (2009) Governmentality, Governance, and China. InE. Jeffreys (ed.), China's Governmentalities: Governing Change, Changing Government. London: Routledge, pp. 1–23.

Jenkins, H. (2006) Convergence Culture: Where Old and New Media Collide. New York: New York University Press.

Jun, S. X. (2008) Unhappy China. Nanjing : Phoenix Media Publishing Group.

Jurri.ns, E. and de Kloet, J. (2007) Cosmopatriots: On Distant Belongings and Close Encounters. Amsterdam: Rodopi.

Kaiser, S. (2013) Fashion and Cultural Studies. London: Bloomsbury Academic.

Kam, L. (2013) Shanghai Lalas: Female Tongzhi Communities and Politics in UrbanChina. Hong Kong : Hong Kong University Press.

Keane, M. (2013) Creative Industries in China: Art, Design and Media.Cambridge: Polity.

Keane, M., Fung, A. and Moran, A. (2007) New Television Globalization and EastAsian Cultural Imaginations. Hong Kong : Hong Kong University Press.

Kipnis, A. (2012) Chinese Modernity and the Individual Pysche. London : Palgrave Macmillan.

Kong, S. Y. (2013) Are You the One?: The Competing Public Voices of China's Post-1980s Generation. In P. Link, R. P. Madsen and P. G. Pickowicz (eds.), Restless China. Lanham, MD: Rowman & Littlefield, pp. 127– 48.

Kong, T. S. K. (2010) Chinese Male Homosexualities: Memba, Tongzhi and GoldenBoy. New York : Routledge.

Kuipers, G. (2014) In Praise of Doubt: Academic Virtues, Transnational Encountersand the Problem of the Public. European Journal of Cultural Studies, 17,75–89.

Laqeur, W. (1956) Communism and Nationalism in the Middle East. London: Routledge & Kegan Paul.

Latour, B. (1987) Science in Action. Cambridge, MA: Harvard University Press.

Lau, J. (2016) Th e Role of Media in Constructing the Power Relation between Class: A Comparison between Chinese and Korean Versions of Running Man. Unpublished thesis, School of Journalism and Communication, Chinese Universityof Hong Kong.

Lazzarato, M. (1996) Immaterial Labour. In P. Virno and M. Hardt (eds.), Radical Thought in Italy: A Potential Politics. Minneapolis, MN: University ofMinnesota Press, pp. 132– 46.

Lemke, T. (2002) Foucault, Governmentality and Critique. Rethinking Marxism, 14 (3), 49–64.

Leung, H. H.-S. (2008) Undercurrents: Queer Culture and Postcolonial Hong Kong.Vancouver: University of British Columbia Press.

Li, C. (2013) Impact of Beauty Fashion on Contemporary Chinese Youth. Canadian Social Science, 9 (6), 15–20.

Li, C. (2015) Jingqiaoqiao De Geming Shifou Linjin?–Cong 80hou He 90hou De Jiazhiguan Zhuanbian Kan Nianqing Yidai De Xianxingxing [Is the Silent Revolution Coming? A Discussion about Young Generation's Advancementaccording to the Change of "80hou"'s and "90hou"'s Values]. Hebei Xuejan, 3,100–4.

Li, D. (2015) "Ordinary People" are Added in the Third Season of Running Man. When it is Rebroadcast is Still Unknown. Liaoning Channel, October 29. Available at: http://liaoning.nen.com. cn/system/2015/10/29/018568255.shtmlLi, H. B. (2007) 人民時評：重新認識' 工人' –中國工會新聞–人民網 [Comments from People's Daily : Knowing "Workers" Once More]. People's Daily Online, April 30. Available at: http://acftu.people.com.cn/BIG5/5688786.html

Li, Y. and Niu, X. (2008) Daxuesheng Xingzhishi Laiyuan He Xingjiaoyu Xuqiu De Diaocha Yu Fenxi [Investigation and Analysis of College Students' Sex Knowledge Source and Sex Education Need]. Zhongguo Xing Kexue, 17 (7), 7–8.

Liang, X. S. (2012) Analysis of China's Social Diff erentiation. Hong Kong: Joint Publishing (in Chinese).

Lim, S. (2006) Celluloid Comrades: Representations of Male Homosexuality in Contemporary Chinese Cinemas. Honolulu, HI : University of Hawaii Press.

Lin, J. (2008) "80hou" Daxuesheng Sixiang Tedian De Diaocha Yu Fenxi [Investigation and Analysis of "80hou" College Students' Ideological Characteristics]. Q inzhou Xueyuan Xuebao, 23 (5), 83–6.

Lin, L. and Chen, C. (2016) China's Censors Take Another Gay-Th emed Web Drama Offline. Wall Street Journal, February 24. Available at: http://blogs.wsj.com/chinarealtime/2016/02/24/chinas-censors-take-another-gay-themed-web-drama-offl ine/

Lin, Z. and Fung, A. (2013) Th e Myth of "Shanzhai" Culture and the Paradox of Digital Democracy in China. Inter-Asia Cultural Studies, 14 (3), 401–16.

Link, P. and Qiang, W. (2013) From Grass-Mud Equestrians to Rights-Conscious Citizens: Language and Thought on the Chinese Internet. In P. Link, R. P. Madsen and P. G. Pickowicz (eds.), Restless China. Lanham, MD: Rowman & Littlefield, pp. 83– 106.

Liu, F. (2013) Urban Youth in China: Modernity, the Internet and the Self. London: Routledge.

Lu, H. (2013) Communist Youth League Convenes National Congress, Xinhuanet, June 17. Available at: http://news.xinhuanet.com/english/china/2013-06/17/c_132461856.htm

Lu, J. and Wang, X. (2013) 20 Shiji 90 Niandai Yilai Woguo Hunyin Zhuangkuang Bianhua Fenxi [An Analysis of Chinese Marriage Situation Changes from 1990s]. Beijing Shehui Kexue, 3, 62–72.

Lu, Q. and Che, Y. (2009) Daxue Xinsheng Xing Guannian Diaocha Ji Jiaoyu Sikao [Investigation of College Freshmen' s Sex Attitude and Related Education Reflection]. Zhongguo Xing Kexue, 4, 43–6.

Luo, W. and Sun, Z. (2014) Are You the One? China' s TV Dating Shows and the Sheng Nü' s Predicament. Feminist Media Studies, 1–18.

Ma, K. (2011) Love is Not Blind. Review. Available at: http://www.lovehkfilm.com/reviews_2/love_is_not_blind.html

Maira, S. and Soep, E. (2004) Youthscapes: The Popular, the National, the Global. Philadelphia, PA : University of Pennsylvania Press.

Mannheim, K. (1952) Essays in the Sociology of Knowledge. London : Robert Kennedy Publishing.

McClary, S. and Walser, R. (1990) Start Making Sense! Musicology Wrestles with Rock. In S. Firth and A. Goodwin (eds.), On Record: Rock, Pop, and the Written Word. London: Routledge, pp. 277– 92.

Meng, B. (2009) Who Needs Democracy If We Can Pick Our Favourite Girl? Super Girl as Media Spectacle. Chinese Journal of Communication, 2, 257–72.

Meng, B. (2011) From Steamed Bun to Grass-Mud Horse: E Gao as Alternative Political Discourse on the Chinese Internet. Global Media and Communication, 7 (1), 33–51.

Moran, A. (1998) Copycat Television: Globalisation, Program Formats and Cultural Identity. Luton: University of Luton Press.

Morris, M. (1988) Banality in Cultural Studies. Discourse, 10, 3–29.

Naftali, O. (2014) Children, Right and Modernity in China: Raising Self-Governing Citizens. London

: Palgrave Macmillan.

Nealon, J. (2008) Foucault Beyond Foucault: Power and its Intensifi cations since 1984. Stanford, CA : Stanford University Press.

Ny.ri, P., Zhang, J. and Varrall, M. (2010). China' s Cosmopolitan Nationalists: "Heroes" and "Traitors" of the 2008 Olympics. Th e China Journal, 63, 25–55.

Ong, A. (2006) Neoliberalism as Exception, Exception to Neoliberalism. Durham, NC : Duke University Press.

Osgerby, B. (2004) Youth Media. London: Routledge.

Pang, L. (2012) Creativity and its Discontents: China' s Creative Industries and Intellectual Property Rights Off enses. Durham, NC : Duke University Press.

Peng, M. (2016) Wode 17 Ge Ji You Gaosu Ni GAY Quan "You Duo Luan" [My 17 Gay Friends]. Available at: http://dwz.cn/2FsLDv

Pi, C. (2016) Producing the Daring and Desiring Self in the Love Club in Shanghai. Unpublished manuscript under review.

Poell, T., de Kloet, J. and Zeng, G. (2014) Will the Real Weibo Please Stand Up? Chinese Online Contention and Actor-Network Theory. Chinese Journal of Communication, 7 (1), 1–18.

Postiglione, G. (2011) Education. In X. Zang (ed.), Understanding Chinese Society. Abingdon: Routledge, pp. 80– 95.

Price, R. F. (1970) Education in Communist China. London: Routledge & Kegan Paul.

Pun, N. (2003) Subsumption or Consumption? The Phantom of Consumer Revolution in "Globalizing" China. Cultural Anthropology, 18 (4), 469–92.

Pun, N. (2005) Made in China: Women Factory Workers in a Global Workplace. Durham, NC: Duke University Press.

Qiu, J. L., Cartier, C. and Castells, M. (2009) Working-Class Network Society: Communication Technology and the Information Have-Less in Urban China. Cambridge, MA: MIT Press.

Quandl (2014) China Population Overview. Available at: https://www.quandl.com/collections/china/china-population

Rea, C. (2013) Spoofi ng (e' gao) Culture on the Chinese Internet. In J. Milner Davis and J. Chey (eds.), Humour in Chinese Life and Culture: Resistance and Control in Modern Times. Hong Kong : Hong Kong University Press, pp. 149– 72.

Ren, M. (2003) Sociological Analysis of the Phenomenon of Alienation of Youth Culture. Contemporary Youth Studies, 1, 21–4.

Renminwang (2015) Zhongguo gongchandang dangyuan da 8779.3 Wan [Chinese Party Membership Reaches 87,793,000]. Available at: http://society.people.com.cn/n/2015/0630/c136657-27227285.html

Rofel, L. (2007) Desiring China: Experiments in Neoliberalism, Sexuality, and Public Culture. Durham, NC: Duke University Press.

Rosen, S. (2009) Contemporary Chinese Youth and the State. Journal of Asian Studies, 68 (2), 359–69.

Rosen, S. (2015) Hollywood in China: Selling Out or Cashing In? The Diplomat, May 26. Available at: http://thediplomat.com/2015/05/hollywood-in-china-selling-out-or-cashing-in/

Ruan, P., Huang, Y. and Wu, P. (2011) 80hou Daxue Biyesheng Xingshenghuo Fangshi Diaocha Yanjiu [Investigation of "80hou" College Graduates' Sex Behaviour]. Zhongguo Jiankang Xinlixue Zazhi, 19 (2), 214–17.

Sardar, Z. (2000) The Consumption of Kuala Lumpur. London: Reaktion Books.

Scheen, L. (2015) Shanghai Literary Imaginings: A City in Transformation. Amsterdam: Amsterdam University Press.

Sharma, Y. (2014) What Do You Do with Millions of Extra Graduates? BBC Business, July 1. Available at: http://www.bbc.com/news/business-28062071

Shen, H. and Wang, L. (eds.) (2012) 90hou De Shuzi Shenghuo: 90hou Daxuesheng Yanjiu Baogao [The Digital Life of those Born in the 90s: The Research Report of College Students Born in the 90s]. Beijing: Jixie Gongye Chubanshe.

Shi, T. (2015) Th e Cultural Logic of Politics in Mainland China and Taiwan. New York : Cambridge University Press.

Shi, Z. (ed.) (2013) Dangdai Daxuesheng Sixiang Tedian Yu Fazhan Qushi Diaoyan Baogao. [Investigation Report of Contemporary College Students' Thinking Characteristics and Development Trend]. Beijing : Qinghua Chubanshe.

Shifman, L. (2011) An Anatomy of a YouTube Meme. New Media & Society, 14 (2), 187–203.

Shih, S.-M. (2013) Comparison as Relation. In R. Felski and S. Stanford (eds.), Comparison: Th eories, Approaches, Uses. Baltimore, MD: Johns Hopkins University Press, pp. 79– 98.

Shohat, E. and Stam, R. (1994) Unthinking Eurocentrism: Multiculturalism and the Media. London:

Routledge.

Staiger, J. (2005) Media Reception Studies. New York: New York University Press.

Stanat, M. (2005) China's Generation Y: Understanding the Future Leader of the World's Next Superpower. Paramus, NJ: Homa & Sekey Books.

Steele, V. (2010) The Berg Companion to Fashion. Oxford: Berg.

Stephenson, W. (1988) The Play Theory of Mass Communication. New Brunswick, NJ : Transaction Publishers.

Stockmann, D. and Gallagher, M. E. (2011) Remote Control: How the Media Sustain Authoritarian Rule in China. Comparative Political Studies, 44 (4), 436–67.

Sun, W. (2009) Maid in China: Media, Morality, and the Cultural Politics of Boundaries. London and New York : Routledge.

Sun, W. (2010) Narrating Translocality: Dagong Poetry and the Subaltern Imagination. Mobilities, 5 (3), 291–309.

Sun, W. (2012) The Poetry of Spiritual Homelessness: A Creative Practice of Coping with Industrial Alienation. In A. Kipnis (ed.), Chinese Modernity and the Individual Psyche. London: Palgrave Macmillan, pp. 67– 85.

Sun, W. (2013) Th e Cultural Politics of Recognition: Rural Migrants and Documentary Films in China. Journal of Chinese Cinemas, 7 (1), 3–20.

Sun, W. (2014) If You Are the One : Dating Shows, Reality TV, and the Politics of the Personal in Urban China. Australian Review of Public Affairs, October. Available at: http://www.australianreview.net/digest/2014/10/sun.html

Tao, M. Y. (2014) Foreign Media: Emerging Trends about Youth of Chinese Characteristics Facing Danger of Unemployment. Tencent Finance, February 21. Available at: http://finance.qq.com/a/20140221/016123.htm

Taussig, M. (1993) Mimesis and Alterity: A Particular History of the Senses. New York : Routledge.

Tomlinson, J. (1999) Globalization and Culture. Hoboken, NJ : John Wiley & Sons.

Tsang, M. C. (1996) Financial Reform of Basic Education in China. Economics of Education Review, 15 (4), 423–44.

Turner, Y. and Acker, A. (2002) Education in New China. Farnham : Ashgate.

van Dijck, J. (2013) Th e Culture of Connectivity: A Critical History of Social Media. Oxford :

Oxford University Press.

Wagner, K., Yu, T. and Vulpiani, L. (2014) Introduction: China's iGeneration. In M. Johnston, K. Wagner, T. Yu and L. Vulpiani (eds.), China's iGeneration. New York : Bloomsbury Academic, pp. 1– 22.

Wallis, C. (2013) Technomobility in China: Young Migrant Women and Mobile Phones. New York : New York University Press.

Wang, B., Li, X., Stanton, B., Kamali, V., Naar-King, S., Shah, I. and Th omas, R. (2007) Sexual Attitudes, Pattern of Communication, and Sexual Behaviour among Unmarried Out-of-School Youth in China. BMC Public Health, 7, 189.

Wang, J. (1996) High Culture Fever: Politics, Aesthetics, and Ideology in Deng's China. Berkeley, CA: University of California Press.

Wang, Y. (2015) Violence, Wuxia, Migrants: Jia Zhangke's Cinematic Discontent in A Touch of Sin. Journal of Chinese Cinemas, 9 (2), 159–72.

Wang, Y. S. (2006) Analysis of Change of Family Structure in Contemporary China I. Social Science in China 1, 96– 108 (in Chinese).

Wang, Z. (2015) Shouji Wangluo Dui Qingshaonian Shenghuo Fangshi De Yingxiang Yanjiu–Jiyu Zhejiangsheng 2384 Fen Wenjuan De Fenxi [Mobile Phone Network's Influence on Teenagers' Lifestyle–Based on 2384 Participants in Zhejiang Province]. Master's thesis, Hangzhou Shifan Daxue.

Warikoo, N. (2014) Balancing Acts: Youth in the Global City. Berkeley, CA: University of California. Press.

Watson, R. and Ebrey, P. (1991) Marriage and Inequality in Chinese Society. Berkeley, CA: University of California Press.

Wei, T. (2015) Voices from Asian Feminist Activism: A Look at the Beijing Conference through Lesbian Eyes. Asian Journal of Women's Studies, 21 (3), 316–25.

Wei, W. (2007) "Wandering Men" No Longer Wander Around: The Production and Transformation of Local Homosexual Identities in Contemporary Chengdu, China. Inter-Asia Cultural Studies, 8 (4), 572–88.

Wen, C. (2010) For Love or Money. China Daily, April 8. Available at: http://www.chinadaily.com. cn/cndy/2010-08/04/content_11091992.htm

Wikipedia (2015) List of Countries by Internet Connection Speeds. Available at: https://

en.wikipedia.org/wiki/List_of_countries_by_Internet_connection_speeds

Williams, G. A. (2015) Fashion China. London : Thames & Hudson.

Williams, R. (2003) Television: Technology and Cultural Form. London: Routledge.

Wong, D. (2015) Sexuality in China's Sexual Revolution: Asexual Marriage as Coping Strategy. Sexualities, 18 (1–2), 100–16.

Wong, W. W. Y. (2013) Van Gogh on Demand: China and the Readymade. Chicago, IL: University of Chicago Press.

Xinhua (2007) China's Communist Youth League has 73.496 Million Members. China Daily, May 4. Available at: http://www.chinadaily.com.cn/china/2007

-05/04/content_865669.htm

Xinhua (2013) 全国妇联:中国农村留守儿童数量超 6000万 - 新华时政 - 新华网 [All-China Women's Federation: Left-Behind Children in China's Rural Area Exceed 60 Million]. Xinhua, October 5. Available at: http://news.xinhuanet.com/politics/2013-05/10/c_115720450.htm

Xu, L. (2002) Searching for Life's Meaning: Changes and Tensions in the Worldviews of Chinese Youth in the 1980s. Ann Arbor, MI: University of Michigan Press.

Yang, C. Z. and Zhang S. J. (2005) A Preface to China's Youth Popular Cultural Phenomenon Report. People.com.cn, August 10. Available at: http://theory.people.com.cn/BIG5/41038/3606615.html.

Yang, G. (2011) The Power of the Internet in China: Citizen Activism Online(reprint edn). New York : Columbia University Press.

Yang, J. R. (2015) 抗議血汗鴻海富士康工人患白血病勞團裸體快閃抗議 | 公民行動影音紀錄資料庫 [Protesting Blood-Sweating Hon Hai, Foxconn Workers Suff ering Leukaemia; Worker's Solidarity's Naked Demonstration and Flash Mob]. Civil Media Taiwan, June 23. Available at: http://www.civilmedia.tw/archives/33277

Yang, X. (2010) China Curbs "Vulgar" Reality TV Show. New York Times, July 18. Available at: http://www.nytimes.com/2010/07/19/world/asia/19 chinatv.html

Yiguanzhiku and Tengxun QQ (2014) Zhongguo 90hou Qingnian Diaocha Baogao 2014 [China "90hou" Youth Survey Report 2014]. Beijing: Enfodesk.

Youku (2015) Zhanghuimei 2015 nian 10 yue 11 ri wutuobang beijing-caihong [A-Mei, October 11, 2015: Utopia Beijing Rainbow]. Available at: http://www.youkuinfo.com/video/224224/20151011-

Yuan, Y. and Zhang, J. (eds.) (2011) Women, 90hou! [We, 90hou!]. Hangzhou: Zhejiang Daxue

Chubanshe.

Yue, X. D. (2007) Idolatry and Fans: Analysis of Youth's Idol Worship. Hong Kong: City University Press (in Chinese).

Zhang, Q. (2015) Sexuality and the Official Construction of Occidentalism in Maoist and Early Post-Mao China. European Journal of Cultural Studies, 18 (1), 86–107.

Zhang, X. (2014) Satellite TV Will Produce 200 Reality Shows Next Year. Xinhuanet, November 20. Available at: http://www.hb.xinhuanet.com/2014-11/20/c_1113326075_2.htm

Zhang Z. (2000) Mediating Time: The "Rice Bowl of Youth" in Fin de Si.cle Urban China. Public Culture, 12 (1), 93–113.

Zhao, Y. (2009) Catching Up or Leading the Way: American Education in the Age of Globalization. Alexandria, VA : ASCD.

Zhong, X. (2006) Who is a Feminist? Understanding the Ambivalence towards Shanghai Baby, "Body Writing" and Feminism in Post-Women's Liberation China. Gender & History, 18 (3), 635–60.

Zhonghua Renmin Gongheguo Guojia Tongjiju (2011a), 2010 Nian Diliuci Quanguo Renkou Pucha Zhuyao Shuju Gongbao (Diyihao) [The Report on Main Data of the Sixth National Population Census in 2010 (No. 1)]. Available at: http://www.stats.gov.cn/tjsj/tjgb/rkpcgb/qgrkpcgb/201104/t20110428_30327.html

Zhonghua Renmin Gongheguo Guojia Tongjiju (2011b) 2010 Nian Diliuci Quanguo Renkou Pucha Zhuyao Shuju Gongbao (Diyihao) [The Report on Main Data of the Sixth National Population Census in 2010 (No. 2)]. Available at: http://www.stats.gov.cn/tjsj/tjgb/rkpcgb/qgrkpcgb/201104/t20110429_30328.html

Zou, Q. (2011) 80hou daxuesheng yu 90hou daxuesheng jiazhiguan bijiao fenxi–jiyu tongyifen diaocha wenjuan de liangci diaocha jieguo [A Comparison Analysis between "80s" College Students' Values and "90s" College Students' Values–Based on Two Results from a Similar Questionnaire]. Guanxi Jiaoyuxueyuan Xuebao, 3 : 71–75.

Zurndorfer, H. (2016) Men, Women, Money, and Morality: The Development of China's Sexual Economy. Feminist Economics, 22 (2), 1–23.